체화된 마음과 몸

체화된 마음 연구 총서 1

체화된 마음과 몸
Embodied Mind and Body

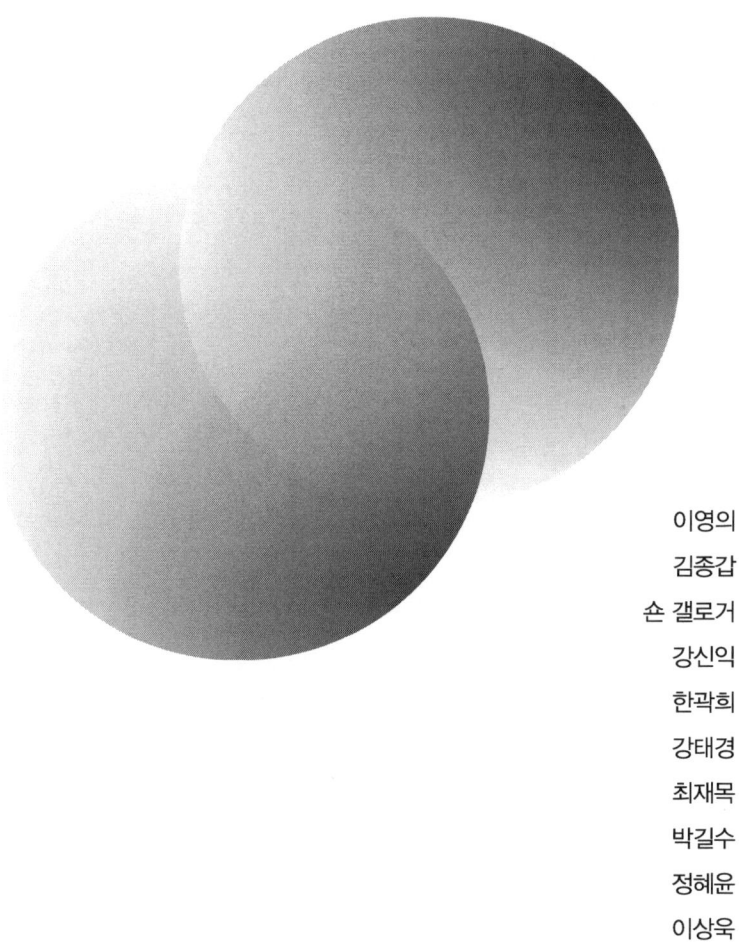

이영의
김종갑
숀 갤로거
강신익
한곽희
강태경
최재목
박길수
정혜윤
이상욱

한국문화사

체화된 마음 연구 총서 ❶

체화된 마음과 몸

1판 1쇄 발행　2022년 12월 30일

지 은 이 ｜ 이영의·김종갑·숀 갤로거·강신익·한곽희·강태경·최재목·박길수·정혜윤·이상욱
펴 낸 이 ｜ 김진수
펴 낸 곳 ｜ 한국문화사
등　　 록 ｜ 제1994-9호
주　　 소 ｜ 서울시 성동구 아차산로49, 404호(성수동1가, 서울숲코오롱디지털타워3차)
전　　 화 ｜ 02-464-7708
팩　　 스 ｜ 02-499-0846
이 메 일 ｜ hkm7708@daum.net
홈페이지 ｜ http://hph.co.kr

ISBN　979-11-6919-069-5　93100

· 이 책의 내용은 저작권법에 따라 보호받고 있습니다.
· 잘못된 책은 구매처에서 바꾸어 드립니다.
· 책값은 뒤표지에 있습니다.

· 이 저서는 2021년 대한민국 교육부와 한국연구재단의 지원을 받아 수행된 연구임(NRF-2021S1A5A2A03069339)

오류를 발견하셨다면 이메일이나 홈페이지를 통해 제보해주세요.
소중한 의견을 모아 더 좋은 책을 만들겠습니다.

머리말

　마음은 무엇이고 어떻게 작동하는가? 이 질문은 인류의 문명만큼이나 오랜 역사를 갖고 있다. 동서양의 내로나 하는 학자들, 성현들, 현자들이 그 질문에 대한 대답을 제시해 왔으며, 거기에 문학, 예술, 종교 분야에서 등장한 대답까지 합하면 그 자체로 하나의 지식체계가 성립한다. 우리는 그것을 '마음학'이라고 불러도 될 것이다. 마음학의 내용이 이처럼 방대하고 다양한 이유는 삶을 이해하려면 마음을 이해해야 하기 때문이다. 마음이 정확히 무엇이든 간에 '마음이 없는 인간'(철학적 좀비)은 존재할 수 없다. 우리는 일상적으로 마음이 움직이는 것을 느끼며 산다. 마음은 나와 세계라는 강을 기쁨, 노여움, 슬픔, 즐거움이라는 배를 타고 흘러간다.

　이처럼 마음이 우리 삶의 현상이며 동력임에도 불구하고 막상 마음이 무엇인지를 학문적으로 설명하는 일은 매우 어렵다. 과학·기술이 발전함에 따라 인간은 우주의 실체를 학문적으로 설명하는 데 조금씩 나아가고 있지만, 마음학에 관한 한 그런 기대를 해도 되는지 심히 의문스럽다. 마음은 기능성 자기공명 영상 장치(MRI)나 전자현미경과 같은 최첨단 장비로 포착하기 어렵다. 과학의 발전에도 불구하고 왜 마음은 여전히 설명이 어려운가? 아마도 과학이 충분히 발전하지 않았기 때문일 수도 있다. 이런 생각에 따르면 심장의 구조가 충분히 이해되어 인공심장이 개발되었듯이 언젠가는 인공마음 장치가 개발될지도 모른다. 그러나 이런 낙관적인 예측은 단지 우리의 상상에 그칠 가능성이 크다. 그 주된 이유는 현재의 과학적 패러다임으로는 마음을 제대로 설명할 수 없기 때문이다. 바로 말하면 우리는 지금까지 잘못된 방향에서 마음을 연구해 왔다.

　이 책은 그런 문제의식에서 출발한다. 마음에 관한 현재의 학문적 연구는 다음과 같은 두 가지 접근의 대립으로 이루어져 왔다.

> 이원론과 일원론의 대립: 몸과 마음은 다른 것인가 아닌가?
> 내재주의와 외재주의 대립: 마음은 뇌 안에 있는가 아닌가?
> 표상주의와 반표상주의 대립: 세계는 마음의 표상인가 아닌가?
> 환원론과 비환원론 대립: 마음을 물질로 환원될 수 있는가 아닌가?
> 신경중심주의와 반신경주의주의: 뇌는 마음의 중추기관인가 아닌가?

이 책은 체화된 마음 이론(theory of embodied mind)을 기반으로 위의 대립을 극복하고 마음을 제대로 이해하기 위한 작업의 결과이다. 체화된 마음 이론은 마음을 몸-뇌-세계의 역동적 상호작용을 통해 이해하고 설명한다. 20세기에 들어 신경과학이 급속도로 발전하면서 뇌만으로 마음과 의식을 설명할 수 있다는 신경중심주의가 심리철학과 인지과학에서 지배적 패러다임으로 자리 잡고 있다. 그러나 철학에서의 현상학, 심리학에서의 생태주의, 인공지능에서의 반표상주의를 통해 인지, 정서, 의식 등 마음 작용은 뇌와 신경 활동만으로는 설명될 수 없다는 점이 드러나고 있다. 그런데도 인지과학은 여전히 마음을 뇌의 작용으로 국한하려 이해하려는 환원론적 물리주의(reductive physicalism), 의식 경험과 의미를 뇌의 작용에 국한하는 내재주의(internalism), 마음 내용을 세계에 대한 표상으로 이해하는 표상주의, 자아 및 자유의지는 뇌의 작용에 불과하다고 보는 신경중심주의에 의해 주도되고 있다. 이 저서는 이런 바람직하지 못한 연구 경향을 바로잡고 마음에 대한 올바른 접근으로서 **체화된 마음 이론(체화주의)**에 기반한 **체화주의적 접근**을 제시한다.

인지과학은 태동 이래로 기호주의(symbolism)를 중심으로 하는 1세대 패러다임(Herbert Simon, Allen Newell, Jerry Fodor), 연결주의(connectionism)를 중심으로 하는 2세대 패러다임(David E. Rumelhart, Patricia. S. Churchland, Geoffrey E. Hinton, James L McClelland, Paul Smolensky), 그리고 인지신경과학에 기반한 3세대 패러다임(Francis Crick, Gerald Edelman, Michael S. Gazzaniga, Antonio Damasio)에 의해 주도되어 왔다. 1세대와 2세대 패러다임은 계산과 표상을 강조하고, 3세대 패러다임은 뇌를 강조한 나머지 몸의 인지적 역할을 제대로 고려하지 못함으로써 마음이 몸을 가진 인간과 세계의 역동적 관계에서 구현된다는 점을 놓치고 마음과 의식, 인지, 정서, 행위를 제대로 설명하지 못하고 있다. 체화된 마음 이론은 단일 이론이 아니라 철학, 문학, 심리학, 교육학, 생물학, 신경과학, 인공지능 등 여러 분야에서 활발히 연구되고 있는 이론들의 집합이다. 체화된 마음 이론은 인지과학에서 흔히 '4Es'로 불리는 **체화인지 이론**(embodied cognition theory), **내장인지 이론**(embedded cognition theory), **확장인지 이론**(extended cognition theory), **행화인지 이론**(enactive cognition theory)을 포함하여 **분산인지 이론**(distributed cognition theory), **상황인지 이론**(situated cognition theory) 등으로 구성되어 있다.

마음을 연구하는 데 있어서 몸-뇌-세계의 역동적 관계를 강조하는 체화주의적 접근이 필요한 이유는 단순히 환원적이고 내재주의적 접근과 생태적이고 외재주의적 접근 간 대립에서 후자를 편들기 위함은 아니다. 체화주의적 접근이 필요한 진정한 이유는 연구 대상인 마음과 의식의 본성 때문이다. 마음은 존재론적으로 뇌의 작용만이 아니라 몸을 가진 인간이 물리적·사회적·문화적 세계에서 삶을 살아가는 과정에서 나타난다. 마음의 이런 특성 때문에 마음학 연구는 신경적 차원을 탐구하는 신경과학에만 배타적으로 한정될 수 없고, 철학, 문학, 언어, 예술, 심리학, 생

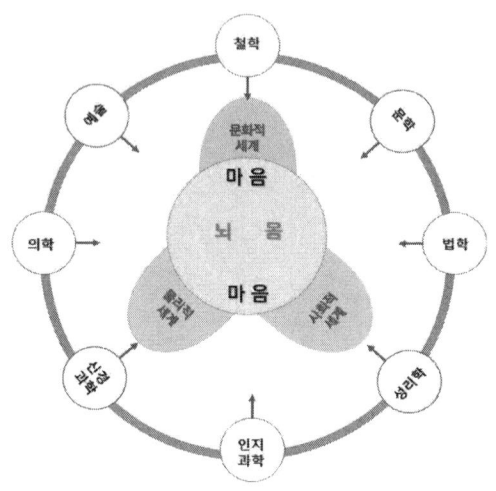

그림 1 마음 연구의 학제적·융합적 차원

물학, 인지과학, 인공지능을 비롯한 다양한 학문의 연구 대상이다. 그러므로 마음을 제대로 설명하고 이해하기 위해서는 마음의 물리적 차원, 사회적 차원, 문화적 차원을 다루는 여러 영역들이 동시에 참여하는 학제적 연구가 필요하다. (그림 1 참조)

이 책은 마음에 관한 기존 연구의 한계를 극복하는 비판적 작업에 그치지 않고 체화된 마음 이론을 체계화하고 재구성하는 작업을 수행한다. 이를 위해 2021년 10명의 연구자가 '체화인지 연구팀'을 구성했다. 우리 연구팀은 구체적으로 인지철학 전공자(숀 갤러거, 이영의), 동양철학 전공자(최재목, 박길수), 몸문화 전공자(김종갑), 의철학 전공자(강신익), 윤리학 전공자(한곽희), 미학 전공자(정혜윤), 법학 전공자(강태경), 영상 전공자(이상욱)로 구성되어 있다. 우리 연구팀은 체화된 마음의 관점에서 몸-뇌-세계의 관계를 해명하는 것을 목표로 한다. 앞에서 지적했듯이 마음에 관한 기존의 연구는 지나치게 환원적이고, 내재주의적이고 신경중심주의적이었다. 우리 연구팀은 그런 한계를 극복하기 위해 몸-뇌-세계의 역동적 관계를 중심으로 마음을 재정의하고 재해석하기 위해 다음과 같은 세부 주제를 설정했다.

  제1 주제: 체화된 마음과 몸
  제2 주제: 체화된 마음과 뇌
  제3 주제: 체화된 마음과 세계

이 책은 위의 세 가지 주제 중 제1 주제를 다루고 있다. 독자의 이해를 돕기 위해 책의 주요 내용을 소개하면 다음과 같다.

1장 체화된 마음과 몸의 위상(이영의)은 체화주의에서 몸이 차지하는 위상을 검토한다. 몸은 전통적으로 '눈에 보이는' 것으로, 마음은 '눈에 보이지 않은' 것으로 이해되어 왔고, 몸과 마음을 본질에서 다른 것으로 보는 이원론이 당연시되었다. 데카르트로 대표되는 실체이원론과 달리 일원론은 마음과 몸은 하나라고 주장한다. 이원론이 다양한 유형이 있듯이 일원론도 다양한 유형이 있다. 물리주의나 신경중심주의에 따르면, 생각, 인지, 느낌 등 마음 현상은 뇌에서 구현되는 물리적 상태, 사건, 패턴이다. 그러므로, 자아, 주체, 자유의지는 뇌가 구성한 환상이며 과학의 영역에서 추방되어야 하는 사이비 개념에 불과하다. 우리는 이원론과 일원론이 강요하는 양자택일의 상황에서 벗어나 체화주의에서 몸이 차지하는 위상을 연구할 필요가 있다. 체화주의는 정신-물질, 마음-몸, 주관-객관과 같은 전통적 이분법을 벗어나 그 둘의 관계에 대한 올바른 이해를 제시한다. 체화주의에 따르면 마음은 이원론이 주장하듯이 몸과 독립된 것이 아니며, 신경중심주의가 주장하듯이 두뇌 상태나 두뇌 패턴이 아니다. 마음과 인지는 생명 현상으로서 몸을 가진 유기체의 행위와 관련하여 이해되어야 한다. 마음은 뇌 안에 있는 것이 아니라 뇌·몸·세계 사이에서 성립하는 역동적 장(場)에서 작동한다. 이를 위해 먼저 확장인지 이론과 행화인지 이론을 중심으로 체화주의의 핵심 주장을 검토하고, 체화주의와 다른 인지 이론과의 차이를 분명히 하기 위해 '중국어방 논변'을 검토한다. 이어서 객관적 몸과 주관적 몸, 의존·구성 구분을 논의하고, 마지막으로 몸의 확장을 검토하면서 체화주의에서의 몸의 위상을 드러낸다.

2장 몸의 탈마음적 기원: 어떻게 플라톤은 철학에서 몸을 지웠는가?(김종갑)는 철학이 몸을 배제함으로써 스스로를 엄격한 진리의 담론으로 정립할 수 있었다는 사실을 플라톤을 예로 들어서 논의한다. 철학은 먹고 마시는 일상의 몸된 활동과 생노병사하는 몸을 긍정할 수도 있고 부정할 수도 있었지만, 플라톤은 몸을 '영혼의 감옥'으로 간주하고 탈신체화를 철학의 이상으로 삼았다. 그에게 몸(체화)은 식욕이나 성욕과 같은 욕망의 덩어리이며 진리의 인식을 방해하는 훼방꾼에 지나지 않는다. 그는 몸이 없으면 사물을 지각할 수도 없다는 너무나 당연한 사실을 무시하면서 몸된 지각이 오류와 혼란의 원인이라는 점을 과도하게 강조하였다. 이와 같은 플라톤 철학의 탈신체적 성향은 '문학과 철학의 오랜 싸움'이라는 역사적 맥락에서만 올바로 이해할 수 있다. 플라톤이 활동하던 당시 희랍 사람들은 호메로스와 같은 작가들의 작품을 삶의 귀감으로 삼았다. 문학이란 추상적 진리가 아니라 먹고 마시는 구체적 일상을 살아가는 인물들의 이야기이다. 플라톤은 이와 같은 서사적·문학적 담론의 유효성을 부정하고 철학의 탈신체적 진리를 대안으로 제시했다. 이를 위해서 그가 취한 전략은 몸과 영혼의 이원론이었다. 문학에서 통합적이었던 몸과 영혼의 관계를 그는 거짓된 몸과 참된 영혼이라는 위계적이며 대립적 구도로 전환시켰다. 그의 유명한 '동굴의 비유'에 따르면 문학이 어두운 동굴이라면 철학은 빛의 세계이고, 문학이 눈으로 개별적 사물을 인식한다면 철학은 영혼으로 보편적 진리를 인식한다. 이때 플라톤에게 중요한 것은 삶이 아니라 앎이다. 체화인지가 아니라 탈신체적 인지이다. 결론적으로 플라톤의 철학은 앎을 위한 삶의 포기로 요약될 수 있다.

3장 몸 이미지를 재이미지하기(숀 갤러거)는 몸 도식(body scheme)과 몸 이미지(body image)를 구분해야 한다고 주장한다. 몸 도식과 몸 이미지는 심리학, 신경학, 철학, 의학, 정신분석, 운동과학, 항공심리학, 로봇공학 등에서 중요한 역할을 하고 있다. 몸 도식과 몸 이미지의 구분은 신경학자인 헤드(Head)의 연구에서 처음으로 등장했는데 그의 연구는 그 두 가지 개념에 대한 심각한 개념적 혼란을 포함하고 있으며, 그로 인해 때때로 그것들을 명료화하거나 완전히 포기하려는 동기가 유발된다는 지적을 받아왔다. 우리는 자세 조절을 몸의 지각과 혼동하는 상호교환 가능한 용법과 설명을 반대하고 몸 이미지(몸과 관련된 지각, 태도, 신념의 체계)와 몸 도식(반성적 자각이나 지각적 점검이 필요 없이, 자세, 움직임, 기능을 지속해서 규제하는 감각운동 과정의 체계)를 구분해야 한다. 이 구분은 세 가지 중요한 점에 주목한다. 첫째, 대부분의 일상적인 비병리적 행동에서 몸 도식과 몸 이미지는 현상학적으로나 신경학적으로 통합된다. 둘째, 우리는 이러한 적절히 구분된 개념들을 이용하여 병리적 행동과 비병리적 행동 모두를 쉽게 설명할 수 있지만, 그런 행동에 대한 완전한 설명을 제시하려고 의도하지는 않는다. 셋째, 그 구분은 의식과 무의식의 구분을 넘어선다. 움직임에서 몸 도식적 과정의 역할 및 그런 과정이 어떻게 감각운동 의존성, 몸·환경의 결합, 전문가 행위, 어포던스 등에 대한 철학적 주제와 관련되는지에 대해 설명해야 할 것이 많다. 우리는 이런 생각을 메를로퐁티뿐만 아니라 체화인지의 생태학적 이론과 행화인지 이론에 관한 현대적 논의에서도 발견한다.

4장 몸 중심의 체험적 자연주의 의학 – 몸에 대한 몸을 위한 몸의 앎과 삶과 함 – (강신익)은 몸이라는 자연을 살아가는 네 가지 자연주의를 제시하고 그것을 바탕으로 몸을 알고 살고 행하는 몸 실천의 의학 방법을 제시한다. 코로나-19 팬데믹을 계기로 우리가 몸에 대해 알고 살고 행하는 바의 규범은 크게 달라지고 있다. 몸을 기계로, 병을 기계에 생긴 고장으로, 치료를 그 고장을 고치는 작업으로 여기는 생물의학은, 사람과 동식물과 미생물과 환경의 복잡한 관계 속 자연 현상인 팬데믹을 다루는 데 무척 미숙했다. 몸과 사람의 경험이 아닌 질병 자체의 메커니즘에만 관심을 집중했기 때문이다. 이제 새로운 의학이 필요해졌다. 새 의학은 몸과 자연에 대한 새로운 관점에서 출발해야 한다. 그 관점은 '몸 중심의 체험적 자연주의'이다. 나는 몸을 '가지고 있는' 몸이 아닌 '누구'가 아니다. 나는 그냥 몸일 뿐이다. 몸은 시간과 공간과 경험이 쌓이면서 변해가는 질적 시공간이다. 그리고 몸 또한 동식물과 미생물과 환경과 함께 어우러지면서 살아가는 스스로 그러함 즉 자연이다. '몸 중심'이란 자연인 몸을 의학의 출발점으로 삼는다는 뜻이다. 메커니즘으로 파악된 몸의 작동 원리가 아니라 몸이 살면서 경험한 물질적-인간적-사회적 현상을 의학과 철학의 중심에 두겠다는 것이다. 몸은 도덕의 장(場)이고, 더불어 세상을 살아가는 도구이며, 과학의 대상 그리고 체험의 주체이기도 하다. 몸의 주체적 경험과 실천을 강조하는 몸의 의학은 '걸으면서 길을 내는' 과정 중심의 의료 실천 체계이다. 미래의 의학은 생물-심리-사회 모든 분야에 걸친 경험을 내면화한 몸을 중심에 두고, 그 몸이 진화와 생애를 거쳐 살아온 역사를 배경 삼아, 몸을 알고 살며 함으로써 걸어가면서 새로운 길을 내는 과정의 의학이어야 한다.

5장 체화된 인지와 도덕적 판단 -덕윤리 관점에서의 비판적 고찰-(한곽희)은 몸의 상태에 의존하여 도덕적 판단을 내리는 실험들을 논의하고 좋은 도덕적 판단을 위해선 몸의 상태를 포함한 자신의 조건을 잘 파악하는 것이 필수적임을 주장하고, 이런 조건을 충족시키기 위한 방법으로 '자기충실성'이라는 덕을 가질 것을 제안한다. 기존의 판단 이론에서는 감정을 포함하는 몸의 상태가 도덕적 판단에 영향을 미친다는 점에 깊게 주목하지 못했다. 최근의 경험적 연구는 행위자가 내리는 도덕적 판단이 몸의 상태에 많이 의존한다는 것을 보여준다. 감정과 관련된 뇌의 영역이 손상되면 적절한 도덕적 판단을 내리지 못하고 역겨움을 경험하면 더 엄격한 도덕적 판단을 내리고 심장박동의 인지에 따라 도덕적 판단이 달라진다. 이런 실험들은 인간의 상태를 드러내며 몸의 상태에 의존하여 내리는 도덕적 판단이 항상 좋은 혹은 적절한 판단이 되지 않는다. 이런 점들을 고려할 때 좋은 혹은 적절한 도덕적 판단을 내리기 위해서는 이성의 역할이 중요하다. 자신의 상태에 대한 반성적 고찰이 중요하다. 좋은 혹은 적절한 도덕적 판단을 내리기 위해서는 자신이 어떤 특성을 가진 존재인가를 잘 파악해야 한다. 이런 필요를 잘 충족시킬 수 있는 덕 중 하나가 자기충실성이다. 자기충실성이라는 덕을 가질 때 행위자는 자신의 독특한 특성을 잘 파악하고 그것에 따라 실천하는 삶을 살아갈 수 있다. 이런 과정 속에서 내리는 도덕적 판단은 좋은 혹은 적절한 판단이 될 것이다.

6장 법률적 인간의 몸(강태경)은 인지의미론을 바탕으로 법적 사고의 심층 구조와 비성찰적 측면을 드러내는 인지법학적 관점에서 법이 몸을 다루는 방식을 비판적으로 분석한다. 이를 위해 법이 인간의 몸을 다루는 다양한 방식의 사례를 살펴보고, 로마법에 대한 분석을 통해 '법률적 인간'의 출현과 '법적 인격'의 발명이라는 법의 탈육체화 전략을 살펴본다. 그리고 성전환자 군인 F의 사례를 분석함으로써 법적 맥락에서 몸에 대한 인지법학적 이해가 소수자의 인권 보호에 어떤 기여할 수 있는지를 알아본다. 법의 역사와 법의 다양한 영역에서 몸은 긍정되기도 부정되기도 했다. 인지의미론의 관점에서 쉬피오(Supiot)는 인간의 의미적 존재 측면을 강조하기 위해서 '법률적 인간(homo juridicus)'이라는 개념을 확정적인 범주로 상정하였다. 반면에 보(Baud)는 법의 무대에 끊임없이 등장하는 몸의 문제를 일관성 있게 해결하기 위해서 '몸은 소유물'이라는 개념적 은유를 법에 적극적으로 반영함으로써 인간 개념을 물건 개념과 접점을 가지는 확장적인 방사형 범주로 상정하였다. 그런데 보의 관점처럼 몸을 배타적으로 통제할 수 있는 소유물로 보는 법적 은유는 인간과 물건의 이분법 체계와 잘 결합한다는 장점이 있지만, 몸을 권리의 객체로 국한한다는 단점이 있다. 이에 F의 사례에 대한 인지법학적 분석을 토대로 몸을 권리의 객체로 파악하는 관행적인 법적 사고의 문제점을 해소하는 방법으로 몸을 권리와 인권의 실현 장소로 이해하는 대안적 은유를 제시한다. 이러한 대안적 은유를 통해서, 이성적 성인 남성에 대한 이상화된 인지모형에 포섭되지 않는 미성년자, 여성, 노인, 장애인, 성소수자 등 다양한 주체들이 겪는 삶의 문제를 구체적으로 법의 영역에 끌어들일 수 있을 것이다.

7장 마음 체화의 장으로서 '몸' -왕양명의 '신심지학'을 중심으로- (최재목)은 '마음 체화의 장으로서 몸'이라는 관점에서, 왕양명(王陽明)의 '신심지학' 이론을 살펴보고, 이를 통해 양명학의 사상적 내용을 체화라는 측면에서 재조명한다. 먼저 중국철학에서 특징적인 몸을 바라보는 두 관점을 설정하는데 첫째는 몸의 외부에서 내부를 통제하는 방식이고, 둘째는 몸의 내부에서 외부로 표출하는 방식이다. 전자는 순자와 주자에게서 보이는 경향으로 '문법적 몸'이라 규정하고 후자는 맹자와 왕양명에게서 보이는 경향으로 '서사적 몸'이라고 규정한다. 그러나 왕양명은 몸과 마음을 분리하지 않았다. 이렇게 양자를 분리하지 않는 자신의 학문을 그는 '신심지학'이라 불렀다. 신심지학은 체화를 의미한다. 몸은 마음을 체화한 장으로서, 외부 세계와 역동적으로 반응하며 존재한다. 왕양명이 말하는 몸은 살과 피를 가지고 걸어 다니며 이야기하는 구체적, 생명체의 내용적 측면을 강조한다. 이것은 안에서 바라보는 몸으로서 시간적, 서사적, 과정적이라 할 수 있다. 따라서 밖에서 바라본 몸, 다시 말해서 사회적, 외형적 형식에 주목한 공간적, 문법적, 실체적인 몸과는 다르다. 아울러 왕양명이 말하는 몸은 '나'라는 개체성 내에서 유지되는 작은 것이지만, 천지만물이라는 '우주'와 하나가 될 수 있는 큰 것이었다. 개별적 몸을 유지하며 그것을 넘어 우주로 나아가게 하는 매개는 '양지'였다. 양지는 나에게 사물을 불러오도록 하고, 또한 나를 사물의 부름에 나아가 교감하게 하는 근거였다. 이렇게 몸이 독립된 단위이면서 외부와 상호연관 되도록 조율하여 '공동존재성'을 유지하도록 하는 것이 양지이다. 왕양명은 우리 몸에 이런 원리가 체화되어 있다고 보았다.

8장 주희의 몸 및 체인 이론의 전개와 특징(박길수)는 남송 유학자인 주희(朱熹)의 기론을 바탕으로 유학에서 제시한 몸과 체인 이론을 체계적으로 재구성한다. 주희는 음양, 귀신, 혼백, 오행, 기질 등과 같은 기(氣)의 주요 범주들을 사용하여 몸의 생성과 창발 과정을 체계적이고 일관되게 설명하였다. 그는 신체와 정신을 몸의 두 양태로 보았다. 또한 신체와 정신은 모두 단일한 기의 산물이므로 기의 요소들을 공유하므로 상호 인과가 존재하지만 각기 서로 다른 방식으로 창발하므로 서로 다른 속성과 기능을 지닌다고 보았다. 신체의 운동과 속성이 시공간의 제약을 받는 것과 달리, 정신의 운동과 속성은 시공간의 제약을 초월하므로 천지와 사물을 구성하는 본연의 기와 직접 감응할 수 있다고 보았다. 특히 능동적 정신을 대변하는 마음은 몸의 수동적 양태로서 신체가 주로 물질적·생리적 속성과 기능을 수행하는 것과 달리, 신체를 매개로 사물에 대한 영명한 인식 능력과 몸에 대한 주재 능력을 갖는다고 보았다. 그는 이러한 몸 이론을 바탕으로 독특한 체인 공부 방법을 제시하였다. 그가 말한 체인 공부는 행위 주체의 심신에 근거하여 사물의 보편적이고 객관적인 성리를 파악하는 공부로 피상적 지식이나 사변적 인식이 아닌 일상의 사물이나 사건을 매개로 현전하는 보편적인 도리를 체화된 인지로 획득하는 것을 말한다. 따라서 체인의 목적은 각 사물에 대한 일반적 지식을 획득하는 데 있는 것이 아니라 몸에 대한 끊임없는 반성적 성찰을 통해 마음과 이치의 통일을 자각하는 데 있다.

9장 음악, 온몸으로 듣다(정혜윤)는 "우리는 음악을 무엇으로 들을까?"라는 질문을 던지고 이에 "온몸으로 듣는다"라고 대답한다. 음악을 지적인 판단과 냉정한 인식의 대상으로 보는 관점은 서구사상사에서 19세기 중후반 무렵 크게 주목받은 이래 계속 명맥을 유지해 왔는데, 특히 현대미학의 담론에서 크게 부각되었다. 이 배경에는 음악을 감상자의 신체적 관여와 무관하게 완결된, 미리 주어진 확정된 구조물로 바라보는 사고가 도사리고 있다. 닫힌 구조로서 음악은 여러 가지 고정된 특징들을 가지며, 음악을 들을 때 감상자는 이러한 특징들을 잘 인식해낼 것이 기대된다. 그러나 오늘날 신경과학의 발견과 심리학, 인지과학의 논의들을 근거로 음악과 감상자 사이의 관계에 대한 현대미학의 이러한 그림은 허구이다. '거울뉴런체계'는 아무런 신체활동 없이 음악을 듣는 듯 보이는 감상자들의 신체 내부에서 실상 분주한 운동신경적 활성화가 끊임없이 일어남을 보여준다. 그리고 '영상도식'과 '개념적 은유'는 미리 완결된 확정된 대상으로서 음악의 가장 단단한 토대로 현대미학이 내세우는 음악의 구조에 대한 이해마저 감상자의 신체적 관여 없이는 불가능하다는 사실을 일깨워 준다. 온몸으로 음악듣기가 주변 환경과 동화되고자 하는 인간의 일반적인 성벽의 특수한 사례이다. 이점은 '음악적 동조 현상'과 '흉내내기 가설'을 통해 설명된다. 궁극적으로 음악은 감상자의 온몸의 관여를 통해 비로소 창출되는 열린 체계이다. 감상자의 온몸과의 역동적인 결속 속에서만 존재 가능한 파트너로서 음악은 온몸으로 들어야만 들리는 존재자이며, 따라서 우리는 언제나 온몸으로 음악을 듣는다.

10장 가상 – 혼합현실 미디어에서의 몸: 제임스 깁슨의 '어포던스'와 체화된 인지를 중심으로 (이상욱)는 가상세계 구현의 가능성을 우리의 몸, 진화, 미디어의 역사 측면에서 살펴본다. 이를 위해 깁슨의 생태학적 지각심리학을 중심으로 인간의 지각과 인지, 인공적 환경, 문화와 몸의 관계를 검토한다. 깁슨에 따르면 인간과 동물은 생태적 몸을 기반으로 환경과 끊임없이 소통하며 공존하고 있다. 깁슨은 환경에는 인공적인 문화와 창작물도 포함되며, 이런 문화적 산물도 필연적으로 생태적 자연선택의 법칙을 따른다고 보았다. 생태적 시각에서 본다면 현재 헤드마운트디스플레이를 이용하는 가상현실 기술은 생태적 몸과 가상의 몸을 분리하고 각자 다른 시공간에서 다른 어포던스를 접하게 만든다. 그러나 이런 상황은 생태적 몸의 행동을 제한하고, 가상과 현실의 공간이 서로 충돌하거나 매우 제한된 지각 행위만 가능하게 만든다. 그러므로 현재 많은 기업과 연구자들이 추진하는 완전한 가상현실을 추구하는 노력은 생태적으로 구현될 수 없거나 매우 제한적으로만 가능하다. 그러나 지금까지의 인류의 문화사를 돌아보면 가상현실을 이야기, 연극, 예술, 영화, 예술 등의 다양한 형태로 즐겨왔다. 이것들은 우리의 몸을 부정하지 않으며 가상과 현실의 공존을 추구해 왔다. 이런 맥락에서 가상과 현실이 공존하는 생태를 구현하는 혼합현실 미디어는 생태적으로 작동할 가능성이 크다. 현재 개발되고 있는 혼합현실 기술은 현실의 몸을 기반으로 가상과 현실이 공존하거나 상호작용할 수 있도록 설계된다. 이런 시공간에서는 가상의 어포던스와 현실의 어포던스는 모두 지각되고 행동의 근거로 활용될 수 있으며, 우리의 몸은 두 분리된 공간의 연결지점이자 근거가 된다.

이 책이 출간되기까지 여러 분의 노력과 협력이 있었다. 먼저, 여러 차례의 학술대회, 세미나, 콜로키움을 통해 체화인지에 대한 많은 영감을 주었을 뿐만 아니라 학술행사에서 발표된 글을 단행본을 위한 글로 풀어준 동료 연구원들에게 감사드린다. 특히, 14시간이라는 시차에도 불구하고 여러 차례의 온라인 학술대회와 국제세미나에서 발표하고 오프라인 학술대회에도 참여한 숀 갤러거 교수에게 감사드린다. 또한 초청세미나에서 발표를 통해 우리 연구팀에게 커다란 학문적 자극을 준 노양진, 배문정, 심광현, 정세근 교수에게 감사드린다. 마지막으로 책의 출판을 기꺼이 수락한 한국문화사 김진수 대표와 바쁜 일정에도 불구하고 멋있는 표지와 함께 출간을 마무리한 한국문화사 편집부 여러분에게 깊이 감사드린다.

2022. 11. 22
공동저자를 대표하여
이영의

목차

머리말 5

1.	이영의	체화된 마음과 몸의 위상	21
2.	김종갑	몸의 탈마음적 기원: 어떻게 플라톤은 철학에서 몸을 지웠는가?	43
3.	숀 갤로거	몸 이미지를 다시 재이미지하기	73
4.	강신익	몸 중심의 체험적 자연주의 의학 ―몸에 대한 몸을 위한 몸의 앎과 삶과 함―	95
5.	한곽희	체화된 인지와 도덕적 판단 ―덕윤리 관점에서의 비판적 고찰―	121
6.	강태경	법률적 인간의 몸	145
7.	최재목	마음 체화의 장으로서 '몸' ―왕양명의 '신심지학'을 중심으로―	169
8.	박길수	주희의 몸 및 체인 이론의 전개와 특징	191
9.	정혜윤	음악, 온몸으로 듣다	211
10.	이상욱	가상―혼합현실 미디어에서의 몸: 제임스 깁슨의 '어포던스'와 체화된 인지를 중심으로	235

미주 260

참고문헌 276

색인 289

1. 체화된 마음과 몸의 위상

이영의

1. 들어가기

이 글은 체화주의에서 몸이 차지하는 위상을 검토한다. 전통적으로 몸은 '눈에 보이는' 것으로, 마음은 '눈에 보이지 않은' 것으로 이해되어 왔고, 그 결과 몸과 마음을 아주 다른 것으로 보는 이원론이 당연시 되어왔다. 예를 들어, 데카르트는 몸과 마음이 서로 독립된 '실체'이며, 몸은 공간에 드러나는 성질을 갖고 마음은 사고하는 성질을 갖는다고 주장했다. 이원론적 구도에서 몸은 생성·소멸의 과정을 거치지만 마음은 그렇지 않으므로 몸은 정신에 비해 낮은 위상을 갖는다. 몸은 마음의 '감옥'이고, 기껏해야 마음이 제대로 작동하는 데 필요한 물리적 기반이나 '몸통'에 불과하다.

플라톤과 데카르트로 대표되는 이원론과 달리 일원론은 마음과 몸은 하나라고 주장한다. 이원론에 다양한 유형이 있듯이 일원론도 다양한 얼굴로 우리에게 다가온다. 그 대표적인 것으로는 "물=H2O" 이듯이 "심적 과정＝물리적 과정"이라고 주장하는 물리주의가 있고, 현대에 들어 신경과학이 크게 발전함에 따라 "심적 과정＝두뇌 과정"이라고 주장하는 신경중심주의가 설득력을 얻고 있다. 물리주의나 신경중심주의에 따르면, 생각, 인지, 느낌 등 모든 정신 현상은 뇌에서 구현되고 있는 물리적 사건, 상태, 패턴이다. 그러므로, 자아, 주체, 자유는 신경과학적으로 설명될 수 있거나 아니면 적어도 과학의 영역에서 추방되어야 하는 사이비 개념에 불과하다.

우리는 양자택일의 상황에 몰려있다. 한편으로 이원론은 물리적 몸과 독립적으로 존재하는 마음을 상정함으로써 자아와 자유를 확보할 수 있지만, 그런 자아와 자유는 과학적 근거가 크게 부족하므로 정당성을 잃은 것처럼 보인다. 다른 한편으로 일원론은 물질에 의해 우주 안 모든 것을 설명하는 체계성과 단순성을 갖고 있지만, 우리가 일상적으로 경험하는 주관성을 부정하는 문제를 안고 있다. 물리주의와 신경중심주의에 따르면, 우리는 존재하지 않은 자아와 자유의지를 믿는 환상적 삶을 살고 있다.

이 글은 이원론과 일원론이 우리에게 강요하는 양자택일의 상황이 진정한 것이 아님을 보이고 체화주의에서 몸이 차지하는 위상을 검토한다. 체화주의는 정신－물질, 마음－몸, 주관－객관과 같은 전통적 이분법을 벗어나 그 둘의 관계에 대한 올바른 이해를 제시한다. 체화주의에 따르면 마음은 이원론이 주장하듯이 몸과 독립된 것이 아니며, 신경중심주의가 주장하듯이 두뇌 사건이나 상태, 패턴도 아니다. 마음 또는 인지는 생명 현상으로서 몸을 가진 유기체의 행위와 관련하여 이해되어야 한다. 마음은 뇌 안에 있는 것이 아니라 몸－뇌－세계 사이에서 성립하는 역동적 장(場)에서 작동한다.

체화주의는 현재 인지과학에서 계산과 표상을 중심으로 하는 인지주의

뿐만 아니라 뇌를 중심으로 인지를 해명하려는 신경과학과 경쟁하고 있다. 이 글의 목표를 달성하기 위해 2절은 체화주의의 핵심을 그것의 중심이론인 확장인지 이론과 행화인지 이론을 중심으로 검토하고, 3절은 체화주의와 경쟁하는 다른 이론과의 차이를 분명히 보이기 위해 중국어방 논변을 검토한다. 4절은 몸의 두 가지 양상과 의존·구성 구분을 논의하고, 5절은 몸의 확장을 검토하면서, 체화주의에서의 몸의 위상을 검토한다.

2. 체화주의

1990년대 이후로 인지과학에서 기호주의, 연결주의, 뇌중심주의의 한계를 극복하고 마음에 대한 올바른 이해를 가능케 하는 연구 프로그램이 부상하고 있다. 그것은 바로 체화인지 이론(embodied cognition theory)으로 더 잘 알려진 체화주의이다.

이후에 논의되듯이, 체화주의를 구성하는 이론 간에 갈등과 대립도 있지만, 그것들은 모두 기호주의와 연결주의, 두뇌 중심적 신경과학이 공유하는 견해, 즉 인지가 몸이나 세계와 (거의) 무관하게 작동한다거나, 인지는 전적으로 두뇌 안에서 작용한다고 보는 견해를 반대한다. 인지주의의 중요한 연구 프로그램인 기호주의와 연결주의는 두뇌 기반적인 계산(computation)과 표상(representation)을 강조한 나머지 마음과 인지가 몸을 가진 인간과 세계와의 역동적 관계에서 창발한다는 점을 간과함으로써 마음과 의식, 인지, 정서, 행위를 제대로 설명하지 못하고 있다. 마음이 몸에 체화되어 있고 세계로 확장될 수 있다는 현상적 경험과 이를 뒷받침하는 다양한 학문적 증거에도 불구하고 기존의 이론들은 그 점을 애써 무시하고 있다. 체화주의는 기호주의와 연결주의 및 두뇌 중심적인 신경과학의 한계를 극복하고 그동안 마음 연구에서 배제된 몸과 물리적·사회적·문화적 세계를 연구 대상으로 복원함으로써 '몸-뇌-세계'라는 축을 중심으로 마음에 접근한다.

체화주의가 마음과 몸, 세계를 고려하는 '복잡한' 탐구 방식을 채택하는 이유는 마음이 다차원적이고 복잡계적 체계이기 때문이다. 철학, 심리학, 생물학, 인류학, 신경과학, 인공지능 등 마음을 연구하는 다양한 학문 분야가 있다는 사실은 마음이 다차원적 체계임을 보여주는 좋은 증거이다. 그런데 우리는 여기서 마음 연구와 관련된 그 분야들이 자체 개념망을 통해 각자 연구한 결과를 모두 취합하여 정리하는 것만으로 마음을 제대로 이해할 수는 없다는 점에 유의해야한다. 마음을 이해하기 위해서는 처음부터 몸-뇌-세계라는 존재론적 차원과 철학·문학·예술·종교로부터 시작하여 교육학·심리학을 거쳐 생물학·신경과학·인공지능에 이르는 다층적인 인식적 차원을 동시에 고려하는 학제적 접근이 필요하다.

체화주의는 하나의 단일한 이론이 아니라 다양한 이론들로 구성된 연구 프로그램이다. 그것은 흔히 '네 가지 이론들'(4Es)이라고 불리는 체화인지 이론, 내장인지 이론, 확장인지 이론, 행화인지 이론뿐만 아니라 분산인지 이론, 상황인지 이론 등으로 구성되어 있다. 우리는 여기서 그 중 체화주의의 특징을 가장 잘 보여주는 확장인지 이론과 행화인지 이론을 검토하기로 한다.

2.1 확장인지 이론

마음과 인지는 뇌의 경계를 넘어 몸과 세계로 확장될 수 있다. 여기서 세계는 물리적 세계뿐만 아니라 문화적 세계와 사회적 세계를 포함한다. 마음은 인지 과정에 참여하는 다양한 기제와 자원의 총체이며, 그런 총체는 신경세포나 신경전달물질과 같은 신경적 자원에만 국한되지 않고 연필, 컴퓨터, 학교, 제도, 문화 등을 포함한다. 이런 이유로 마음은 뇌의 경계와 생물학적 몸의 경계를 넘어 몸 외부에 있는 세계로 확장될 수 있다. 확장인지 이론은 클락과 찰머스(Andy Clark & David Chalmers)가 제시했는데 철학, 언어학, 심리학, 생물학, 인공지능 등 다양한 분야에서 지지를 받으면서 체화주의의 주요 이론으로 부상하고 있다.

확장인지를 잘 보여주는 예를 살펴보자.[1] 잉가(Inga)와 오토(Otto)는 둘 다 뉴욕시에 살고 있다. 어느 날 그 두 사람은 평소 보고 싶었던 '피카소 조각전'이 현대미술관(Museum of Modern Art)에서 열리고 있다는 사실을 알게 되었다. 잉가는 잠시 기억을 더듬어서 현대미술관이 맨해튼 53번가에 있다는 점을 상기하고 그곳을 향해 출발했다. 한편 경증 알츠하이머병을 앓고 있는 오토는 기억력에 문제가 있어 항상 휴대전화를 가지고 다니며 기억해야 할 것을 거기에 저장하고 필요할 때 참고한다. 이제 오토는 자신의 휴대전화를 보고 현대미술관의 위치를 확인하고 그곳을 향해 출발했다. 잉가와 오토의 행위는 다음과 같이 설명될 수 있다.

- 잉가의 욕구(피카소 조각전을 보고 싶다) + 잉가의 기억(현대미술관이 53번가 있다)→행위(53번가로 걸어감)
- 오토의 욕구(피카소 조각전을 보고 싶다) + 오토의 휴대전화(현대미술관이 53번가 있다) → 행위(53번가로 걸어감)

클락과 찰머스는 오토의 휴대전화는 잉가의 기억에 해당한다고 주장한다.² 더 정확히 표현하면 오토의 휴대전화는 잉가의 해마를 비롯한 기억 체계의 부분이다. 따라서 잉가의 기억이 저장되는 해마를 '기억'이라는 인지 체계를 구성하는 요소로 간주한다면 오토의 휴대전화도 그의 인지 체계를 구성하는 요소로 보아야 한다. 피카소 조각전 소식을 듣고 현대미술관으로 가는 데 있어서 발생한 잉가와 오토의 인지 과정은 기능적으로 동등하다. 거기에 차이가 있다면 잉가의 경우 기억이 뇌에서 처리되었고 오토의 경우 휴대전화에서 처리되었다는 것뿐이다.

오토의 휴대전화가 잉가의 기억과 같은 기능을 수행한다고 볼 수 있는 것은 근거는 무엇인가? 이 질문에 대한 그럴듯한 대답은 오토의 휴대전화는 오토의 인지체계를 구성하는 요소라는 것이다. 이런 의미에서 오토의 인지는 휴대전화로 확장되었다. 그러나 인지 과제를 수행하는 데 참여한 모든 외적 대상을 인지를 구성하는 요소로 볼 수는 없으므로 인지 확장에 관한 기준이 필요하다. 클락과 차머스는 그 기준으로 다음의 **동등성 원리**(parity principle)를 제시한다.

> 어떤 과제를 수행할 때, 만약 세계의 한 부분이 그것이 머릿속에서 행해졌더라면 인지 과정의 부분이라고 주저 없이 인정될 것처럼 작용한다면, 그것은 바로 인지 과정의 부분이다… (A. Clark and D. Chalmers, 1998, p. 8)

동등성 원리는 오토의 휴대전화에 기록된 정보가 오토의 믿음을 구성한다는 주장을 정당화한다. 오토의 휴대전화가 오토의 뇌 안에 있지 않다는 것 때문에 그것이 인지 요소가 될 수 없다고 말할 수 없다. 중요한 것은 그것이 오토와 적절한 결합(coupling) 관계에 있어야 한다는 것이다. 우리의 예에서 휴대전화가 오토와 적절한 결합 관계에 있다면 그것은 오토의 인지를 구성한다고 보아야 한다.

2.2 행화인지 이론

전통적으로 인지는 몸과 무관한 것으로 간주되어 왔다. 그 대표적인 예로, 데카르트는 정신은 비물질적이며 그 성질은 사고라고 주장했다. 데카르트에 따르면 사고는 물질로서의 몸과 독립적이다. 행화인지 이론은 이처럼 인지를 몸과 엄격히 구분하는 것을 반대한다. 인지란 몸에 기반을 둔 활동이다. 행화인지 이론은 바렐라(Francisco J. Varela), 톰슨(Evan Thompson), 로쉬(Eleanor Rosch)에 의해 인지 이론으로 제시되었다. 행화인지 이론의 핵심은 인지를 행위 차원에서 파악하는 데 있다. 이런 이유로 그 이론의 핵심용어인 'enactive', 'enaction', 'enactivism'을 각각 '행화적', '행화', '행화주의'로 번역하는 게 좋을 것이다. 행화인지 이론은 현재 크게 세 가지로 등장하고 있는데 여기서는 그중 자기생성적 행화주의(autopoietic enactivism)를 검토하기로 한다.[3]

자기생성(autopoiesis) 개념은 원래 생물학에서 세포의 자기유지 과정과 조직 원리를 설명하기 위해 도입된 것인데, 마투라나와 바렐라(Humberto Maturana & Francisco J. Varela, 1980)는 그것을 처음으로 인지에 적용했다. 자기생성 체계의 전형적 예는 세포이다. 살아있는 세포는 세포막을 통해 외부와 분리되어 있지만 외부와 물질을 교환하면서 항상성을 유지한다. 마찬가지로 유기체는 활동을 통해 동일성과 항상성을 생성하고 유지하며 그런 과정을 통해 인지를 정의하는 자율적 행위자이다. 이런 의미에서 마음은 유기체의 자기조직적이고 자기생성적인 활동, 즉 몸·신경계·환경의 반복적인 감각·운동적 결합으로부터 창발한다.

자기생성적 행화주의는 인지주의를 반대한다. 인지주의는 인지를 내적 표상에 대한 계산으로 본다. 행화주의는 인지주의의 핵심인 표상과 계산 개념을 비판하고 인지를 **체화된 행위**(embodied action)로 볼 것을 주장한다. 인지에 대한 이런 새로운 이해는 아래 인용문에서 잘 나타난다.

> **체화된 마음**이라는 용어를 사용하여 우리는 두 가지를 강조한다. 첫째, 인지는 다양한 감각운동 능력을 지닌 몸의 소유로부터 유래하는 경험의 종류에 의존한다. 둘째, 이러한 개별 감각운동 능력은 그 자체로 더 포괄적인 생물학적, 심리학적, 문화적 맥락에 내장되어 있다. **행위**라는 용어를 사용하여 우리는 다시 감각적이고 운동적인 과정들, 지각과 행위가 근본적으로 살아있는 인지와 분리할 수 없다는 점을 강조한다.
> (Varela, Thompson, and Rosch, 1991, p. 173, 원저자 강조)

행화인지 이론은 인지를 행화로 보기 때문에 인지주의와 대립하는 이론들과 양립할 수 있다. 그 좋은 예는 깁슨(Gibson)의 생태주의이다. 체화주의와 생태주의는 둘 다 지각이 본질에서 행위 지향적이라는 점을 강조한다. 우리는 환경이 유도하는 방식으로 세상을 지각한다. 그러나 양자 간에는 차이도 있다. 생태주의에 따르면 지각 대상인 환경이 우리에게 주어졌다는 의미에서 독립적인 데 비해, 행화인지 이론에 따르면 지각은 유기체와 환경의 진화적 결합으로 발생한 것이므로 지각은 대상과 독립적이지 않다. 지각은 유기체와 환경 간 상호작용으로 나타난 '체험된 지각'이다.

3. 중국어방 논변

　인지과학 이론으로서 체화주의는 인지과학의 주요 연구 프로그램과 대립한다. 특히 체화주의는 몸의 위상과 관련하여 인지주의 및 뇌중심주의와 대립한다. 이 점을 보이기 위해 중국어방 논증(Chinese room argument)을 검토해보기로 하자.
　인지주의, 특히 기호주의는 인지를 설명하기 위해 '컴퓨터 유비'를 동원했다. 컴퓨터 유비에 따르면 몸과 마음의 관계는 컴퓨터의 하드웨어와 소프트웨어의 관계와 유사하다. 다시 말하면 마음은 소프트웨어처럼 주어진 규칙에 따라 기호를 조작한다. 설(John Searle, 1980)은 컴퓨터 유비를 비판하기 위해 중국어방 논증을 주장했다. 이제 영어가 모국어이고 중국어를 전혀 모르는 한 사람이 방안에 앉아 있다고 가정해 보자. (그림 1 참조) 방 안에는 입력창과 출력창이 하나씩 있다. 방 외부에 있는 사람이 입력창을 통해 중국어로 쓰인 질문지를 넣으면 방 안 사람은 그 질문에 대해 중국어로 대답한다. 중국어를 이해하지 못하는 사람이 어떻게 그럴 수 있는가? 그것은 주어진 질문에 완벽하게 대답하는 데 필요한 영어로 쓰

그림 1 중국어방 논증 (Blackmore, 2018, p. 327)

인 규정집과 중국어로 쓰인 대답들이 들어있는 상자가 있기 때문에 가능하다. 방 안 사람, 즉 컴퓨터 프로그램은 중국어로 쓰인 질문에 대해 규정집에 따라 상자에서 적절한 대답을 하나 선택하여 출력창을 통해 방 밖으로 내보낸다.

설은 이런 상황에서 방 밖의 질문자가 방 안 사람이 중국어를 이해한다고 생각할 수 있지만, 그는 실제로 중국어를 이해하지 못한다고 지적한다. 그는 단지 규정에 따라 기계적으로 중국어 대답을 선택하여 방 밖으로 내보냈을 뿐이다. 마찬가지로 인공지능 프로그램은 구문론적 처리를 할 뿐 의미처리를 하지 못한다.

중국어방 논증은 의미에 관한 설의 이론, 즉 의미는 지향성(intentionality)과 언어 행위(speech act)를 통해 성립한다는 이론에 근거를 두고 있다. 여기서 지향성은 사고, 믿음, 욕구와 같은 심적 상태는 세계에 존재하는 대상이나 사태와 같은 '무엇에 대한 것'이다. 마음은 외부에 있는 대상과 사태를 지향한다. 중국어방 논증은 인지를 내적 표상에 대한 기호조작으로 보는 인지주의를 비판한다는 점에서 타당하다. 그러나 체화주의 관점에서 보면, 그 논증은 방의 역할을 전혀 고려하지 않고 있다는 점에서 타당하지 않다. 더구나 그것은 "방 안에 기호를 조작하는 사람이 있다"라는 소형 인간 오류(homunculus fallacy)를 범하고 있다.

우리는 체화주의에 따라 중국어방 논증을 다음과 같이 재구성할 수 있다.

  방 → 몸
  방 안 사람 → 심적 상태(패턴)
  상자 → 구체적 언어 토큰

규정집 → 언어 규약

방 외부 → (방 밖 사람을 포함한) 외부 세계

이렇게 재구성된 중국어방 논증에서 방 안 사람이 중국어를 이해하지 못하는 이유가 분명히 드러난다. '컴퓨터 프로그램이 중국어를 이해하지 못한다'라는 주장은 뇌중심주의가 주장하듯이 방 안 사람을 '뇌'로 해석하더라도 성립한다. 중요한 점은 방 안 사람이 중국어를 이해하지 못하는 이유이다. 이에 대해 체화주의는 중국어를 이해하는 것은 프로그램이나 뇌가 아니라 몸적 활동을 통한 것이라고 대답한다. 더 정확히 표현하면, 인지는 방 안 사람(뇌) – 방(몸) – 세계(물리적, 사회적, 문화적 세계) 간 역동적인 관계를 통해 나타난다. 무엇보다도 방이 외부 세계와 적절히 상호작용할 수 있는 관계에 처해 있어야 한다. 예를 들어, 방 외부의 사람이 질문지를 넣고 대답지를 받을 수 있도록 창의 높이가 적당해야 하고, 창이 그들에게 잘 보여야 한다. 심신문제와 의식에 대한 설의 이론은 생물학적 자연주의(biological naturalism)이다. 생물학적 자연주의에 따르면, 심적 현상의 원인은 뇌 안의 신경생물학적 과정이지만, 그것은 실제 세계의 부분이므로 물리적 토대로 환원 불가능하다. 설은 생물학적 자연주의를 체화주의와 양립 가능한 방식으로 주장할 수도 있었지만 아쉽게도 그것을 소극적으로 해석했다. 설은 방을 '객관적 몸'으로만 이해함으로써 그것을 단순히 생명 유지를 위한 '하드웨어' 또는 '몸통'으로만 간주했고, 그 결과 자신이 비판하려고 했던 인지주의의 근본 가정인 뇌중심주의를 지지하는 잘못을 범했다. 그러나 재구성된 중국어방 논증에 따르면 방은 객관적 몸일 뿐만 아니라 세계를 탐사하고 경험하는 '해석기'로서의 '현상적 몸'이기도 하다.

몸이 어떻게 세계의 해석기가 될 수 있는가? 이 질문에 대답하기 위해서는 방이 '의식적'이기 위한 조건을 살펴볼 필요가 있다. 첫째, 방 안 사람은 컴퓨터 프로그램이나 뇌가 아니다. 설은 '방 안 사람'을 '컴퓨터 프로그램'으로 보고, 처칠랜드(Patricia S. Churchland)나 크릭(Francis Crick)과 같은 환원적 물리주의자들은 '뇌'라고 본다. 그러나 체화주의에 따르면, '방 안 사람'은 몸과 독립적인 것도 아니고 몸과 같은 것도 아니다.[4] 그렇다면, 방 안 사람은 무엇인가? 이에 대해 체화주의는 여러 가지 대답을 제시한다. 예를 들어, '방 안 사람'은 뇌 또는 몸의 기능이거나(기능주의), 뇌의 물리적 속성과 구별되는 심성적 속성이거나(속성이원론), 뇌-몸-세계 간 관계에서 창발하는 것일 수 있다(자기생성적 체화주의). 이처럼 체화주의는 우리의 질문에 통일된 대답을 제시하지는 않지만, 그것들은 모두 '방 안 사람'은 물리적 대상은 아니라고 본다는 점에서 비환원적 물리주의이며, 의식하는 마음이 '방 안에만 있는 것은 아니다'라고 본다는 점에서 외재주의에 해당한다.

둘째, 방이 세계를 의식하고 경험하기 위해서는 그것은 '현상적 몸'이 되어야 한다. 설이 가정했듯이, 방이 '물리적 몸'에 머무르는 한, 그것은 세계를 의식하고, 탐사하고, 느끼고, 경험할 수 없다. 셋째, 방이 세계를 의식하기 위해서는 방의 의식적 활동을 지원하고 유도하는 세계가 공존해야 한다. 예를 들어 깁슨(James Gibson)은 인지에 대한 생태학적 접근을 제시하면서 어포던스(affordance) 개념을 통해 유기체의 행위는 세계가 지원하고 유도하는 것이라고 주장했다. 넷째, 어포던스가 성립하기 위해서는 방이 세계와 적절한 관계에 있어야 한다. 방과 세계의 관계는, 기계적인 양방향 관계가 아니라 해석과 이해를 동반하는 호혜적 관계이다. 그런 호혜성이 성립하기 위해서는 몸이 경험을 통해 지속해서 '객관적 몸 + 현상적 몸'으로 재구성되어야 한다.

4. 몸의 종류와 인지적 역할

4.1 두 가지 몸

몸은, 데카르트가 주장하듯이, 오로지 객관적인 것이고 주관적인 차원을 갖지 않은 것인가? 이와 관련하여 후설(Husserl, 1952)은 '주체'로서의 마음과 '대상'으로서의 몸이라는 전통적인 이원론적 구분을 비판하고, 그 대안으로 '대상으로서의 몸'(Körper)과 '주관적 몸'(Leib)을 구분했다. 두 가지 몸을 이해하기 위해 그가 제시한 이중감각의 예를 살펴보자. 책상을 만지고 있는 당신의 왼손을 당신의 오른손이 만지고 있다고 가정해보자. 여기서 우리는 당신의 왼손과 오른손을 각각 대상과 주체로 볼 수 있다. 그러나 실체로 당신의 왼손은 오른손의 감각 대상인 동시에 책상을 만지는 감각 주체이기도 하다. 여기서 볼 수 있듯이 대상으로서의 몸과 주체로서의 몸은 서로 다른 대상이 아니라 '자아와 세계의 연결자'로서의 몸에 관한 경험으로 구성되는 것이다.

메를로퐁티(Merleau-Ponty, 1942, 1945)는 후설이 제시한 두 가지 몸 개념을 이어받아 '객관적 몸'과 '현상적 몸'을 구분하고 거기에 지각을 중심으로 하는 체화 개념을 추가함으로써 현상학이 체화주의로 나아가는 길을 닦았다. 메를로퐁티 이론은 ① 지각은 세계에 대한 직접적이고 체화된 관여이며, ② 세계는 지각 가능성의 총체이고, ③ 몸은 세계의 해석기라는 체화주의적 요소를 담고 있다. 주체와 세계의 체화는 세잔(Cézanne)의 그림에 대한 메를로퐁티의 분석을 통해 잘 드러난다. 세잔이 그린 〈생 빅투아르 산〉 연작 그림은 세잔이 대상으로서의 생 빅투아르 산을 그린 것이 아니라 현상적 몸을 가진 세잔이 그 산을 체화한 결과이고, 생 빅투아르 산이 세잔을 통해 자신을 드러낸 것이다. 이런 방식으로, 세잔과 생 빅투아르 산은 체화적으로 조우한다.

이제 우리는 재구성된 중국어방 논증을 두 가지 몸 개념을 통해 보다 분명히 이해할 수 있다. 그 방은 인식 대상으로서의 객관적 몸인 동시에 인식 주제로서의 현상적 몸이기도 하다. '방 안 사람'은 객관적 몸과 구별되는 것이 아니라 그것인 동시에 그것을 통해 세계와 상호작용하는 유기체의 마음(주제, 자아, 인격체)을 가리킨다.

4.2 의존과 구성

앞에서 보았듯이 체화인지 이론, 특히 확장인지 이론은 인지가 몸 외부로 확장될 수 있으며, 인지가 확장되는 외부 요소가 인지를 구성하는 요소가 될 수 있다고 주장한다. 예를 들어, 오토의 휴대전화는 오토의 인지를 구성하는 요소이다. 그런데 체화주의 이론들이 모두 이런 주장에 동의하지는 않는데, 그 대표적인 예로 **내장인지 이론**(theory of embedded cognition)이 있다.

내장인지 이론은 인지의 환경 의존성을 강조하지만, 환경적 요소가 인지를 구성한다는 점을 부인한다. 우리는 유기체가 인지 활동을 적절히 수행하기 위해 환경에 의존하거나 환경을 활용하는 경우를 볼 수 있다. 예를 들어, 유기체는 주어진 인지 과제를 수행하기 위해 인지 과정의 양이 감소하는 방식으로 환경을 활용하고, 주위 환경을 적절히 활용할 수 있는 능력이 있다면 인지 과제의 복잡성을 환경에 분담하거나 전가하기도 한다. 우리의 논점을 분명히 하기 위해 확장인지 이론과 내장인지 이론의 차이를 다음과 같이 구분해 보자.[5]

- 확장인지 이론: 인지 과정은 유기체가 처한 주위 환경으로 확장될 수 있으며, 그 결과 환경적 요소는 인지 과정을 구성하는 요소가 된다.
- 내장인지 이론: 인지 과정은 유기체의 외부 소품, 도구, 인지가 발생하는 외적 환경의 구조에 매우 강하게 의존한다.

여기서 몸이 차지하는 인지적 역할에 대한 중요한 문제가 나타나는데, 그것은 바로 생물학적 몸만이 인지를 구성하는지, 아니면 인공물도 인지를 구성하느냐는 문제이다. 이 문제를 **의존·구성의 문제**(problem of dependence and constitution)라고 하자.

내장인지 이론가들은 다수의 인지 과정이 환경적 요인에 인과적으로 의존하지만, 그로부터 환경적 요인이 인지 과정의 부분이라는 존재론적 주장은 따라 나오지 않는다고 지적한다. 인과적 의존성으로부터 존재론적 구성성을 유도할 수 없다는 것이다. 내장인지 이론가인 애덤스와 아이자와(Fred Adams & Ken Aizawa)는 의존과 구성을 구분하지 않은 것을 결합·구성의 오류(coupling-constitution fallacy)라고 부른다.[6] 그들이 제시한 예를 살펴보자. 순환계는 인과적으로 인지를 지원한다. 요가나 명상을 통해 우리는 생각만으로 심박수를 조절할 수 있다. 이 경우 인지 과정과 순환 과정 간 양방향 인과적 결합이 있지만 인지가 순환계로 확장되었다고 볼 수는 없다는 것이다.

클락은 애덤스와 아이자와가 제시한 인과적 결합은 제대로 된 결합이 아닌 '이상한 결합'이라고 지적한다. 그것은 올바른 인지적 결합이 아니라는 것이다. 확장인지 이론에서 중요한 것은 결합의 본성인데, 특히 결합 방식이 중요하다. 동등성 원리가 주장하는 것은 인지적 결합체계가 외적 체계와 상호 규제적 방식으로 결합하여 인지가 수행하는 방식과 같은 방식으로 행위를 규제한다는 점이다. 애덤스와 아이자와가 제시한 결합체계, 즉 인지체계와 순환계는 분명히 인과적 결합체계이긴 하지만, 그 결합체계가 인지체계가 작용하는 방식으로 행위를 규제하지는 않는다. 이와 관련하여 메나리(Richard Menary)는 애덤스와 아이자와가 주장한 '양방향' 결합은 외부체계가 인지체계에 인과적 영향을 주지만 그 역은 성립하지 않는 '비대칭적 영향'이며 확장인지 이론의 결합은 '대칭적 영향'이라고 지적한다.[7]

이상에서 보았듯이, 의존과 구성을 구분하는 내장인지 이론은 체화주의 이론이지만 인지의 체화성을 부정하는 이론과도 양립할 수 있다. 예를 들어, 그 이론은 인지는 오로지 뇌에서만 성립한다고 주장하는 인지 내재주의와 양립 가능하다. 내장인지 이론가들은 일부 인지 과정은 환경적 구조와 결합할 때만 작동하도록 진화했으므로 그런 구조의 도움이 없이는 인지 과제가 적절히 수행될 수 없다는 의미에서 인지는 환경에 '의존한다'라고 주장한다. 이와 반면에 확장인지 이론가들은 인지 과정이 외부의 인지적 비계 체계(scaffolding system)에 단순히 의존하는 것이 아니라 유기체의 행위를 통해 비계 체계가 구성된다고 대답한다. 간단한 예로 '456 × 786'을 수행하는 경우를 생각해보자.[8] 우리는 대부분 그것을 암산하기는 어렵지만, 연필과 종이를 이용하거나, 휴대용 계산기를 이용하면 간단히 계산할 수 있다. 이처럼 계산뿐만 아니라 인지는 외부의 비계 체계를 인지를 구성하는 요소로 포섭하면서 발전해 왔다. 우리는 여기서 체화주의 내에 급진적 입장과 온건한 입장이 있다는 점을 알게 된다. 전자는 행화인지 이론과 확장인지 이론이고 후자는 내장인지 이론과 인지확장의 한계를 강조하는 체화인지 이론이다.

5. 몸의 확장과 대체

확장인지 이론은 인지가 몸 외부로 확장될 수 있다고 주장한다. 그런데 체화주의에 따르면 몸과 마음은 인과적으로나 존재론적으로 분리될 수 없는 것이므로, 인지가 확장 가능하다면 인지의 확장과 함께 몸도 확장된다고 보아야 할 것이다. 다시 말하면 인지는 '체화인지'이므로 인지확장은 몸의 확장을 함축한다.

몸이 어떻게 확장되는가? 몸이 확장되는 대표적 방식은 인공물에 의한 확장이다. 메를로퐁티는 '지각적 습관'이라는 개념을 통해 몸의 확장을 주장했다. 그가 제시한 시각장애인의 '지팡이 예'를 들어보자.

> 지팡이가 익숙한 도구가 될 때 촉각적 대상의 세계는 물러나고 손의 가장 바깥 피부가 아니라 지팡이 끝에서 다시 시작한다… 그러나 습관은 손에 있는 지팡이의 압력을 그 위치에 관한 지표로 해석하는 것이 아니라 하나의 외적 대상의 표지로 해석한다. 왜냐하면, 지팡이 때문에 우리는 전자의 해석을 할 필요가 없기 때문이다. 손에 가해진 압력과 지팡이는 더는 주어진 것이 아니며, 지팡이는 시각장애인이 지각할 대상이 아니라 그가 그것으로 지각하는 도구이다. 그것은 몸적 보조물이며 몸적

종합의 확장이다. (Merleau-Ponty, 1945, pp. 175-176)

위의 인용문에서 드러나듯이, 자연적 몸은 지팡이라는 인공물과의 결합을 통해 확장될 수 있다. 여기서 우리는 몸의 확장이 이루어지기 위해서는 몸이 인공물과 적절히 '결합'해야 한다는 점에 유의해야 한다. 시각 장애인의 '눈'인 지팡이는 정상인의 '눈'이 되기는 어렵다. 지팡이가 누군가의 몸이 되기 위해서는 그가 자기 세계에서 그것을 능숙하게 사용하여 세계를 탐사하는 법을 학습하여 그것이 그의 몸 일부가 되어야 한다.

몸의 확장에 필요한 탐사 및 학습의 과정은 다음과 같이 이루어진다.

① 자연적 몸이 인공물과 적절히 결합한다.
② 그 결합이 습관이 되면서 몸이 확장된다.
③ 최종적으로 몸 도식이 바뀐다.

위의 과정을 정리하면, 〈적절한 결합 → 몸의 확장 → 몸 도식의 변경〉이다.

몸 도식이 변경되는 또 다른 방식이 있는데, 그것은 바로 환상지와 같은 경험을 통한 변경이다. 몸 도식이 바뀌면, 동일한 지각 가능성에도 불구하고 몸이 축소되거나 확장될 수 있다. 몸 도식은 몸을 잘 움직여서 세계에서 잘 살아가기 위한 일종의 '지도'이다 정상적 몸 도식은 우리가 세계를 적절히 탐사하고 올바른 지각 경험을 갖기 위한 필요조건이다. 메를로퐁티 방식으로 표현하면 정상적 도식에서는 실제적 몸과 현상적 몸이 일치한다. 그러나 비정상적 몸 도식에서는 그 양자가 일치하지 않고, 때에 따라 실제적 몸에 비해 확장되거나 축소된 현상적 몸을 경험할 수 있다. 예를 들어, 사고로 잃은 왼팔에서 통증을 느끼는 환상지 현상은 비정상적 몸 도식에 의한 몸의 확장이다. 이제 우리는 몸의 확장에 관한 다음과 같은 공식을 제시할 수 있다.

| 몸의 확장 | = | 함수(몸 도식의 변경) |

4절에서 논의한 객관적 몸과 현상적 몸의 구분과 자연적 몸과 확장된 몸의 구분을 이용하면 다음과 같이 네 가지 유형의 몸이 성립한다.

	객관적 몸(Körper)	현상적 몸(Leib)
자연적 몸	A	B
확장된 몸	C	D

표 2 몸의 유형

몸의 확장은 위에서 (A)를 제외한 나머지 세 가지 유형으로 나타날 수 있다. (B)는 환상지처럼 경험에 의한 확장이고, (C)와 (D)는 자연적 몸과 인공물의 체화적 결합에 의한 확장이다. (C)는 물리적으로 확인 가능한 객관적 몸이 확장된 경우이고, (D)는 주관적인 현상적 몸이 확장된 경우이다. 앞에서 보았듯이, 객관적 몸의 확장은 현상적 몸의 확장으로 이어질 수 있지만, 그 역은 성립하지 않는다.

(C)의 대표적인 예는 사이보그이다. '사이보그'는 'cybernetics'(인공두뇌학)와 'organism'(유기체)의 합성어로서 뇌를 비롯한 몸 일부 또는 전체가 인공물로 대체된 유기체를 가리킨다. 그러므로 사이보그란 말은 '자연적인 것'과 '인공적인 것'을 동시에 포함하고 있다는 의미에서 자기 모순적

인 개념이다. 진화론적으로 보았을 때 이런 내적 모순성을 지닌 유기체는 자연에서 발생하지 않았지만, 유전공학과 인공지능이 발전하면서 그런 존재의 가능성이 점차 현실화되고 있다. 사이보그는 그 대표적인 예에 속한다. 현재 사이보그는 다음과 같이 두 가지 유형으로 존재한다. 첫째 유형의 사이보그는 신체 일부나 전체를 기계로 대체한 존재이다. 영화 〈공각기동대〉(1995)에 등장하는 '쿠사나기 소령'이나 영화 〈로보캅〉(1987)에 등장하는 '머피'가 그 대표적인 예이다. 영화 속 '쿠사나기 소령'은 사고로 목숨을 잃게 되어 뇌를 전자화하고(전뇌) 몸을 기계(의체)로 대체한 사이보그이다. 〈공각기동대〉의 부제는 '고스트 인 더 쉘(Ghost in the Shell)'인데, 여기서 의체는 '껍질'(Shell)이고 그 껍질 안에 들어있다고 가정되는 것은 '고스트'(Ghost)이다. 마음은 '기계 속 유령'인 셈이다. 사이보그는 공상 세계에만 존재하는 것이 아니라 실제로 존재한다. 예를 들어, 자신의 팔에 전자칩을 이식한 워릭(Warwick), 등반사고로 절단된 양다리를 '인공 다리'로 대체한 MIT의 허(Hugh Herr), 선천적 전색맹이지만 'Eyeborg'를 머리에 부착하여 색을 소리로 듣는 하비슨(Harbisson)은 사이보그이다. 이런 유형의 사이보그는 자연적 몸이 '확장되었다'라고 말하기보다 인공물로 '대체되었다'라고 말하는 것이 더 나을지도 모른다.

둘째 유형의 사이보그는 기계와 결합한 생명이지만 존재하기 위해 반드시 물리적 기반이 필요치 않은 사이보그다. 영화 〈론머맨〉(1992)에 등장하는 '조브'나 영화 〈그녀〉(Her)(2013)에 등장하는 '사만다'가 그 대표적인 예이다. 이런 사이보그는 물리적 세계가 아니라 가상세계에서 살아가기 때문에 자연적 몸이나 '의체'와 같은 인공적 몸이 필요하지 않다. 두 번째 유형의 사이보그는 다른 방식으로 존재하지만 '생명이 있고', '살아있다'. 즉 그런 존재도 유기체이다. 우리는 여기서 '자연적 몸'이 필요 없는 유기체의 가능성을 보게 된다. 그렇다면, 마음이란 몸·뇌·세계의 역동적 관계에서 창발한다는 체화주의의 기본 논제에 등장하는 세계는 물리적, 문화적, 윤리적 세계뿐만 아니라 사이버 세계도 포함하는 것으로 보아야 한다. 이렇게 보았을 때 세계의 인지 의존성이나 구성성에 관한 내장인지 이론가들과 확장인지 이론가들의 논쟁은 새로운 차원에서 전개될 것이다. 왜냐하면 이제 마음은 기존과는 '전혀 다른' 물리적 세계'로 확장되기 때문이다. 결과적으로 체화주의는 몸과 독립된 마음이 성립될 수 없다는 논제로부터 출발했지만, 최종적으로는 몸이 불필요한 마음의 가능성을 인정하게 되는 역설적 순환을 잉태하고 있다.

더 읽을 거리

손 갤러거·단 자하비. 2013. 『현상학적 마음: 심리철학과 인지과학 입문』. 도서출판 b. 이 책은 현상학적 입장에서 의식, 체화된 마음, 행위, 인격 등 중요한 주제를 다루고 있다.

심광현. 2014. 「오토포이에시스, 어포던스, 미메시스: 환경과 인간의 인지적 상호작용의 복잡성 해명을 위한 밑그림」. 이 논문은 벤야민의 미메시스 이론이 깁슨의 어포던스 개념과 마투라나와 바렐라의 체화 및 자기생성 개념을 매개할 가능성을 다루고 있다.

이영의. 2022. 『신경과학철학: 뇌중심주의에서 체화주의로』. 이 책은 체화주의 관점에서 신경과학철학을 구성한다. 특히, 6장과 9장에서 체화주의와 신경현상학을 다루고 있다.

정우진. 2021. 『몸의 연대기: 동아시아 몸의 역사와 철학』. 이 책은 도가철학의 관점에서 한국적 몸의 기원을 동아시아 몸 담론의 전개 속에서 찾고 있다.

프란시스코 바렐라 외. 석봉래 옮김. 2013. 『몸의 인지과학』, 김영사. 이 책은 체화인지 이론, 특히 행화주의 입장에서 경험, 자아, 창발 등 주제를 다루고, 불교의 중관사상에 기반하여 중도론을 제시하고 있다.

2.

김종갑

몸의 탈마음적 기원:
어떻게 플라톤은 철학에서 몸을 지웠는가?

1. 철학적 질문

철학은 질문과 더불어 시작이 된다. 철학의 시야에는 당연한 것이 없다. 우리는 그냥 사는 것이 아니라 왜 사느냐고 자문하면서 살아야 한다. 하이데거에 의하면 인간은 다른 존재와 달리 자신의 존재에 대해서 질문하는 존재이다. 소크라테스는 반성하지 않는 삶은 살 가치가 없다고 말했다. 이때 반성은 사유의 거울에 자신의 언행을 비춰보는 행위를 말한다. 이것을 문법적으로 "나는 나를 반성한다"고 표현할 수 있다. 나는 주체인 '나'와 대상인 '나'로 나뉘는 것이다. 이러한 자기 분열은 탁월한 철학적 사건이다. 소크라테스적 의미의 철학이 고고지성을 터뜨리는 것이다. 하나인 '나'가 마음과 몸으로 분열되면서 나는 나에 대해서 궁금해 하고 나에 대해 질문하고 그리고 대답을 기대한다. 내가 마치 남이라는 듯이. 그런데 과연 대답을 기대할 수 있을까? 그리고 대답이 주어지면 나로부터 분열되고 소외되었던 내가 다시 하나의 나로 통합될 수가 있을까? 아니면 회복이 불가능한 영원한 상실일까? 이렇게 말할 수 있겠다. 적어도 플라톤은 몸의 회복을 원치 않았다. 몸이라는 것은 초라하고 남루한 웃음거리에 지나지 않았다.

철학 이전에도 질문은 있었다. 플라톤이 즐겨 읽고 자주 인용했던 호메로스의『일리아드』는 다음과 같은 물음으로 시작한다. "그리스 사람들에게 수많은 재난을 가져온 펠레우스의 아들 아킬레우스의 분노에 대해 말해줄 수 있겠소."아킬레우스는 트로이 전쟁을 승리로 이끈 그리스군의 위대한 영웅이며 빼어난 용모로도 타의 추종을 불허하는 미남이었다. 그가 "사자처럼 날렵하게" 전쟁터를 달리는 모습은 상상만 해도 감동스러웠다. 그래서 알렉산더 대왕은 스스로 제2의 아킬레우스로 불리기를 원하지 않았던가. 우리는 아름다움과 용기가 무엇인지 알고 싶으면 아킬레우스를 생각하면 된다. 아킬레스라는 인물 및 그의 행동과 떼어놓고서 용기와 아름다움을 이야기할 수가 없다. 그렇지만 철학은『일리아드』의 첫 구절처럼 질문을 던지지 않는다. 가령 플라톤의『샤르미데스』(Charmides)는 샤르미데스의 아름다움이 아니라 '아름다움'자체가 무엇인지 질문을 한다. 그의『향연』의 주제는 사랑이다. 그러나 플라톤은 제우스나 비너스의 유명한 사랑 이야기에는 관심이 없다. 그는 사랑하는 사람들이 아니라 '사랑'자체가 무엇인지 알고 싶어 한다. 철학적 질문은 사르미네스로부터 아름다움의 액기스를 추출해내고, 비너스로부터 사랑을 분리해낸다. 물론 플라톤의 저서에도 아킬레우스와 샤르미데스, 비너스 등의 인물들이 등장하기는 한다. 그렇지만 철학적 논의가 본격적으로 시작하기가 무섭게 사라지는 매개자에 지나지 않는다. 플라톤의 철학적 무대의 주인공은 아름다움이나 정의, 선과 같은 관념들이다. 진정한 의미에서 존재하는 것은 그러한 관념들밖에 없다. 몸은 사라지는 매개자이다.

문학의 무대에는 아름다운 샤르미데스가 등장하지만 철학의 무대에는 아름다움이라는 개념의 독무대이다. 샤르미데스는 밤에는 잠을 자고 낮에는 운동도 하며 지인들과 어울려 식사도 하고 술도 마시지만 아름다움의 개념은 아무 것도 하지 않는다. 이동하거나 움직이거나 변화하면 안 된다. 플라톤은 그것을 이데아 혹은 형상이라고 불렀다. 이데아는 영원불변한 것이다.

이 글은 다음과 같은 질문에 대답하려는 시도이다. 왜 플라톤은 담론의 장에서 문학을, 아니 몸을 추방해야 했던가? 문학의 추방과 몸의 추방은 하나의 단일한 사건이다. 『국가론』(The Republic)에서 그는 "철학과 문학의 오랜 싸움"[1]을 언급했다. 정확히 말하자면 철학이 당시 문화적 패권을 쥐고 있던 문학에 일방적으로 선전포고를 했다고 말해야 옳다. 문학은 옳고 그름, 본질과 비본질을 가리는 진위의 논쟁에는 관심이 없다. 당시 희랍의 문화는 개념과 논쟁의 문화가 아니라 서사시와 희비극, 즉 이야기의 문화였다. 동시대의 희랍인은 소포클레스(Sophocles), 에우리피데스(Euripides), 아리스토파네스(Aristophanes) 등의 극작가들의 작품에 열광하였다. 이때 플라톤은 문화적 쿠데타를 꿈꾸고 있었다. 문학이 장악하고 있던 헤게모니를 끌어내려야만 철학의 입지를 굳힐 수가 있었다. 이 담론적 싸움은 철학에게 전적으로 유리한 것이었다. 당시 이소크라테스가 진리와 거짓을 따지지 않는 의 무기가 진리였다면 문학의 무기는 이야기였다. 21세기의 우리는 플라톤이 얼마나 뒤끝이 있는지 잘 알고 있다. 그가 『국가론』에서 철학자에 의한 문학작품 검열의 필요성을 주장하였기 때문이다. 더 나아가 국가의 방침을 따르지 않는 시인을 국가로부터 추방해야 한다고 주장하였다. 시인이 진리보다 이야기를, 영혼보다 몸을 중시한다는 것이 검열과 추방의 이유였다.

몸(문학)의 비하와 경멸은 플라톤의 철학을 일관하는 주제이다.[2] 그는 몸은 영혼의 감옥이라고 주장하였다. 영혼이 빛이라면 몸은 어둠이다. 어둠이 없는 빛의 세상, 몸이 없는 영혼의 세상, 그것이 진리의 왕국이다. 『소크라테스의 변명』에서 소크라테스는 죽음을 영혼이 해방되는 사건으로 묘사하였다. 몸의 함량과 영혼의 함량은 반비례의 관계에 있는 것이다. 신플라톤학파의 플로타이너스는 영혼의 순도를 높이기 위해서 일부러 몸의 건강을 무시하고 음식도 거부함으로써 몸을 쇠약하게 만들었다고 한다. 플라톤의 철학이 기독교의 금욕주의로 발전한 것은 우연이 아니었다.

몸이 없는 영혼, 물질이 없는 형상의 세계라는 것이 가능할까? 현대의 우리는 아니라고 부인하며 고개를 젓겠지만 플라톤은 가능하다고 믿었다. 그러나 믿음이 설득이나 논증이 될 수는 없다. 발언(statement)과 발화행위(enunciation)는 동일하지 않다. 그는 자신의 믿음을 증명하는 과정에서 적지 않은 모순과 자기당착에 직면하지 않으면 안 되었으며, 그럴 때마다 입장을 수정하거나 보완하는 방향으로 우회를 하였다. 가령 그는 영혼을 삼중의 복합체로 정의하였다가 나중에는 『파에도』에서는 단일체로 규정하였다. 심지어 『국가론』 내에서도 초반부에는 복합체로 설명하였던 영혼이 말미에서는 단일체로 묘사되기도 하였다. 영혼과 몸의 관계도 수미일관되지 않다. 한편으로 영혼은 몸을 통제하고 지배하는가 하면 『소크라테스의 변명』에서는 영혼이 몸이라는 감옥에 갇힌 것으로 이해되기 때문이다. 그렇지만 본 논의에서 이러한 담론적 비일관성은 중요하지 않다. 철학이 왜 몸을 배제하고 거부함으로써만 스스로를 학문으로 정립해야 했는지 철학 내적 필요성이 논의의 주제이기 때문이다. 몸이 없는 존재의 사유 실험을 제안함으로써 철학이 출범하였기 때문이다.

나는 탈신체적 영혼이라는 플라톤의 관념이 허구이지만 하나의 필요한 허구라고 생각한다. 플라톤은 철학을 문학과 달리 현상의 서술로 만족하는 것이 아니라 그것의 본질과 근원을 향한 지적 탐구로 지양하였다. 현상의 배후와 근원에는 변치 않는 하나의 절대적 본질, 즉 이데아가 있어야 했다. 기하학이 그러한 확신을 심어주었다. 동해물과 백두산이 마르고 닳더라도 삼각형의 합은 여전히 180도라는 사실에는 변함이 없다. 이 삼각형의 정의는 그것의 물질적 여건과 소여들, 시간의 흐름과도 무관하게 그 자체로서 진리이다. 남자가 말하든 여자가 말하든 그것의 진리임에는 변함이 없다. 그런데 생각해보라. 인간을 비롯해서 산과 바다, 세상의 모든 것들은 변화무쌍하다. 헤라클레이토스의 경구처럼 우리는 같은 강물에 두 번 발을 담글 수 없다. 마찬가지로 내가 그린 삼각형과 그가 그린 삼각형은 동일하지 않다. 그리고 아무리 완벽하게 그린 삼각형도 아주 미세하게 측정하면 합이 180도와 편차가 생긴다. 이때 삼각형의 합은 180도라는 정의를 유지하기 위한 플라톤이 취한 방법은 간단하였다. 체화를 부정하는 것이었다. 이를테면 아름다움의 이데아에 비하면 샤르미데스는 충분히 아름답지 않다.

2. 죽는 인간의 몸과 죽지 않는 영혼

앞서 철학은 자신의 존재에 대한 질문과 더불어 시작한다고 말했는데, 이때 우리는 당연한 사실 하나를 무시하는 경향이 있다. 질문도 뛰고 걷는 행동과 마찬가지로 하나의 행위라는 사실이다. 질문은 발화행위이다.

질문(혹은 생각)하는 화자가 있고 질문의 내용이 있고 청자도 있다. 다음과 같은 질문을 예로 생각해보자. "나의 영혼은 몸이 없는가?" 이때 질문이 스스로에게 질문을 하는 것은 아니다. 이것을 발화하는 화자가 있어야 한다. 추상적인 화자가 아니라 특정한 화자의 몸이 있어야 한다. 그는 나이가 많거나 적고 남자이거나 여자이고 농담이나 진담으로 이 말을 했다. 즉 몸이 없으면 그러한 질문을 할 수가 없다. 입이 없으면 밥을 먹을 수 없듯이 말도 할 수가 없다. 문학 작품이라면 작가는 이와 같이 질문을 하는 화자의 몸과 어투, 표정, 상황 등을 다채롭게 묘사한다. 특정한 상황과 맥락에서 나온 질문이기 때문이다. 그러한 이유로 화자가 '나는 몸이 없는 영혼이다'라고 주장했다면 청자들은 이해가 불가능한 상황에 직면한다. 눈앞에 뻔히 보이는 화자가 몸 없는 영혼이라고 주장하기 때문이다. 광인이라면 그럴 수도 있다. 가령 프로이트가 사례 연구한 슈레버는 자신이 몸이 없는 신이라는 확신을 가지고 있었다.[3] 아무튼 중요한 것은 우리는 몸이 없으면 철학적 질문을 할 수도 없다는 사실이다. 몸은 그러한 질문을 할 수 있는 능력이며 역량이다. 몸이 없는 생각은 불가능하다. 성대를 통해서 발성되지 않으면 그것이 생각인지 아닌지도 알 수가 없다. 더구나 인간으로 태어났다고 해서 때가 되면 나무에서 꽃이 피듯이 저절로 말을 할 수 있는 것은 아니다. 말을 배워야 한다. 아이는 성장 과정에서 부모가 하는 말을 보고 들으면서 말하는 법을 배워야 한다. 이 모든 것은 우리가 몸을 가진 존재이기 때문에 가능하다. 그럼에도 방법론적으로 우리가 몸된 존재라는 사실을 괄호 안에 넣는 것이 불가능하지는 않다. 그러기 위해서는 질문을 하는'나'라는 특정 화자도 괄호 안에 넣어야 한다. 그러면 이 질문은 "영혼은 몸이 있는가"라는 문장으로 변형이 된다. 이 질문에는 화자가 없다. 나이와 성별, 신분도 없다. 달리 말해서 몸이 있었던 질문이 몸이 없는 질문으로, 문학적 질문이 철학적 질문으로 바뀌는 것이다. 또한 이 질문에는 때와 장소도 없다. 그러한 시공간적 맥락이 제거되어 있는 것이다. 앞서 말했듯이 『일리아드』의 이야기는 아킬레우스의 분노와 더불어 시작되었다. 이 이야기에서 때와 장소와 등장인물을 괄호 안에 넣어보기로 하자. 그러면 분노만이 남는다. 아킬레우스라는 트로이 전쟁 영웅의 분노가 아니다. 몸이 없는 개념으로서의 분노이다.

모든 일상적 소통과 마찬가지로 철학적 질문과 사유도 발화행위이다. 신문 기사를 작성하는 기자는 그러한 발화행위를 육하원칙으로 정리한다. 누가 언제 어디서 무엇을 어떻게 왜. 그러한 맥락이 없는 기사는 신뢰할 수가 없다. 그런데 철학적 발화는 무엇이라는 메시지만 남겨놓고서 나머지 발화 요소들을 괄호 안에 넣어버린다. 즉 생각이 생각하는 사람의 몸으로부터 분리되는 것이다. 그리고 몸이 없는 생각들이 떠돌아다니기 시작한다. 철학의 이름으로. 이러한 점에서 철학은 사전적인 개념 정의의 시도와 더불어 출발한다. 서양의 역사에서 그러한 탈신체적 사유와 사전적 개념 정의를 처음으로 시도했던 것은 소크라테스였다. 그의 저술은 대부분 정의나 진리, 선, 아름다움과 같은 주요 개념 대해서 정의를 하려는 노력이었다. 그 결과로 서양의 철학이 제도적으로 탄생하였다. 제도적일 말한 이유는, 플라톤이 공식적 교육 기관인 아카데미를, 그의 제자인 아리스토텔레스도 리케리온을 창설하였기 때문이다. 니체는 『도덕 외적 의미에서 진리와 거짓』이라는 에세이에서 그러한 철학 탄생의 순간을 다음과 같이 묘사하였다. "헤아릴 수 없이 반짝이는 태양계들로 흩뿌려진 우주의 저 외딴 구석 한 별에 영리한 동물들이 인식이라는 것을 발명하였다. 이것은 세계의 역사에서 가장 심하게 오만과 기만으로 가득 찬 순간이었다." 비록 플라톤의 이름을 거명하지는 않았지만 여기에서 니체는 그를 염두에 두고 있었다. 생각해보라. 병들고 노화하며 죽어야 하는 인간, 우주의 역사에서 눈 깜빡할 순간에 사라져야 하는 덧없는 인간이 절대불변과 영원이라는 관념을 생각해낸 것이다. 자신이 몸이 있는 인간이라는 사실을 겸허하게 인정한다면 있을 수가 없는 일이다. 이것은 자기기만이 아닌가. 망치로 사유하는 철학자 니체는 그러한 자기기만의 진면목을 백일하에 폭로하였다. 그런데 그의 주장처럼 과연 그것이 기만일까? 나는 그것이 철학이 탄생하기 위한 필요했던 요청적 거짓말, 혹은 과장법이라고 생각한다. 진리는 발견되는 것이 아니라 생산되는 것이다. 이데아의 세계가 있다고 논증하는 30여권의 책을 저술하면 그전에는 생각지도 못했던 그러한 세계가 실제로 있는 듯이 보이기 시작한다. 담론이 수행적 효과를 발휘하는 것이다. 진정한 '나'는 몸이 없는 '영혼'이라고 주장하는 사람의 몸도 '영혼'처럼 보일 수도 있다. 우리는 『향연』의 증언을 통해서 당시 미소년으로 유명했던 알시비아데스가 소크라테스의 몸을 영혼처럼 경험하였다는 사실을 잘 알고 있다. 그는 스승에게서 영혼의 아우라를 보았던 것이다. 나중에 신플라톤학파의 대표격이었던 플로타이너스는 탈신체화된 순수 영혼을 지향하면서 금식과 고행을 밥 먹듯이 일삼았다. 이렇듯이 순수 영혼은 발견되는 것이 아니라 발명되는 것이다. 믿으면 있는 몸이 없는 듯이, 또 없는 영혼이 있는 듯이 있는 보일 수 있다. 영혼은 일시적인 몸과 달리 영원한 실체라는 믿음이 생겨나는 것이다. 나중에 슐라이헤르마허나 칼 맑스가 그러했듯이 우리도 이러한 믿음을 거짓이나 허구로서 폐기를 요청할 수도 있다. 그렇지만 그것이 철학의 기원이 되었다는 점을 생각하면 그러한 믿음은 단순한 허구가 아니라 고결한 허구가 아닐까? 사실 플라톤은 『국가론』의 3권에서 그러한 허구의 필요성을 인정하였다. 장차 국가의 지도자가 될 아이들은 자신이 금에서 태어난 특권 계층이라고 믿도록 교육을 받아야 한다는 것이다. 은이나 동에서 태어난 아이들과 질적으로 다른 존재라는 자존감이 필요하다는 것이다. 그럼으로써 국가의 안정과 질서, 평화가 도전받지 않고 영원히 유지될 수 있기 때문이다.[4] 그렇다면 이 대목에서 다음과 같은 질문이 있을 수가 있다. 플라톤도 자신이 믿는 진리가 사실이 아니라 철학을 위해 필요한 허구라고 생각하지 않았을까? 우리는 그럴 가능성을 배제할 수는 없다.[5] 그러나 그것은 이 글의 주제가 아니다. 더구나 철학의 역사는 허구적일 수 있는 그의 저술을 진리의 담론으로 순화했던, 혹은 화이트헤드의 표현을 빌면 그의 저술에 대한 각주의 역사였기 때문이다. 아무튼 이 글에서 우리의 관심은, 인간의 본질로부터 몸이 배제됨으로써 철학이 탄생하는 순간을 묘사하는 데에 있다. 철학은 먹고 마시며 즐기고 그러다 병들고 늙어서 죽어가는 인간을 불멸의 영혼으로 승화하였다.

3. 호메로스의 몸과 플라톤의 탈신체적 영혼: 문학에서 철학으로

플라톤을 논의하기 전에 당시 희랍인들의 몸에 대한 관념을 살펴볼 필요가 있다. 그들이 몸을 어떻게 경험하였던가. 과연 영혼과 대립되는 것, 혹은 영혼의 타자로서 몸을 이해하였던 것일까? 플라톤이 등장하기 이전의 몸 문화와 대조되지 않으면 그의 획기적인 면모가 잘 드러나지 않기 때문에 이러한 질문에 먼저 대답할 필요가 있다. 이를 위해서 우리는 소크라테스가 활동하기 이전의 문화적 원형을 호메로스의 작품을 통해서 확인할 수 있다. 주지하듯이 우리나라의 판소리처럼 호메로스의 『일리아스』와 『오뒷세이아』는 음유시인들을 통해 구전되어 내려오던 이야기가 기원적 7세기경에 문자로 기록되었다. 그 이전에는 규범화된 표준 문자라는 것이 존재하지 않았다. 지식과 정보의 전달이 문서가 아니라 사람과 사람의 대화를 통해서 이루어졌던 것이다. 『구술문화와 문자문화』의 월터 옹(Walter Ong)에 따르면 호메로스의 작품은 그러한 구전적 전통을 생생하게 반영하고 있다.[6]

내가 강조하고 싶은 것은, 한편으로 호메로스와 플라톤의 차이가 문학과 철학의 차이이기도 하지만 다른 한편으로는 구전문화와 문자문화의 차이이기도 하였다는 사실이다. 이때 양자의 차이는 결코 사소한 차이가 아니다. 월터 옹은 구술문화는 청각중심적이고 전통과 인습을 중요시하는 반면에 문자문화는 시각중심적이면서 반성적이고 비판적이라고 말했다. 전자의 의사소통이 무매개적이고 직접적이라면 후자는 매개적이고 간접적이다. 구술문화에서는 화자와 청자가 반드시 같은 시간과 장소에 현존해야 하지만 문자를 통한 의사소통에서는 그러한 화자(저자)의 동시적 현존이 필요하지 않다. 독자는 저자가 부재하는 상황에 있기 때문에 텍스트에 대한 비판적 거리를 유지하기가 훨씬 쉬워진다. 필요하다면 그는 텍스트의 한 대목에 멈춰서 그것을 붙잡고서 시간적 여유를 가지고 옳고 그름을 따질 수도 있다. 혹은 저자가 앞서서 주장한 내용과 문제의 대목이 일관된 것인지를 확인하고 점검할 수도 있다. 이러한 과정에서 그전에 당연하게 받아들였던 "도덕 전통 신앙 신화"가 "분석하고 연구해야 하는" 대상으로,. 필요하다면 "수정하고 비판해야 대상"으로 바뀌기 시작한다.[7] 플라톤의 모든 저술은 그와 같이 전통의 비판적 재해석의 작업이었다. 그는 전승된 지식(doxa, 통념)을 진리(episteme)로 정화하려고 시도하였다. 이때 통념이란 무엇인가? 그것은 사람들이 일반적으로 옳다고 믿고 있는 관습적 권위있는 의견, 상식 등의 정보이다. '하늘에 구름이 많이 끼면 비가 온다'는 말이나 '사람은 늙어 죽도록 배운다'와 같은 속담도 그러한 통념에 속한다. 그것은 과학적으로 검증된 객관적 지식이 아니라 일상의 삶의 체화된 지식을 말한다. 호메로스의 작품에는 이와 같은 통념들이 가득하다. 몇몇 예를 들면, "한 입으로 두 말하는 사람은 지옥의 입구처럼 혐오스럽다," 장미빛 손가락을 펼치며 동이 텄다, "헬렌은 불멸의 여신처럼 놀랍도록 아릅답다" 등이 있다. 희랍인들은 이와 같은 관용적 표현을 자신의 감정이나 생각을 효율적으로 표현할 수 있었다. 그리고 남자라면 아킬레스나 용감하고 아름답거나 오딧세우스처럼 현명하거나 헥터처럼 인격적으로 살아야 한다고 생각했다. 삶의 귀감이 되었던 것이다.[8] 그런데 플라톤은 이와 같이 통념에 의문을 제기하고 도전하면서 그것의 진위를 시험에 붙이려고 하였다. 그에게 중요한 것은 삶이나 생활세계, 행복이 아니었다. 창조 신화나 영웅들도 아니었다. 진리 자체가 중요하였다. 삶을 위한 진리가 아니라 인간과 무관한 진리 자체, 아테네나 스파르타와 같은 지역적 진리가 아니라 우주적 진리여야 했다. 시간과 장소의 변화에도 끄떡하지 않는 절대적 진리, 그것도 유일무이의 진리이어야 했다. 이러한 자신의 진리관을 강조하기 위해서 플라톤은 다음과 같은 말을 반복하였다. "나는 진리보다 사람을 우위에 둬서는 안 된다(국가론 X, 595). 우리는 사람을 존경하지 않고 진리의 추구한다(소피스트 246). 당신은 진리가 아니라 말하는 화자를 생각하지만 우리는 반대이다(파에드러스 275). 물론 호메로스도 그러한 비판적 작업의 예외가 아니었다. "나는 어린 시절부터 호메로스를 향한 존경과 사랑을 간직해 왔다. 그는 우리의 최초의 스승이고 비극의 모든 아름다움을 창조한 사람이다. 그렇지만 우리는 진리보다 사람을 우선해서는 안 된다.(국가론 595). 플라톤은 진리의 시금석으로 동시대 사람들이 옳다고 믿고 있었던 통념들의 진위를 구분하려 시도하였다.

통념이 사람들이 입에서 입을 거쳐서 전해져 내려오면서 축적된 전통적 지식이라면 진리는 그러한 전통과 무관하게 자체로 유효한 지식이다. 중요한 것은 말하는 사람이나 전통이 아니라 말, 즉 로고스 자체이다. 로고스는 화자와 상황, 맥락 등으로부터 분리되어야 하는 것이다. 이와 같이 분리된 말을 탈신체된 로고스라고 할 수 있다. 플라톤의 대화록은 그와 같이 탈신체화된 로고스의 경연장처럼 보인다. 물론 그의 텍스트는 대화의 형식을 갖춘 담론이기 때문에 소크라테스나 알시비디아데스와 같은 화자들이 등장한다. 그러나 역설적으로 그들은 사라지는 매개자로서, 얼굴을 비추기가 무섭게 곧 무대에서 사라지기 위해서 카메오처럼 등장한다. 영혼이 스스로의 진리를 증언할 기회를 주기 위해서이다.

4. 영혼의 진리

소크라테스는 자신이 그리스에서 가장 현명하다는 델포이 신전의 신탁을 듣고서 그것의 진위를 판명하기 위해서 당시 유명한 현자들을 찾아가서 지혜를 청했다. 과연 유명세에 걸맞게 그들이 자신의 분야에 대해서 잘 알고 있는지 확인하기 위해서였다. 그런데 결과는 거듭되는 실망이었다. 그들은 자신이 잘 알고 있다고 믿고 있었지만 보편적 진리의 기준에 비춰보면 그러한 지식은 지나치게 지역적이거나 편협하고 주관적이며 특정한 계층에 제한되는 것이었다. 가령 소크라테스의 동시대인으로 유명한 소피스트였던 히피아스는 세상에 자신이 모르는 주제가 하나도 없다고 장담을 하지만 아름다움이 무엇인가를 묻는 소크라테스의 질문에는 만족스러운 대답을 하지 못한다. 적어도 소크라테스는 그의 대답에 만족을 하지 못했다. 히피아스는 아름다움의 본질에 대해 정의하는 대신에 아름다운 이야기나 아름다운 보석, 아름다운 여성 등 아름다운 것들의 예만을 제시했기 때문이었다. 그것은 아름다움의 본질이 아니라 아름다움이 체화된 사례들, 즉 사람들이 일반적으로 아름답다고 믿고 통념들에 지나지 않았던 것이다. 이때 소크라테스의 전형적인 전략은 앞서 말했듯이 개념이나 진리를 구체적 사례로부터 사상해내는 작업, 혹은 탈신체화의 작업이다. 그에게 몸된 아름다움은 아름다움의 이상과 일치하지 않는다. 눈으로 보고 손으로 만질 수 있는 아름다움은 바로 그러한 이유로 인해서 물질적인 것에 의해서 오염된 것들이다. 히피아스처럼 후자를 전자와 착각하는 우를 범하지 말아야 하는 것이다. 진정한 진리는 구체적이거나 체화된 지식이 아니라 추상적이고 탈신체화된 지식이다.

  그와 같이 진리의 이름으로 통념들을 무효화하는 소크라테스의 모습이 가장 극적으로 묘사된 것이 『국가론』의 10권에 등장하는 호메로스에 대한 평가이다. 플라톤의 모든 대화록에서 10권만큼 문학을 강도 높게 비난하는 텍스트를 찾기도 어려울 것이다. 철학이 사물의 본질을 사랑하는 학문이라면 문학은 사물의 표면과 몸된 경험에서 한 발자국도 벗어나지 못하는 담론으로 격하된다. 플라톤이 이처럼 문학을 비난하는 이유는 당시 희랍인들의 문학에 대한 애정과 신뢰가 강했다는 사실을 의식하고 있었기 때문이었다. 그의 다음과 같이 질문은 매우 전형적이다. "사람들은 시인들이 선과 악은 물론이고 신적인 것과 인간사의 모든 것들에 대잘 알고 있다고 생각한다. 그런데 과연 그러한가?"(10권 598). 현대의 독자들에게 플라톤의 이러한 문제의식은 철학과 문학의 범주를 착각한 오류처럼 보인다. 문학은 철학이나 과학과 달리 보편적 지식이 아니라 인간의 몸된 경험을 서술하는 담론의 양식이기 때문이다. 그러나 플라톤은 그렇게 생각하지 않았다. 철학이 등장하기 전에는 희랍인들은 호메로스의 작품을 진리(통념)로 받아들였기 때문이다. 당시의 귀족들은 『일리어드』와 『오딧세이』에 기록된 영웅들처럼 말하고 행동하는 삶의 방식을 원하였다. 플라톤은 그러한 믿음이 잘못되었다는 것을 논증하기 위해 호메로스를 비판의 대상으로 삼았던 것이다. 이 지점에서 유명한 세 개의 침대의 예와 미메시스이론이 등장한다. 주지하듯이 플라톤은 예술은 대상을 거울처럼 모방하는 기술이라고 주장하였다. 그리고 이 점을 효율적으로 설명하기 위해서 침대를 예를 들었다. 시인이나 화가가 목수가 만든 침대를 보고 그것을 글이나 그림으로 옮기는 장인들이다. 이때 그는 "화가가 그린 작품은 진짜도 아니고 진실된 것도 아니다"는 사실을 애써 상기시킨다.

화가는 침대가 아니라 침대의 외양을 만듭니다.
그렇다면 목수는 어떻습니까? 목수는 침대 자체, 즉 진정한 침대의 이념이나 형상이 아니라 특정한 침대를 만듭니다. 그렇지 않나요?
그렇습니다.
그가 진정한 침대를 만들지 않는다는 말은, 달리 말해서 그가 진짜 침대와 닮기는 했지만 진짜는 아닌 침대를 만든다는 말이 됩니다. (중략)
그렇다면 진짜 침대가 아니라 그것의 희미한 모상만을 만듭니다. (중략)
이제 우리는 세 개의 침대를 염두에 두고 있습니다. 하나는, 자연에 있는 침대, 신이 만든 침대입니다. 신이 아니라면 누가 그것을 만들겠습니까?
네, 신만이 가능하지요.
그렇다면 또 다른 침대, 목수가 만든 침대가 있습니다.

맞습니다.

그리고 마지막으로 화가가 그린 침대가 있습니다.[9]

이 대목에서 플라톤은 예술을 허구나, 감동이나 체험, 혹은 사실임직함과 같은 미학적 관점이 아니라 오로지 인식론적 관점에서 접근하고 있다. 그에게 예술은 진리를 충실하게 모방(재현)하는 소명을 지지고 있다. 그렇지만 아무리 훌륭한 예술도 그 자체의 한계로 인해서 철학의 고지에는 이를 수가 없다. 본질적으로 예술은 진리를 투명하게 있는 그대로 볼 수가 없다. 기껏해야 예술은 모방의 모방에 지나지를 않는다. 침대를 그리는 화가는 완벽한 침대 자체를 모방하는 것이 아니라 목수가 만든 불완전한 침대를 모방한다. 그것도 침대 전체가 아니라 외양만을, 그리고 일부분만을 묘사할 따름이다. 이것이 몸을 가진 인간의 한계이다. 우리의 감각이 침대 전체를 한꺼번에 보는 것을 허용하지 않기 때문이다. "우리는 침대를 옆에서 볼 수도 있고 앞에서 볼 수도, 혹은 다른 방향에서 볼 수도 있다. 그래서 우리가 보는 침대는 똑같은 침대가 아니다." 이 대목에서 플라톤은 몸의 한계를 지적하고 있다. 침대를 앞에서 보면 앞부분만이, 뒤에서 보면 뒷부분만이 보인다는 어쩌면 너무나 당연한 사실에 대해서 불평하는 것이다. 안타깝게도 우리는 침대의 앞과 뒤, 위와 아래를 한꺼번에, 그리고 동시에 전체를 볼 수가 없다. 한 면만을 볼 수 있는 것이다. 이러한 이유로 나중에 훗설(Edmund Husserl)은 시각을 일면적 정시로 정의를 하였다. 뒤를 보지 않아야 앞을 볼 수가 있고, 위를 보지 않아야 밑을 볼 수가 있다. 그렇다고 지각이 부분적으로만 머물지는 않는다. 우리는 움직일 수 있는 몸이 있기 때문에 한 자리에서만 침대를 보지 않고 침대 주위를 돌면서 다양한 방향에서 침대를 볼 수가 있다. 이때 플라톤이 우려하듯이 앞에서 본 침대와 뒤에서 본 침대가 서로 다른 침대인 것은 아니다. 우리의 지각에는 기억을 통한 통합의 과정이 있기 때문이다. 훗설에 따르면 뒷면을 볼 때도 우리는 앞면의 모습을 떠올리면서(retension) 보고 또 옆으로 돌면 보일 측면을 예지하면서(protension) 본다. 지각 활동에는 과거와 미래, 현재가 통합되어 있는 것이다. 그래서 우리는 관점에 따라서 다양하게 표상되는 침대가 여러 개가 아니라 하나의 동일한 침대라는 사실을 잘 알고 있다. 그럼에도 침대의 전체를 한꺼번에 동시간적으로 지각할 수가 없는 것은 부정할 수 없는 엄연한 사실이다. 이것이 지양되어야 하는 인간의 한계를 가리키는 것일까? 나는 그렇지 않다고 생각한다. 침대가 특정한 시간과 장소를 점유하고 있는 물질이라면 그것을 바라보는 인간도 특정한 시간과 장소에서 몸으로 존재하고 있다. 몸은 한꺼번에 여기와 저기에 동시에 있을 수가 없다. 시각의 장에서 벗어나서 침대를 바라볼 수도 없다. 달리 말해서 우리의 몸된 조건과 우리가 속한 상황에 따라서만 침대와 관계할 수가 있다. 어린아이라면 어른과 달리 어린아이처럼 침대를 경험하고 스파르타인은 아테네인과 달리 스파르타인처럼 침대를 경험한다. 『오뒷세이아』의 말미에는 페넬로페의 침실의 아름다운 침대가 소개되는데, 이 침대는 오디세우스를 제외한 다른 사람은 옮길 수가 없다. 이처럼 우리의 경험에는 침대와 관계하는 나(의 몸)이 있다. 나는 나처럼 침대를 바라보는 것이다. 그것은 남의 침대가 아니라 나의 것이기 때문이다.

  플라톤은 이러한 몸의 존재에 대해서 지극히 부정적이고 비판적인 입장을 취한다. 이유를 짐작하기는 어렵지 않다. 우리는 몸된 조건에 따라서, 그가 즐겨 사용하는 표현을 빌면 우리는 몸이라는 감옥에 갇혀서 대상을 경험하기 때문이다. 진정한 봄의 주체는 몸이 아니라 영혼이어야 한다. 이때 영혼이 빛이라면 몸은 어둠이나 마찬가지이다. 그가 유명한 동굴의 비유에서 몸을 동굴의 어둠과, 영혼을 동굴 밖의 밝은 빛과 동일시를 한다. 빛이 투명한 진리라면 어둠은 거짓이고 기만이며 악이다. 빛은 사물을 있는 그대로, 그것의 본질을 보여주지만 어둠은 사물을 자신의 성질에 따라서 불투명하게 희석시키고 왜곡하며 은폐한다. 근시나 원시, 난시인 사람을 생각해보자. 이러한 사람들은 침대를 있는 모습 그대로 선명하게 보지 못한다. 나중에 데카르트가 지적하였듯이 황달이 있는 사람은 흰 침대도 노란 침대로 착각을 한다. 그렇지만 플라톤은 시력이 나쁜 사람만이 지각적 한계를 가진다고 생각하지는 않는다. 우리가 몸된 존재라는 사실, 몸과 더불어서 몸을 가지고 세상을 경험한다는 사실 자체가 올바른 인식에 제한을 가한다. 아무리 시력이 좋은 사람도 몸의 눈으로 대상을 바라보면 사물을 있는 그대로 보지 못한다. 한 면만을, 그것도 물질적 표면만을 바라보기 때문이다. 『국가론』의 10장에서 플라톤은 시인을 그와 같이 일면적이고 표면적인 시선의 단적인 예로 제시한다. "사람들은 시인들이 선과 악은 물론이고 신적인 것과 인간사의 모든 것들에 대잘 알고 있다고 생각"하고 있지만, 진실은 정반대이다. 그는 시인이 독자를 기만하는 사기꾼"[10]이라고 주장한다. 일면적으로 보이는 부분에 지나지 않는데 그것이 마치 전체라는 듯이, 그리고 사물의 표면에 지나지 않는 것을 사물 자체인 듯이 제시하기 때문이다. 현명한 사람이라면 시인의 말을 신뢰하지 않을 것이다. 그런데 플라톤이 우려하는 것은 바로 이 지점이다. 그는 철학자를 제외한 대부분의 사람들은 어리석게도 시인의 거짓된 이야기에 쉽게 현혹되는 사람들이라고 보았다. 무지한 대중들은 모방에 지나지 않는 이미지(환상, 모상)을 진리로 착각하는 것이다.[11]

진정한 침대는 몸이 없는 이데아의 침대이다. 플라톤은 우주에는 단 하나의 침대의 원형이 있다고 주장하였다. 그것은 인간이 아니라 신이 제작한 침대로, 다수가 아니라 단수이고, 현상의 세계가 아니라 이데아의 세계에 존재한다. 우리가 사용하는 침대는 원본 침대의 모방이며 화가가 그린 침대는 모방의 모방에 지나지 않는다. 양자의 관계는 절대성과 상대성, 순수와 불순, 진리와 거짓의 관계이다. 세상에 존재하는 모든 것들은 복제품이나 유사물에 지나지 않는다. 플라톤에게 원형은 개념적 정의라는 점을 다시 상기할 필요가 있다. 삼각형의 이데아는 세변의 합은 180도라는 삼각형의 정의이다. 침대의 원형은 "사람이 누워 잘 수 있도록 만든 가구로 길쭉한 평상에 다리가 달려 있다"라는 사전적 정의이다. 이와 같이 몸이 없는 정의는 공간을 차지하지 않으며 물질적으로 지각되지도 않고, 가까이 다가서거나 멀리 물러날 수도 없다. 그리고 물질적 조건이나 상황, 맥락의 영향에서 벗어나 있기 때문에 부패하거나 불에 타지도 않는다. 이렇듯이 감각되지 않기 때문에 "영혼의 혼란"을 초래하지도 않는다[12].

플라톤은 몸을 두 가지 관점에서 접근하였다. 몸은 소극적으로는 영혼의 부재를, 다른 한편으로 적극적으로는 혼란과 거짓의 있음, 즉 "욕정과 욕망, 두려움, 환상"[13]의 있음을 가리킨다. 있어야 할 것의 없음과 없어야 할 것의 있음이 몸의 역설적인 위상이다. 이때 감각적인 사람의 시선은 사물의 겉모습에 머물러 있기 때문에 진정한 본질을 파악하지 못한다. 소크라테스를 보라. 퉁방울 눈과 주먹코, 울퉁불퉁한 얼굴은 그가 아테네에서 가장 못생겼다는 트레이트마크나 마찬가지였다. 그렇지만 그는 아테네에서 가장 아름다운 영혼을 가지고 있었다. 외모와 내면이 반비례의 관계에 있는 것이다. 이러한 반비례의 관계는 『파이돈』에는 영혼의 삶과 죽음의 관계로 전개가 되었다. 이 대화록에서 죽음을 목전에 둔 소크라테스가 친구들과 불멸을 주제로 대화를 나누면서 죽음을 영혼이 몸의 구속과 부담으로부터 벗어나는 해방의 사건으로 정의한다. "죽음은 영혼이 아니라 육체에 해당하는 사건"에 지나지 않다. 무덤에 매장되는 것도 소크라테스가 아니라 단지 죽은 그의 육체에 지나지 않는다는 것이다.[14]

5. 몸의 부정과 철학의 탄생

대부분의 전근대적 전통사회가 그러하듯이 자연과 인간, 우주를 과거로부터 전해 내려오는 구전과 신화, 인습 등을 통해서 이해하였다. 그것들은 철학적으로 정의되거나 분석되거나 증명되어야 하는 대상이 아니라 생활세계의 당연한 일부를 차지하는 것들이었다. 영혼과 몸이 서로 다른 실체라는 이원론만큼 고대 희랍인들의 생활세계와 거리가 먼 것도 없었다. 희랍인들은 먹고 마시고 즐기는 육체적 쾌락과 운동, 경기 등의 활동을 즐기고 또 중시하였다. 고대 이집트 문화의 중심에는 죽음과 부활이 있었다면 희랍의 중심에는 삶과 즐거움이 있었다. 호메로스를 읽는 독자들은 현실과 일상의 소소한 활동들을 마음껏 즐기는 희랍인들의 모습에 감탄하게 된다. 후회도 없고 변명이나 반성도 없는 디오니소스적 현실 긍정의 모습을 발견하기 때문이었다. 오딧세우스가 하데스로 내려가서 만났던 아킬레스의 유령도 그러한 희랍인의 현실관을 반영하고 있었다. "나는 죽은 사람들의 왕이 되느니 차라리 농촌의 머슴으로라고 살고 싶습니다." 그러나 플라톤은 그러한 현실 중심적인 문화를 거부하였다. 진리는 몸이 아니라 영혼에, 구체적 현실이 아니라 이상적 이데아의 세계에 있다고 생각하였기 때문이었다. 현실과 몸을 부정함으로써 철학이 탄생하였던 것이다.

플라톤이 활동하였던 시기는 문화와 교육의 전환기였다. 과거의 귀족적이며 개인주의적이고 신화적이었던 전통이 이성에 입각한 새로운 가치관과 충돌하고 있었다. 호메로스의 작품이 전통을 대변한다면 소크라테스 그러한 전통에 이의를 제기하고 대안을 모색하는 인물이었다. 그는 밤과 낮, 때와 장소를 가리지 않고 젊은 사람들과 어울리면서 그들에게 새로운 가치관을 심어주기 위해서 노력하였다. 그는 탁월한 교육자였지만 기존 세대에게는 매우 위험한 교육자였다. 그가 신들을 모독하고 젊은 세대를 타락시켰다는 이유로 사약을 받아야 했던 것은 어쩌면 당연한 일이었다.[15]

호메로스와 플라톤의 차이는 이야기와 논증의 차이이다. 후자가 개념 정의나 변증법의 세계라면 전자는 사건과 행동의 세계이다. 이야기는 정의를 필요로 하지 않는다. 사건의 서술로 충분하다. 몸에 대한 사전적 정의도 없으며 정신과 육체의 이분법이나 양자의 갈등도 없다. 추상적 개념으로서 몸도 존재하지 않았기 때문이었다. 몸이 아니라 아킬레우스나 오뒷세우스와 같은 인물들과 행동이 있을 따름이었다. 그들의 사회적 지위와 가문, 역할 등과 무관하게 독립적으로 존재하는 중립적인 몸이라는 것도 없다. 『일리아스』에서 아킬레스는 사자처럼 날렵하고 용맹하게 달리며 싸우는 영웅이다. 그렇게 사자처럼 싸우는 것은 아킬레스의 몸이 아니라 아킬레스이다. 그는 감정과 행동과 역량 등의 총체이다. 그런데 플라톤은 아킬레스로부터 몸과 영혼을, 그의 행동으로부터 개념을 분리시킨다. 가령 호메로스가 아킬레우스를 '용감한 영웅'이라고 서술한다면 플라톤은 '용감'이라는 어휘를 떼어내서 그것을 개념화한다. 그에게 샤르메니데스가 아름답다는 사실은 중요하지 않다. 중요한 것은 아름다움이 무엇인가 하는 본질과 정의의 문제이다. 이때 아름다운 것과 달리 아름다움은 지각되거나 경험되지 않는다. 아름다움은 육체적 눈이 아니라 영혼의 눈으로만 보일 수가 있다. 주지하듯이 플라톤의 철학에서 가장 중요한 지각이 시각이다. 촉각이나 후각, 미각과 달리 시각이 대상에 대해 가장 탁월한 지식을 가져다주기 때문이었다. 그럼에도 그는 마음이 아니라 육체적 눈으로 보는 감각적 지각의 위험을 경계하였다. 우리가 중립적으로 대상을 인식하는 것이 아니라 몸된 조건에 따라서 대상을 본다는 이유에서였다. 우리의 성격과 감정, 상황에 따라서 똑같은 대상도 달리 보인다는 것이다. 이러한 이유로 호메로스의 작품에는 다양한 신체적 봄이 있다: 예컨대 derkesthais는 뱀(drakon)에서 파생된 것으로 뱀의 눈빛처럼 섬뜩한 눈빛을 가리키는 '보다'이다. leussein는 빛나다를 뜻하는 leukos에서 파생된 말로 밝은 대상을 바라보는 시선을 가리킨다.[16] 섬뜩하게 바라보거나 흐뭇하게 바라보는 활동은 있지만 그러한 몸된 상황과 무관하게 중립적인 바라봄은 없는 것이다. 그렇지만 플라톤이 중시한 것은 그러한 몸된 상황에 오염되지 않은 순수한 시선이었다. 그것은 목수의 침대나 화가의 침대를 보는 것이 아니라 그것의 이데아를 보는 시선이다.

우리는 몸의 눈으로 대상의 표면만을 볼 수도, 영혼의 눈으로 대상의 본질을 파악할 수도 있다. 몸은 물질의 질서에, 정신은 이념의 질서에 속해 있다. 물질의 세계는 변덕스럽고 변화무쌍한 가변적 세계로, 예를 들어 삼각형은 크거나 작기도 하고, 검은색이거나 파란색을 하고 있다. 하나의 보편적인 삼각형은 물질적 세계에 존재하지 않는다. 절대적 진리나 올바름도 없을 뿐 아니라 진리와 거짓이 뚜렷하게 구분되지도 않는다. 지각의 대상만 그러한 것이 아니다. 인식의 주체도 마찬가지이다. 물질 대상과 마찬가지로 인식의 주체도 끊임없이 변화하는 과정에 있다. 기분이 좋거나 우울할 수도, 시력이 좋거나 나쁠 수도 있다. 날씨나 온도와 같은 상황의 변화도 무시할 수가 없다. 이와 같이 인식 주체와 환경의 변화에 따라서 똑같은 대상도 시시각각 다르게 표상이 될 수가 있다. 바로 이러한 이유로 변치 않는 진리를 추구하는 플라톤은 몸의 눈을 거부한다. 우리는 눈이 있기 때문에 대상을 볼 수가 있지만 플라톤은 눈이 오류와 착각의 원인이기 눈의 유효성을 부정하는 것이다. 널리 알려진 뮬러라이어 착시(Müller-Lyer illusion)를 생각해보자. 여기 선분의 양 끝에 상반된 방향으로 화살표가 달린 두 개의 선분이 있다. 이때 선분의 길이는 정확하게 동일함에도 불구하고 하나는 다른 것보다 훨씬 길게 보인다. 플라톤에 의하면 이것은 인간의 불완전한 몸에서 비롯되는 시각적 오류이다. 시각이 화살표의 방향에 영향을 받음으로써, 즉 감각적으로 시각이 오염됨으로써 진리가 왜곡되는 것이다. 플라톤에 의하면 이러한 감각적 왜곡에서 벗어날 수 있는 방법은 영혼의 시선으로 사물을 보는 것이다. 몸이 있으면 대상을 보면서 대상에 의해서 영향을 받지만 몸이 없으면 그러한 영향권으로부터도 자유롭다.

호메로스의 세계에서는 모든 것이 영향을 주고받는 역동적 관계에 있다. 몸이 있다는 사실, 그것은 몸과 몸이 서로를 끌어당기거나 밀어내면서 끊임없이 변화하고 있다는 것을 의미한다. 이때 인식의 주체와 대상, 세계는 서로 떼어놓을 수 없는 관계의 망 속에 있다. 그러한 관계에서 벗어난 인식이나 지각이라는 것은 있을 수가 없다. 사물을 보기 위해서는 주체도 그 대상에 의해서 영향을 받을 수밖에 없다. 대상은 언제나 똑같이 보이는 것이 아니다. 대상이 너무나 가까이 있어도 너무나 멀리 있어도 보이지 않는다. 옆으로 보면 직사각형이던 것이 위에서 보면 정사각형으로 보일 수도 있으며, 황달기가 있는 사람에게는 흰 종이도 노란색으로 보인다. 이러한 물질적 세계에서 드러나는 진리는 대상 자체의 변치 않는 진리가 아니라 관계에 따라서 변화하는 진리이며, 그것을 경험하는 주체의 진리이기도 하다. 그렇지만 플라톤의 우주에는 그러한 관계의 진리나 주체의 진리를 위한 자리는 없다. 그에게 철학은 개별성이 아니라 보편성을, 현상이 아니라 본질을 사유하는 학문이기 때문이다. '아킬레스가 누구인가?'라는 질문을 '인간이란 무엇인가?'라는 질문으로 대체하는 것이다. 그러한 질문에는 아킬레스와 독립해서 존재하는 영웅이나 헬렌과 독립해서 존재하는 아름다움이 있다는 믿음이 전제되어 있다. 헬렌은 아름다움의 이념이 체화된 사례에 지나지 않는다. 그리고 이념으로서 아름다움은 그것의 체현보다 완벽한 아름다움이 된다. 현대의 과학적 어휘를 빌리면 플라톤의 이데아는 다양한 물질적 신체로 다양하게 구현될 수가 있다는 말이 된다. 본질이 존재에 선행하는 것이다. 혹은 추상적 프로그램이나 알고리즘이 몸에 선행한다.

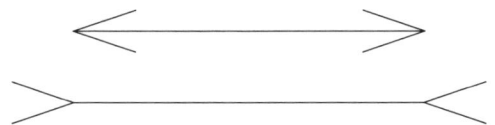

'몸이 영혼의 감옥'이라는 소크라테스의 불평이 우리에게 아주 낯설지는 않을 것이다. 때로 우리는 몸을 감옥처럼, 아니 지옥처럼 느낄 때도 있다. 치통처럼 통증이 심해지면 나도 모르게 욕이 나오기도 하고, 극심한 고문을 당하는 사람을 빨리 죽여 달라고 애걸하기도 한다. 몸이 없으면 그러한 고통도 없을 것이다. 그런데 여기에서 우리가 생각해봐야 하는 것은, 몸이 있는 것과 몸의 있음을 느끼는 것은 동일하지 않다는 사실이다. 생각해보자. 우리가 언제 몸의 있음을 느끼는가? 기분이 좋고 쾌활할 때 인가? 아니면 아파서 끙끙 앓을 때 인가? 몸이 가볍고 상쾌할 때 우리는 몸이 있음을 의식하지 않는다. 그렇지만 피곤하거나 두통이 생기면 몸의 있음을 의식하기 시작한다. 이렇게 말할 수가 있겠다. 기분 좋게 걸어갈 때 우리는 몸을 의식하지 않는다. 그런데 돌부리에 걸려 넘어지면 아픈 발목을 갑자기 의식하게 된다. 이것이 무엇을 의미하는가? 우리는 건강할 때에는 몸을 의식하지 않는다. 몸은 나의 활동의 보이지 않는 배경에 머물러 있다. 그러다가 아프거나 불편해지면 그전까지 배경에 있던 몸이 갑자기 전경화되면서 의식의 시야로 진입하게 된다.

몸과 의식의 관계는 역설적이다. 문제가 생기기 않는 이상 몸은 스스로의 존재를 의식에게 강요하지 않는다. 그래서 쾌적하고 건강할 때에는 우리는 자신을 소크라테스처럼 정신이나 영혼으로 경험한다. 그러다가 배가 고프면 그제서야 몸의 있음에 주목하게 된다. 우리는 영혼이 아니라 먹지 않으면 생존이 불가능한 몸인 것이다. 이때 몸은 나의 생각이나 소망과 상관없이 스스로의 정해진 원리에 따라서 움직이는 기계나 마찬가지이다. 자동차를 생각해 보는 것이 좋겠다. 이 세상에서 가장 이상적인 자동차는 내가 원하는 대로 내 마음대로 움직이는 자동차, 그래서 망가질까봐 걱정할 필요가 없는 자동차이다. 최악의 자동차는 내가 갈고 닦고 보살펴주지 않으면 운전할 수 없는 자동차이다. 내가 신경을 쓸 필요가 없는 자동차가 건강한 몸이다. 건강한 몸은 의식하지 않아도 좋다. 그러나 몸이 아픈 사람은 계속 몸을 의식하면서 살아야 한다. 이렇듯이 몸은 의식에 대해서 역설적으로 존재한다.

입이 원수라는 말만큼 몸과 마음의 관계를 잘 보여주는 속담을 찾기도 어려울 것이다. 먹지 못해서 배가 고픈 사람의 눈에는 먹을 것만이 보인다. 이때 인간은 로댕의 생각하는 사람이 아니라 배고픈 짐승이 되어버린다. 사흘 굶으면 포도청의 담도 뛰어넘는다. 배고픔의 노예가 되어버리는 것이다. 이렇게 몸의 노예가 되었던 사람도 배가 부르면 식욕의 압박에서 풀려나 그전에 못했던 생각이라는 것도 하기 시작한다. 금강산의 아름다움이 눈에 들어오는 것이다 .

배가 고프거나 아프지 않으면 우리는 몸을 의식하지 않는다. 몸이 아니라 정신을 의식한다. 또 음식을 창고에 쌓아놓고 사는 사람은 입이 원수라고 생각하지 않는다. 먹기 위해서 산다고 생각하지도 않는다. 그러기에 자신은 너무나 고상한 존재라고 생각한다. 그렇지만 모든 사람들이 이러한 특권을 누릴 수는 없다.

그런데 왜 소크라테스는 몸을 영혼의 감옥이라고 생각했던 것일까? 거동이 불편하거나 아픈 사람은 몸은 영혼의 감옥으로 느낄 수 있겠지만 그는 늙은 나이에도 예외적으로 건강하고 정력적이 인물이었다. 아무리 술을 마셔도 취하지를 않고 며칠을 굶어도 끄떡하지 않으며 하루 종일 걸어도 발바닥에 물집도 생기지 않을 정도로 건강을 타고 났다. 그는 몸이 없는 듯이 자유롭게 살 수 있는 특권적 존재였다. 그럼에도 불구하고, 혹은 바로 그러한 이유 때문에 그는 매우 금욕적인 인물이었다. 식욕이나 성욕을 비롯해서 모든 육체적 욕망을 하찮게 여겼으며, 그러한 충동에 휩쓸리는 것을 수치라고 생각했다. 자신은 몸의 욕망을 완벽하게 다스리고 제어하며 통제할 수 있는 주인이어야 한다고 생각했다. 그러한 육체적 욕망에 방해받지 않는 정신적 삶을 추구했기 때문이었다. 조금이라도 욕망의 물결을 좌시하고 방치해두면 그것이 욕망의 파도와 폭풍으로 몸집을 커지고 자칫하면 그의 영혼이 난파할 위험이 있기 때문이었다.

우리는 몸이 영혼의 감옥이라는 소크라테스의 주장을 액면 그대로 받아들이면 안 된다. 물론 그는 몸의 감옥에서 벗어난 탈신체적 영혼을 지향하였다. 그러나 그가 말하는 몸은, 우리가 생각하는 생물학적이거나 해부학적 몸이 아니며, 신체 내부의 안정적 환경을 유지하려는 성향으로서 항상성도 아니다. 그가 비난하는 대상은 육체적 욕망, 특히 욕망에 탐닉하는 것이었다. 육체적 탐닉은 취기와 같다. 마음을 그러한 욕망으로 오염시켜버린다. 술에 취하면 술이 되어버린다.

　엄밀한 의미에서 소크라테스는 몸을 영혼의 감옥이라고 주장하지 않았다. 그가 말하는 감옥은 몸이 아니라 몸에 대한 '의식'이다. 그는 의식의 배경에 머물러야 할 몸이 의식의 표면으로 전경화되는 것을 우려했던 것이다. 건강하고 쾌적한 몸은 스스로의 존재를 감추는 경향이 있다. 이때 우리는 자신을 자유로운 영혼처럼 느끼고 의식한다. 몸을 의식하는 것이 아니라 영혼(마음)을 의식한다. 생각해보라. 책을 읽을 때나 음악을 들을 때, 생각에 잠겨있을 때, 자연의 아름다움에 감동할 때, 우리는 자신을 몸이 없는 영혼처럼 경험한다. 즉 몸이 영혼의 배경으로 물러나 있는 것이다.

　그럼에도 지나치게 영혼의 중요성을 강조한 나머지 플라톤이 몸의 가치와 의미를 간과하였다는 비난을 피할 수가 없다. 우리가 살펴보았던 침대의 예에서 그는 육체적 욕망이 아니라 몸의 존재 자체를 거부하는 극한으로까지 이데아론을 밀어붙였다. 그는 몸을 어둠으로, 영혼을 빛으로 인간 존재를 양극화시켜 놓았다. 그것으로도 모자라서 양자를 반비례의 관계로 정식화하였다. 몸이 있으면 있는 그만큼 진리의 빛으로부터 멀어지고 거짓과 기만으로 퇴행한다는 것이다. 여기에서 그는 인간을 지나치게 비좁은 인식론의 울타리에 가둬놓았다. 거두절미하고 인간을 '알다'의 존재로 환원한 것이다. 그에게 인간은 사는 존재도 아니고 행하는 존재도 아니다. 단지 아는 존재이다. 나의 생각에 그와 같이 아는 존재의 탁월한 예는 거울이다. 거울은 욕망도 의지도 없이 사물을 있는 그대로 반영한다.

우리는 플라톤이 생각하는 이상적 철학자의 모습을 『개미』의 작가로 유명한 베르나르 베르베르의 「완전한 은둔자」에서 찾을 수 있다.[17] 이 단편의 주인공은 완벽한 의미에서 플라톤의 이상적 철학자이다. 그는 우주의 진리를 발견하기 위해서 직업과 돈, 가족은 물론이고 자신의 몸까지 희생하는 인물이다. 그는 먹고 마시고 입고 잠자는 모든 몸된 활동들이 진리의 추구에 방해가 된다고 생각한다. 먹고 마시는 시간이 아까운 것은 물론이고 그것을 소화하는 신진대사 활동도 사유에 전심해야 하는 에너지를 빼앗는다고 생각한다. 그래서 그는 진리를 위한 사생결단을 내린다. 몸에서 뇌를 분리한 다음에 뇌를 투명한 유리병 (이데아 세계)에 위치시키는 것이다. 이제 세상의 어떠한 물리적 사건이나 충격도 그의 사색을 방해할 수가 없다. 그는 아무런 물질적 매개나 간섭이 없이 이데아를 직관할 수 있는 탈신체화된 영혼이기 때문이다 .

플라톤의 이상적인 철학자에게 몸이 없다는 사실은 무엇을 의미하는가? 몸이 없으면 절대적 자유를 향유할 수 있는 듯이 보인다. 더위나 추위, 습도 등의 영향을 받지 않으며 성욕이나 식욕과 같은 욕망에 시달릴 필요가 없다. 병에 걸리거나 상처를 입거나 늙지도 않으며 니체를 괴롭혔던 두통이나 치통을 앓을 필요가 없다. 삼각형의 합이 180도라는 사실을 이해하기 위해서 종이에 삼각형을 그릴 필요도 없다. 그런데 문제는, 싸르트르가 『존재와 무』에서 곡진하게 설명하였듯이 절대적 자유는 절대적 무이다. 아무 것에도 영향을 받지 않기 때문에 어떤 것에도 영향을 줄 수가 없다. 몸의 고통과 노화도 없지만 몸된 기쁨과 젊음도 없다. 그리고 아무리 원해도 삼각형을 그림으로 그릴 수가 없으며 그것에 대해 설명할 수도 없다. 그는 연필을 잡을 손가락이 없으며 발성을 할 수 있는 입과 성대도 없다. 그것뿐만이 아니다. 오른쪽과 왼쪽, 멀고 가까움, 높고 낮음 등의 차이가 무엇인지도 알 수가 없을 것이다. 그러한 차이는 공간에 놓인 몸을 통해서만 의미를 갖기 때문이다. 그렇다면 좋고 나쁨이나 옳고 그름, 아름다움과 추함의 차이는 알 수가 있을까? 나는 없다고 생각한다. 먹고 마시며 살아야 하는 몸이 없다면, 그러한 몸들이 더불어 살아야 하는 사회가 없다면, 정의나 정치, 윤리, 아름다움과 같이 플라톤이 『국가론』에서 고민했던 문제도 있을 수가 없다.

인간은 물론 생각하는 존재이다. 자신의 존재의 의미에 대해서 질문하는 존재이다. 이때 우리는 그러한 사유의 활동을 설명하기 위해서 몸이 아니라 마음에서 자신의 정체성을 찾을 수도 있다. 그러다 보면 인간은 생각을 위해 생각하는 것이 아니라 다른 사람들과 더불어서 행복하게 먹고 살기 위해서 생각한다는 사실을 잊기가 쉽다. 생각이 삶이, 알다와 살다가 유리되는 것이다. 플라톤은 '안다'에 지나치게 많은 비중을 두었다. 그것으로도 모자라서 탈신체적 앎이라는 이데아까지 고안했다. 몸된 앎은 오류와 왜곡, 혼란의 가능성과 뒤섞여 있기 때문이었다. 그래서 그는 몸이라는 불투명한 매개를 우회하지 않고 앎 자체로 빛처럼 달려가기를 원했다. 그것이 가능하다고 하자. 우리가 과연 그러한 앎을 원하는가? $1+2=3$이다. 이것은 몸의 그림자 없는 순수하고 투명한 인식이다. 그런데 문제는 "$1+2=3$"에는 '나'라는 주체가 없다. 어느 날 갑자기 태양계가 사라지더라도 $1+2$의 값은 여전히 3이다. 엔트로피가 없는 지식이다. 몸이 닳지 않는 지식, 노화와 죽음을 모르는 지식이다. 주체 없는 지식이기 때문이다. '나는 꿈속에서는 $1+2 \neq 3$이라고 생각한다'라고 말할 '나'도, 꿈도 없다. 나라는 주체는 몸이다. 굳이 메를로-뽕띠의 주장을 빌지 않더라도 몸은 세상 밖이 아니라 세상 속에 있다. 플라톤에 의하면 나는 동굴 속에 있다. 동굴 속에 있기 때문에 동굴에게 영향을 받으며 또 동굴에 영향을 줄 수가 있다. 그런데 세상의 모든 진리를 다 얻고도 내가 세상에 없다면 무슨 소용이 있을까? "유레카!"하고 깨달음을 외칠 입이 없다면? 아르키메데스는 목욕탕에서 깨달음을 얻었다고 하는데 목욕할 몸이 없다면? 아르키메데스처럼 나체도 길거리를 뛰어가지 않더라고, 아니 아르키메데스가 없더라도 1+2=3이다.

더 읽을 거리

브로노 스넬. 1994. 『정신의 발견: 서구적 사유의 그리스적 기원』. 김재홍 옮김. 까치. 플라톤이 등장하기 이전 고대 희랍의 인간관, 특히 육체와 영혼의 관계에 대한 가장 권위 있는 이론서.

박성우. 2014. 『영혼 돌봄의 정치 – 플라톤 정치철학의 기원과 전개』. 인간사랑. 플라톤의 주요 저술을 통해 플라톤이 어떻게 몸을 돌보는 전통적 문화를 비판하면서 영혼을 돌보는 새로운 문화를 수립하려 했는지를 탐구한 책.

플라톤, 2020. 『파이돈』, 전헌상 옮김, 아카넷. 죽음을 앞에 둔 소크라테스가 죽음이란 영혼이 아니라 몸에 해당하는 것이라고 주장하면서 영혼 불멸을 논증한 책.

플라톤, 2005. 『국가 · 정체』, 박종현 옮김, 서광사. 특히 10장을 참조. 여기에서 플라톤은 문학이 물질적 몸이 모방, 그것도 열등한 모방에 지나지 않는다는 미메시스 이론을 전개했음.

3.

숀 갤러거

몸 이미지를 재이미지하기

1. 몸 이미지와 몸 도식

몸 도식(body scheme)과 몸 이미지(body image)는 심리학, 신경학, 철학, 의학, 정신분석, 운동과학, 항공심리학, 로봇공학 등에서 중요한 역할을 하는 학제적 개념이다. 몸 도식과 몸 이미지의 구분은 신경학자인 헤드(Henry Head)의 연구에서 처음으로 등장한다.[1] 그러나, 그의 연구는 그 두 가지 개념에 대한 심각한 개념적인 혼란을 포함하고 있으며, 그로 인해 때때로 그것들을 명료화하거나 완전히 포기하려는 동기가 유발한다는 지적을 받아왔다.[2]

그 개념적 혼란은 쉴더(Schilder)의 다음 인용문에서 볼 수 있다.

> 인간 몸의 이미지는 우리가 마음속에서 형성하는 우리 자신의 몸의 그림, 즉 몸이 우리 자신에게 나타나는 방식을 의미한다. … 우리는 그것을

우리 몸의 도식이나 몸적 도식이라고 부르거나, 아니면 헤드를 따라 몸의 자세 모형(postural model)이라고 부른다. 몸 도식은 모든 사람이 자신에 대해 갖는 3차원 이미지이다. 우리는 그것을 몸 이미지라고 부른다. (Schilder, 1935, p. 11)

위의 인용문에서 '도식'과 '이미지'는, 헤드의 용법을 따르지 않고, 상호 교환 가능한 것으로 사용되고 있다. 헤드는 자세 모형을 이미지라고 부르거나 우리가 그것을 마음속에서 형성한다고 제안하지 않았다. 우리는 비슷한 혼란을 피셔(Seymour Fisher)에서도 볼 수 있다.

몸 이미지는 '몸 개념'(body concept) 및 '몸 도식'과 같은 용어와 동의어로 간주될 수 있다. 넓은 의미로, 이 용어는 개인이 자기 몸을 지각하는 방식과 관련이 있다. 그것은 자기 몸에 관한 개인의 개념이 의식적 이미지로 표상된다는 것을 의미하지 않는다. …. 몸 이미지는 개인이 자신의 몸 경험을 조직하고 통합하는 방법을 배우는 방식을 나타낸다. (Fisher, 1972, p. 113)

나는 자세 조절을 몸의 지각과 혼동하는 호환적 용법과 설명을 반대하고 다음과 같은 구분을 지지한다.[3]

몸 이미지: 몸과 관련된 (때때로 의식적인) 지각, 태도, 신념의 체계
몸 도식: 자세, 움직임을 지속해서 규제하고 반성적 지각이나 지각적 점검의 필요없이 기능하는 (일반적으로 무의식적인) 감각운동 과정의 체계

이러한 개념적 구분은 자기 몸을 지각하는 것 (또는 자기 몸에 대한 믿음이나 감정적 태도를 갖는 것)과 움직이거나 자기 몸의 움직임을 제어할 수 있는 능력을 갖는 것의 차이를 반영한다.

나는 이 구분에서 세 가지 중요한 점에 주목한다. 첫째, 대부분의 일상적인 비병리적 행동에서 몸 도식과 몸 이미지는 현상학적으로나 신경학적으로 통합된다. 둘째, 내가 앞으로 제안하듯이, 우리는 이러한 적절히 구분된 개념들을 이용하여 병리적 행동과 비병리적 행동 모두를 쉽게 설명할 수 있지만, 그런 행동에 대한 완전한 설명을 제시하려고 의도하지는 않는다. 셋째, 그 구분은 의식과 무의식의 구분을 넘어선다. 그 요점들을 더 설명하기 위해 마지막 것으로부터 시작해 보자.

몸 이미지는 한편으로 몸에 대한 명시적이거나 의식적인 지각이나 점검을 포함할 수 있다. 그것은 또한, 무의식 상태로 남아 있거나 **반성적** 과정을 통해 적어도 부분적으로 의식될 수 있는, 자기 몸에 대한 믿음과 정서적 태도를 포함할 수 있다. 다른 한편으로 고유감각과 운동감각과 같은 몸 도식적 과정뿐만 아니라 운동 조절 과정은 무의식 상태로 머물 수 있고 그 상태로 가장 잘 기능할 수 있으며, 그와 동시에 **사전 반성적** 자아 자각에 이바지함으로써 행위자에게 자기 행위에 대한 행위 주체성 감각(이나 경험)을 제공할 수 있다(Shaun Gallagher & Dan Zahavi, 2012). 이런 암묵적이거나 열성적(劣性的)인 자기 경험은 깁슨(Gibson, 1979)의 생태적 지각 개념에 포함되어 있는데, 그것은 우리가 자신이 움직이는 환경뿐만 아니라 우리 자신의 움직임도 자각한다는 생각을 담고 있다.

두 번째 요점과 관련하여 이론가들은 거식증, 신체 이형증, 일측성 자기 무시와 같은 몸과 관련된 병리학에 대해 논의하면서 그 두 가지 개념을 자주 사용했다. 그러나 어떤 상태가 몸 이미지의 장애라고 말하는 것은 특정 방향의 진단이나 치료를 의미할 수 있고, 그 문제가 일차적으로 몸 도식적 운동 제어에 관한 것이 아니라고 제안할 수 있지만, 이는 완전한 설명이 될 수 없다. 그런데도 그런 논의는 이중 해리[4]를 가리키고 구분에 대한 경험적 증거로 작용해왔다. 예를 들어, 환자가 (우반구 피질의 신경학적 손상으로) 몸의 왼쪽을 지각하거나 주의하지 못함에도 불구하고 몸 양쪽의 운동을 제어할 수 있는 편측 자기무시의 사례는 제대로 기능하지 않은 몸 이미지와 완전히 기능적인 몸 도식의 결합을 제안한다.[5] 따라서 환자는 자기 옷의 단추를 채우려고 왼손을 사용할 수 있지만 결국은 왼쪽 몸에 옷을 입지는 못한다. 그 환자에게 장갑을 주면, 그는 오른손에 장갑을 끼기 위해 왼손을 사용하지만, 왼손에 장갑을 끼지는 못한다.

이중 해리의 다른 면은 신경증적 구심로차단에서 발견될 수 있다. 워터맨(Waterman)은 목 아래의 모든 고유 감각과 촉각을 상실했다. 그는 도구적 움직임과 보행 움직임에 심각한 어려움을 겪었다. 그는 자기 몸을 보고 자신의 움직임을 제어하기 위해 인지적 노력을 기울여야 했다.[6] 이와 관련하여 워터맨이 몸 도식 과정에서 심각한 결함이 있으며 통제된 방식으로 움직이기 위해서는 향상된 몸 이미지를 사용해야 한다는 제안이 있다(Shaun Gallagher & Jonathan Cole, 1995). 이런 종류의 구심로차단 증상을 가진 사람은 정상적인 움직임에 대한 메를로퐁티의 설명과 분명한 대조를 보인다.

> 나는 외부 공간 안에서 나의 몸을 움직이기 위해 그 공간과 나의 몸을 자신에게 표상할 필요가 없다. 그것들이 나를 위해 존재한다는 것과 그것들이 나를 둘러싸고 있는 행위의 장을 구성하는 것으로 충분하다.
> (Merleau-Ponty, 2012, p. 186)

워터맨은 이런 원칙에 대한 분명한 예외적 사례이다.

이런 이중 해리는 몸 도식과 몸 이미지 간 개념적 구분을 지지하지만, 이 점이 그 현상에 대한 완전한 설명을 제시하지는 못한다. 따라서 이론가들은 첫 번째 요점으로 돌아가서, 정당하게 몸 도식과 몸 이미지가 어떻게 관련되는지를 연구하려고 했다. 이와 관련하여 피트롱·비니으몽(Victor Pitron & Frédérique de Vignemont 2017)은 다음과 같이 세 가지 모형을 제안했다. (1) 하나의, 장기간, 다기능 몸 표상을 가정하는 **융합 모형**(fusion model). 그러나 이중 해리는 이 모형이 그 증상을 생각하는 올바른 방법이 아니라는 것을 시사한다.[7] (2) 기능적으로 구별되는 두 체계, 즉 행위 지향적 체계와 지각 지향적 체계를 가정하는 **독립 모형**(independence model). 그러나 이 모형은 비병리적 경우에 우리가 통합된 기능을 찾는 방법을 설명하지 못한다. 피트롱·비니으몽(2017)은 유보적으로 행동과 지각은 독립적이지 않고 일치가 있다고 올바로 제안한다. 더구나 거식증과 같은 일부 병리적 사례에서 몸 크기에 대한 환자의 믿음이 그의 행위에 영향을 미친다.[8] 워터맨과 같은 사람들에서는 몸 도식 기능의 상실이 몸 이미지의 본성을 변경한다. 따라서, (3) 기능적 구별을 상정하지만 강한 상호 작용을 가정하는 **공동구성 모형**(co-construction model)에 대해 연구자들 간 부분적인 합의에 도달했다.

움직임에서 몸 도식적 과정들의 역할 및 그런 과정이 어떻게 감각운동의존성(sensori-motor contingency), 몸·환경의 결합, 전문가 행위, 행위지원성 등에 대한 철학적 주제와 관련되는지에 대해 설명해야 할 것이 많다. 우리는 이런 생각을 메를로퐁티뿐만 아니라 체화인지의 생태학적 이론과 행화주의 이론에 관한 현대적 논의에서도 발견한다(Gallagher, 2017). 이러한 주제 중 일부는 또한 우리가 몸 이미지와 몸 도식의 구분에 대해 제기된 여러 가지 반대에 대해 어떻게 대응할 수 있는지, 어떻게 몸 이미지에 대해 생각해야 하는지를 알려준다.

2. 반론들

첫 번째 반론은 **뇌 안의 몸 반론**(body-in-the-brain objection)이다. 이 반론은 몸 이미지와 몸 도식 구분이 여전히 애매하다고 주장한다. 실제로, 몸 이미지와 몸 도식 구분에 동기를 부여했던 것과 같은 혼란과 애매성에 자극받은 베를루끼·아글리오티(Giovanni Berlucchi & Salvatore M. Aglioti)는, 신경과학적 이해를 위해 몸 이미지와 몸 도식의 구분을 사용하면서도, 더 정확한 해답을 얻기 위해 신경과학으로 눈을 돌릴 것을 제안한다. 그러나 신경과학적 설명이 더 정확하거나 덜 애매한지는 분명치 않다. 예를 들어, 데이커만·데한(Dijkerman and de Haan, 2007)은 부분적으로 분할된 두 가지 (해부학적·기능적) 신경계를 확인했다. 그 하나는 후두정엽을 중심으로 즉각적이고 자동적인 행동 유도를 담당하고, 다른 하나는 뇌섬엽을 중심으로 의식적인 몸 지각을 담당한다. 그러나 이것은 완전히 말끔한 신경적 독립은 아니다. 베를루끼·아글리오티는 후두정엽 과정이 몸의 고차 시공간적 및 의미론적 의식에 관여할 수 있다고 인정한다. 뇌섬엽이 감각 통합 및 운동 제어 과정에 관여한다는 것을 보여주는 연구도 있다.[9] 우리는, 밀너·굿데일(A David Milner & Melvyn Goodale)의 두 가지 시각 경로와 비슷하게, 구별과 통합이 모두 존재한다고 말할 수 있다.

어떤 경우에도 운동 제어(또는 몸 도식) 과정을 완전히 설명하기 위해 뇌 중심적 신경과학에 호소할 수는 없다. 왜냐하면, 완전한 설명은 중앙신경계 및 말초신경계뿐만 아니라 몸과 환경 사이의 역동적인 상호 작용을 허용하는 모든 몸적 구조를 포함해야 하기 때문이다. 몸 도식이나 그것을 설명하는 기본 과정은 완전히 또는 단순히 뇌에 있지 않다. 실제로, 사회적·문화적 차원은 몸 이미지 및 몸 도식적 과정의 형성과 유지에 영향을 준다. 솔리만·글렌버그(Tamer M. Soliman & Arthur M. Glenberg 2014)가 보여주듯이, 사회 문화적 규제는 단순히 하향인과적 요인이 아니라 몸 도식적 과정의 작동에 스며들어 이미 상향적으로, 즉 운동 제어의 가장 기본적 수준에서 작동한다. 우리는 몸 이미지와 몸 도식 과정을 '뇌 안의 몸'이 아니라 **세계 안의 몸**에 속하는 것으로 보아야 한다. (Gallagher et al., 2013)

두 번째 반론은 **신경심리학적 반론**(neuropsychological objection)이다. 이 반론은 많은 신경심리학적 사례가 몸 이미지와 몸 도식 개념으로 설명되지 않는다고 지적한다(Berlucchi & Aglioti, 2010). 홈즈·스펜스(Nicholas P. Holmes & Charles Spence, 2006)와 드 비니으몽(de Vignemont, 2010)은 비슷한 우려를 제기하면서 현상학적 구분이나 개념적 구분보다 신경심리학적 실험에 초점을 맞추어야 한다고 제안한다.

> 몸에 관한 새로운 실험적 발견, 임상적 이상, 지각적 환상이 연구되고 끊임없이 확장되는 학문체계에 통합됨에 따라, 이러한 현상에 대한 보다 간결하고 기능적이고 조작적인 설명을 제공하기 위해 몸 이미지와 몸 도식에 대한 고전적 개념을 개정하고 그것들을 뇌에 대한 생리적, 신경심리학적 이해와 구체적으로 연관시키려고 할 필요가 있다. (Holmes & Spence, 2006, p. 15)

드 비니으몽은, 예를 들어, 몸 자각과 관련된 41가지 장애를 나열한다.

그러므로, 우리는 (몸 이미지와 같은) 하나의 몸 표상으로는 그러한 복잡성을 설명하기에 충분하지 않다는 결론을 내리고 싶을 것이다. 하나 이상일 필요가 있다 … 그러나 몇 가지이어야 하는가? 둘? 셋? 넷? 몸 표상에는 적어도 몸 도식과 몸 이미지라는 두 가지 유형이 있다는 데 의견이 모이고 있지만, 아직은 그 이상의 합의는 거의 없다. … 어떤 사람은 그 개념들이 없으면 사정이 더 나을 것이라고 결론지을 수 있다. (de Vignemont, 2010, p. 670)

나는 이 반론에 대해 두 가지 대답이 가능하다고 생각한다. 첫째, 위에서 언급했듯이, 몸 이미지와 몸 도식의 구분과 관련된 개념은 모든 것을 설명하기 위해 고안되지 않았다. 우리는 다음과 같은 질문을 던져야 한다. 신경과학 및 실험심리학과 함께 병리학을 설명하는 연구가 수행하는 것은 개념적 구분인가? 실제로 홈즈·스펜스는, 베를루끼·아글리오티와 같이, 신경과학과 신경심리학에 관한 논의를 시작하는 최소한의 방안으로 몸 이미지와 몸 도식의 구분에 의존한다. 드 비니으몽은 몸 이미지와 몸 도식의 구분을 유지해야 하는 여러 가지 이유를 제시한다. 둘째, 설사 우리가 몸 이미지와 몸 도식의 구분을 과학에서 유용한 것으로 보지 않더라도(비판자들도 그것을 포기할 의향이 없는 것 같지만), 몸 이미지와 몸 도식 구분이 임상 적용에서 여전히 유용하다면, 예를 들어, 물리 요법[10] 및 몸 심리 요법[11]과 같은 분야뿐만 아니라 섭식 장애, 비만, 환상사지, 로봇공학 및 보철, 뇌 손상 등에서도[12] 그러하다면, 그 구분을 유지하는 것이 정당화될 수 있다.

세 번째 반론은 **현상학적 반론**(phenomenological objection)이다. 예를 들어 하라크(Jan Halák, 2016)는 내가 몸 이미지와 몸 도식의 구분을 (몸 도식으로서의) 행위 주체로서의 몸과 (몸 이미지로서의) 지각 대상으로서의 몸을 분리하는 선으로 너무 엄격히 적용한다고 지적한다. 그 결과 이는 메를로퐁티가 거부하는 구분이 될 것이다. 더욱이, 드 세인트 오버트(de Saint-Aubert)가 쉴더와 메를로퐁티를 인용하면서 말했듯이, 여기서 논의되는 구분은 몸 도식에서 지각과 운동의 '특별한 침해'나 환원 불가능한 순환성을 놓치고 있다.[13] 분명히, 메를로퐁티와 행화주의자들이 동의하듯이, 지각과 움직임 사이에 밀접한 관련이 있다면, 우리는 몸 이미지와 몸 도식을 구분할 수 있더라도 그것들을 분리된 것으로 간주해서는 안 된다.

이에 대한 대답으로 나는 먼저 하라크의 주장에 몸 도식과 관련된 실용적인 '기반구조'와 몸 이미지에 해당하는 몸의 객관화된 '상부 구조' 사이에 위계적 구분이 있다는 점을 지적한다. 하라크는 다음과 같이 주장한다.

> 메를로퐁티는 객관화된 몸이 실제와 '연결'되어야 함과 동시에 '상대적 독립'을 얻어야 한다는 점을 발견했다. … 따라서 몸의 두 차원 사이에는 순환적 영향과 상호 조직구조가 있는 반면에 상부구조는 … 변화에 더 저항하지만 기반구조는 그것에 더 잘 대응한다. (Halak 2016, p. 36)

둘째, 나는, 위에서 언급한 바와 같이[14] 일상적인 행동에서 몸 도식과 몸 이미지와 관련된 과정은 일반적으로 통합되어 있으며 현상학적으로나 신경학적으로 이를 구분하기는 쉽지 않다고 지적한다. 순환성은, 하향식·상향식 또는 상부 구조 및 하부 구조의 침해와 대조적으로, 더 나은 개념일 수 있다. 사실 하라크의 모형은 기능적 구분을 가정하지만 강력한 상호 작용을 가정하는 상호구축 모형과 크게 다르지 않아 보이므로,[15] 우리는 그것을 반론이 아니라 추가 설명으로 볼 수 있다.

주체 대(對) 대상의 수평적 이원론이나 상부 구조 대 하부 구조의 수직적 계층보다, 골드스타인(Kurt Goldstein)이 생각한 것처럼 역동적인 게슈탈트 구조의 선을 따라 몸 도식과 몸 이미지 간 강력한 상호 작용을 생각하는 것이 가장 좋을 것이다. 게슈탈트 구조는 몸 이미지와 몸 도식이 '항상 명확한 형태-배경 관계로 존재'하는 곳이다.[16] 골드스타인은 (반성적으로 안내되는) 추상적 운동 대 (사전 반성적인) 구체적 움직임 간 구분의 관점에서 다음과 같은 게슈탈트 관계를 구상한다.

> 정상인의 행동은 일반적으로 구체적이지만, 그런 구체성은 그것이 추상적 태도에 내장되고 상호 결정되는 한에서 정상으로 간주될 수 있다. 예를 들어, 정상적 사람에게는 두 가지 태도가 항상 명확한 형태-배경 관계로 존재한다. (Goldstein and Scheerer, 1964, p. 8)

따라서 몸 이미지와 몸 도식 관계의 특성을 분석하는 데 적합한 조건이 있다. 몸 이미지와 몸 도식을 정확히 개념적으로 구분할 수 있다고 하더라도, 행동 수준에서 사물이 항상 그렇게 애매하지 않은 것은 아니다. (Gallagher, 2005) 사실 베를루끼·아글리오티가 그토록 우려했던 애매성은 개념적 애매성이 아니라 현상 자체의 애매성일 수 있다. 몸 이미지는 때로 몸 도식의 자세적 또는 운동적 수행에 영향을 미치며 그 반대의 경우도 마찬가지이다. 몸 이미지나 자신의 움직임에 대한 지각은 그 움직임이 성취한 것과 복잡하게 연관될 수 있다. 이것이 바로 드 세인트 오버트가 지각과 움직임 간 '환원할 수 없는 순환성'이라고 부르는 것인데, 나와 같이 현상학적으로 영감을 받은 행화주의자들이 주장하는 것이기도 하다.

3. 몸 이미지 향상하기

드 세인트 오버트(2013)는 나의 저서, 『몸이 마음을 어떻게 형성하는가』(Gallagher, 2005)에서 제시된 몸 이미지와 몸 도식의 구분에 대한 설명을 비판하면서 더 큰 것을 계획하고 있었다. 나는 그의 계획에 감사한다. 그는 몸 이미지에 대한 보다 향상된 개념을 기획하고 있었음이 분명하다. 첫째, 드 세인트 오버트는 심리학과 같은 분야에서 몸 이미지와 몸 도식 현상에 대한 광범위한 혼란을 명확히 하려는 나의 출발점을 인정한다. 그런데도 그는 내가 제안한 구분이 현상을 지나치게 단순화하며, 헤드, 쉴더, 메를로퐁티에서 발견되는 복잡성을 인정하지 않는다고 불평한다. 헤드는 동물의 몸과 세계 내에 그 몸의 지향적 존재를 반영하는 고유한 복잡성을 주장한다. 쉴더는 체화가 사회적 과정 및 무의식적 과정과 교차하는 복잡성을 주장한다. 메를로퐁티는 지각과 운동의 복잡하고 통합된 선을 인정한다. 나는 그런 분석의 풍부함과 나의 명료화 계획 간 긴장이 있다는 점을 인정한다. 그런 풍부함은 내가 살펴보았던 대부분의 동시대 연구자들에게서는 결코 찾아볼 수 없던 것이다. 이것은 또한 쉴더의 정신분석적 강조를 기반으로 한 드 세인트 오버트의 작업과 나의 작업 사이의 차이에 반영된 긴장이기도 하다. 이와 관련하여 드 세인트 오버트는 내가 쉴더의 작업에 대해 빈약한 해석을 제시했다고 지적한다.

나는 그 점을 인정한다. 내게 필요한 것은 쉴더의 1935년 저서 『인간 몸의 이미지와 모양』(The Image and Appearance of the Human Body)의 서문 첫 번째 단락에서 발견된다. 그것은 내가 이 장을 시작하면서 인용했던 구절이다.

인간 몸의 이미지는 우리가 마음속에서 형성하는 우리 자신의 몸의 그림, 즉 몸이 우리 자신에게 나타나는 방식을 의미한다. ... 우리는 그것을 우리 몸의 도식이나 몸적 도식이라고 부르거나, 아니면 헤드를 따라 몸의 자세 모형이라고 부른다. 몸 도식은 모든 사람이 자신에 대해 갖는 3차원 이미지이다. 우리는 그것을 몸 이미지라고 부른다. (Schilder, 1935, p. 11)

이것은 많은 다른 사람이, 때때로 쉴더를 명시적으로 언급하면서, 반복했던 개념적 혼란이고 용어상 혼란이다. 드 세인트 오버트에 따르면, 나는 이 구절을 너무 많이 인용했다. (나는 이번 장에서 두 번이나 인용했으므로 그의 지적이 옳다)

쉴더가 몸 이미지를 의식적 표상으로 간주했다고 주장하는 것은 그의 분석을 전체적으로 논의하는 것이 아니라는 점은 사실이다. 왜냐하면, 그에게 몸 이미지는 그 이상이기 때문이다. 실제로 나는 다른 곳에서 쉴더를 이런 논의에 정신분석적 차원을 제공한 사람으로 언급했고, 특히 나는 (누구도 하지 않았을 때) 그를 몸 이미지의 사회적·문화적 측면을 강조한 사람으로 언급했다.[17] 예를 들어, 나는 다음과 같이 제안했다.

다른 어떤 이론가보다 쉴더는 또한 우리의 몸 움직임과 몸 자각에 스며든 사회적 차원을 강조한다. ... 쉴더는 정신분석 이론을 바탕으로 그 생각을 일반화한다. '나는 보이고 싶은 욕구와 주목받고 싶은 욕구는 보고 싶은 욕구만큼이나 타고난 것으로 생각한다.' (Gallagher, 2012, p. 102; Schilder, 1935 인용)

따라서 나는 쉴더가 일반적으로 언급되는 것보다 더 풍부한 몸 이미지 개념을 갖고 있다는 세인트 오버트의 생각을 인정하고 그에 동의한다. 그런데도 쉴더는 몸 이미지와 몸 도식 구분의 (다른 무엇보다도 의식 대 무의식) 상태에 관한 용어적이고 개념적 혼란에 이바지한 최초의 이론가 중 한 사람이다.

세인트 오버트의 두 번째 불만은 내가 지각을 다루는 방법에 관한 것이다. 그는 내가 지각과 움직임을 분리한 동시에 통제와 자발성의 문제를 지나치게 강조한다고 주장한다. 나는, 적어도 내 입장에서, 이것은 일반적 지각, 즉 내가 환경에 대한 행위 지향적 지각이라고 부르는 것보다 **몸 지각**(즉, 자기 몸에 대한 행위자의 지각)과 구체적으로 관련이 있다는 점에 주목한다. 일반적 지각은 몸 도식적 과정과 완전히 통합되어 있으며, 나는 그런 행위 지향적 지각과 움직임을 구분하지 않을 것이다. 나는 지각이 보통 행위로 연결된다고 이해한다는 점에서 지각에 대한 행화주의자이다. 그러나 나의 행위 능력은 행위하는 몸에 대한 지각적 점검이 필요하지 않다.

세인트 오버트는 또한 몸 이미지와 몸 도식 사이의 이중 분리를 확립하기 위해 내가 희귀 병리학을 사용했다고 지적한다(1절 참조). 그의 요점은 이것이 일상적인 경험에 필연적으로 적용될 일반적인 구별을 정당화하지 않는다는 것이다. 워터맨의 구심로차단 사례에서 그가 인지적으로나 시각적으로 자신의 움직임을 제어하기 위해 사용하는 지각적 몸 이미지는 비병리적 사례에서 몸 이미지가 기능하는 방식과 같지 않으며 이와 관련하여 우리는 워터맨의 사례를 일반화해서는 안 된다는 것이다. 실제로 이것이 나의 요점 일부이다. 나는 콜(Cole)과 함께 워터맨의 몸 이미지가 다르다고 주장했다. 즉, 그것은 일반적인 피실험자들의 것보다 향상되고 더 정확하다. 그리고 워터맨이 몸 이미지에 의존하는 방식에 대한 분석은 우리의 일상적인 몸 관계를 포착하기 위한 것은 아니었다. 이점은 부분적으로 워터맨의 사례가 매우 효과적인 이유이기도 하다. 이와 관련하여, 그 사례가 우리의 비병리적 몸 이미지에 대조적인 빛을 던지는 것으로 보지 않기는 어렵다. 어쨌든, 이중 어느 것도 이중 해리를 훼손하지 않으며, 그 요점은 몸 이미지와 몸 도식이라는 **관계항** 간의 개념적 구별을 정당화하는 데 있다. 그것 없이는 우리는 형태·배경이나 순환 관계에 관한 생각을 시작할 수조차 없다. 또한, 그것은 몸 이미지를 포함하는 특별한 수행을 훼손하지도 않는다.

4. 전문가 수행에서의 몸 이미지

몸 이미지 개념을 **이론적으로** 향상하는 세 가지 방안이 있다. 첫째, 우리는 세인트 오버트의 계획을 추구하면서 그가 쉴더, 라캉(Jacques Lacan, 2001), 돌토(Françoise Dolto, 1984)를 따라 했듯이, 욕망과 무의식적 측면을 추가할 수 있다. 나는 이것을 세인트 오버트가 시도한 계획이라고 본다. 둘째, 우리는 사회적, 문화적 측면이 몸 이미지에 정보를 주는 방식을 고려할 수 있다. (몸 도식뿐만 아니라 다양한 지각, 상상, 정동에서 이런 현상 간 밀접한 관계를 다시 허용한다) 나는 이런 관점에서 몸 이미지와 몸 도식에 관한 흥미로운 연구가 있다고 생각한다, 특히 페미니스트 연구[18], 젠더 연구[19], 인종 연구에서[20] 그렇다. 셋째, 몸 이미지의 장애나 병리적 장애뿐만 아니라 몸 이미지가 **실제로** 향상될 수 있는 스포츠, 무용 등 분야의 전문가 수행에서 예외적인 경우를 연구할 수 있다. 여기에서도 2절에 언급된 다양한 문헌에서 논의된 신경병리학 및 신경심리학적 사례를 탐구하는 많은 연구가 있다. 나는 몸 이미지 향상(수행 연구는 자세와 움직임의 조절 또는 제어, 즉 몸 도식에 초점을 맞추는 경향이 있다)에 대한 문제와 관련하여 전문가 수행에 관한 연구가 그리 많지 않다고 생각한다. 따라서 나는 지금부터 거기에 초점을 맞출 것이다.

우리는 다양한 종류의 전문화된 수행에서 골드스타인의 게슈탈트적 형태와 배경 관계를 볼 수 있다. 때때로 우리는 (특히 새로운 움직임을 배울 때 추상물이나 몸 이미지를 전경으로 가져면서) 우리 몸에 주의를 기울이거나 몸을 자각하지만, 다른 때에는 그렇지 않다. 수행에서 몸 이미지 및 몸 도식 과정은 정도(형태와 배경의 가변적인 균형)의 문제와 다양한 수행에 관한 다양한 자각의 문제이다. 이 점에서 몸 이미지는 일정치 않다. 몸 자각이나 주의가 수행의 특징인지, 어느 정도인지는 개인적 차이와 상황적 차이일 뿐만 아니라 자각이나 주의의 본성에 정확히 의존한다.

몬테로(Barbara G. Montero, 2010, 2015)는 전문 발레리나로서의 경험을 바탕으로 특정 유형의 몸 자각이 잘 발달한 기술을 방해할 수 있지만, 일반적으로 전문 운동선수나 공연 예술가의 기술에 해롭지 않다고 주장한다. 몬테로가 무용이나 음악 공연의 경우 수행자의 자각이 사전 반성 상태로 유지될 가능성을 인정하지만, 최적화된 공연은 종종 '자기 반성적 사고, 계획, 예측, 숙고, 행위에 대한 주의나 주시'[21]를 포함한 명시적인 몸 이미지와 일치한다고 생각한다. 몬테로는 더욱 상세한 유형의 의식적 주시가 경기력을 향상하는 운동 경기에 관한 질적 연구를 지적했다.[22]

슈스터만(Richard Shusterman, 2008)은 비슷한 방식으로 수행과 관련될 수 있는 두 가지 유형의 명시적 몸 의식을 찾아냈다. 사전 반성적인 의식적 몸 지각과 명시적으로 자각하는 반성적인 몸 지각이 그것이다. 첫 번째는 자기 몸 부위에 대한 시각적 감각이나 고유 감각 및 그 부위와 다른 몸 부위의 관계, 자세, 환경 속 대상을 포함한다. 또한, 우리는 호흡이나 몸의 긴장을 알아차릴 수 있다. 두 번째 유형의 명시적인 반성적 의식에서 '우리는 자각의 명시적 대상으로 지각하는 것을 의식할 뿐만 아니라 우리의 자각을 주시할 때 그 집중된 의식을 주의해서 의식한다…. '[23]. 즉, 우리는 자기 몸에 대한 자신의 지각적 주시를 자기 의식적으로 자각한다.

몸을 명시적인 지향적 대상으로 간주하지 않는, 더 미묘한 사전 반성적 자아 자각을 '수행적 자각'이라고 하는데, 그것은 '몸 부분을 명시적 방식이 아니라 행위의 목표에 더 가까운 방식으로 '움직이거나 무언가를 하는 감각'을 제공한다.[24] 예를 들어, 르그랑(Dorothée Legrand, 2007)은 전문 무용수의 수행적 자각 개념의 특징을 묘사한다. 르그랑에 따르면 무용수는 춤을 추면서 반성적으로 몸에 주의를 기울이지 않고 몸을 하나의 대상으로 간주하지 않은 채 몸에 집중적으로 주의를 기울일 수 있다. 오히려, 주체로서의 자신의 몸에 대한 무용수의 자각은 고양된 사전 반성적 자각이다. 전문성은 경험이나 행위를 단순한 지향적 대상으로 바꾸지 않고 사전 반성적 자각의 수행적 특징을 자기 경험의 '앞에' 놓을 수 있다.[25] 자신의 운동 체계가 [고유감각적으로나 운동감각적으로] 올바르게 배열된 때가 언제인지를 **느낄 수 있는**', 타석에 들어선 크리켓 선수나 야구 선수의 경우 역시 마찬가지이다.[26] 그 경우에 몸 이미지는 완전히 전경화되지 않더라도 다양한 전문화된 자각 형태에 의해 향상된다.

이러한 종류의 몸 자각은 초심자와 전문가 사이뿐만 아니라 다양한 수행 상황에서 정도와 형태에 따라 차이가 난다. 따라서 예를 들어 연극 연기, 음악 공연, 무용, 운동 경기에 관한 연구는, 과제나 목표에 따라 물리적이고 사회적인 세부 사항에 다른 초점을 맞추어, 몸 자각과 환경에 대한 주의 깊은 의식을 결합하는 다양한 경험을 보여준다.[27] 자기 몸에 대한 최소한의 자각으로 환경적 조건에 완전히 주의를 기울일 수 있다. 그것은 선택적 표적 통제[28], 올바르게 구성된 몸 감각,[29] 사전 반성적인 수행적 자각이거나[30], 깊은 몰입 형태에서 몸·환경에 대한 높은 자각일 수 있다[31]. 이러한 모든 변화를 통해 몸 이미지의 역할은 무시할 수 있는 수준에서 관심의 초점에 이르기까지 다양하게 펼쳐진다. 후자의 예는 전문적인 연주를 하면서 청중이 자신의 표정을 잘 지각하는지를 궁금해하는 현악 4중주단의 단원의 경우에서 볼 수 있다.[32]

몸 이미지에 근본적 역할을 하는 것처럼 보이는 특정한 운동 습관, 즉 보디빌딩을 고려해 보기로 하자. 아라뇨시(István Aranyosi, 2018)는 보디빌딩이 자세를 강조하므로 몸이 순전히 몸의 미적 외관으로 판단된다고 제안한다. 이와 관련하여 그는 보디빌딩은 사실상 운동 기술이나 정신 기술을 개발하는 수행적 스포츠가 아니라고 주장한다. '경기에서 궁극적으로 평가되는 것은 활동이나 기술적 우수성이 아니다. 당신은 당신이 무엇을 하고 얼마나 그것을 잘했는지가 아니라, 당신이 누구인지 또는 무엇을 보여야 하는지에 의해 평가된다.' 아라뇨시는 주체로서의 몸(Leib)을 몸 도식과 동일시하고 대상으로서의 몸(Körper)을 몸 이미지와 동일시하면서 '보디빌딩은 현재 우리가 알고 있는 스포츠 중 체화가 가장 덜 된 스포츠'라고 주장한다[33]. 보디빌더는 모두 대상으로서의 몸이고 주체로서의 몸은 결코 없다. '보디빌딩은 몸 도식이나 살아있는 몸과 관련된 것이 아니라 몸 이미지를 지향하는 활동이다'.[34]

극단적으로 보디빌딩에 대한 강박적인 집착은 몸 이미지와 관련된 심리적 장애인 근육 이형증을 유발할 수 있다.

근육량에 대한 강박적인 집착은 보디빌딩의 세계와 연결된 하나의 병리학이며, 그것은 자해와 정신병으로 이어진다. ... 그것은 여러 가지 면에서 일종의 역신경성 거식증이다. (Aranyosi, 2018, n13).

아라뇨시는 르그랑[35]을 인용한다. '거식증 환자는 자신의 대상으로서의 몸을 파괴함으로써 주체로서의 몸의 보존을 추구한다.' 그는 이런 병리학적인 강박적 주의의 대상이 대상으로서의 몸일 때 이것은 역전된다고 제안한다. 즉, 주체로서의 몸을 파괴함으로써 대상으로서의 몸의 보존을 추구한다.

몸이 지각되거나 경험되는 방식(몸 이미지)과 몸이 실제로 있는 방식(객관적 몸이나 대상으로서의 몸) 사이에는 상당한 차이가 있을 수 있으므로 몸 이미지를 대상으로서의 몸과 동일시해야 하는지는 분명치 않지만, 아라뇨시는 몸 이미지가 전경이 되는 극단의 유용한 척도를 제안한다. 특히, 우리는 몸 이미지 향상의 다양한 형태를 생각해 볼 수 있다.

- 전문가 수행(예: 춤): 진행 중인 몸 도식 과정과 통합된 몸 이미지의 미묘한 변화
- 구심성 상실의 경우(예: 워터맨): 몸 도식의 손실을 보상하기 위해 향상된 몸 이미지. 워터맨의 경우 일상적인 움직임 자체가 일종의 전문가 수행이다.
- 보디빌딩: 미적 목적을 위한 강화된 몸 이미지.
- 근육 이형증에서와 같은 몸 이형 장애: 몸의 속성에 대한 강박적 관심. 아마도 더 깊은 사회적·정신분석적 문제를 반영할 수 있다.[36]

이러한 차이와 위에서 논의한 변형들은 골드스타인의 게슈탈트에서의 다른 균형을 반영한다. 즉 어떤 경우에는 몸이 (몸 이미지로) 중심 무대를 차지하고 다른 경우에는 배경으로 물러나는 형태-배경 관계에서 균형을 반영한다. 이런 게슈탈트에서 나는 몸 이미지, 역동적이고 고도로 구체적인 몸 도식 과정, 환경 및 수행 관련 요인을 포함한 다른 요인 간 하나의 복잡한 관계가 있다고 제안한다. 그런 변형은 현상학에만 있는 것이 아니라 체화되고, 정동적이고, 확장되고 생태적이며, 간주관적이고, 규범적인 요인을 포함할 정도로 더 심화되어 크리스텐센-서튼-매클웨인(Wayne D. Christensen, John Sutton, & Doris J. F. McIlwain)이 '메시 아키텍처'(meshed architecture)라고 부른 것으로 융합된다.[37]

5. 결론

나는 몸 이미지와 몸 도식 구분의 유용성이 여전히 분명해 보이는 다양한 비판과 접근을 검토했다. 우리는, 예를 들어, 신경과학을 분류하고 다양한 병리학을 조사하고 정신분석적 측면을 더 깊이 탐구하고, 다양한 형태의 체화된 수행을 분석함으로써, 몇 가지 이론적이고 실제적인 방향에서 이런 구분을 구축할 수 있다. 이러한 계획 각각은 복잡하다. 우리는 특정 신경 회로로 몸 이미지와 몸 도식을 간단히 식별하는 환원주의적 접근을 취하여 신경과학을 적절히 분류하지는 못한다. 우리는 말초신경계, 몸 전체, 뇌·신체·환경 간 복잡한 역학 관계를 고려해야 한다. 마찬가지로 쉴더도 인정했듯이, 페미니즘, 인종, 젠더에 관한 최근 연구에서 볼 수 있듯이, 정신분석적 접근은 사회적이고 문화적인 분석으로 보완될 필요가 있다. 마지막으로 나는 장애나 병리적 장애뿐만 아니라 전문가 수행의 경우에도 몸 이미지와 몸 도식적 과정을 탐구하는 것이 중요하다고 주장했다.[38]

더 읽을 거리

숀 갤러거 · 단 자하비. 2008. 박인성 옮김. 『현상학적 마음 – 심리철학과 인지과학 입문』 서울: 도서출판 b. 이 책은 심리철학과 인지과학에 대한 현상학에 기반한 접근을 제시하고, 체화된 인지 이론에 대한 표준적 이해를 제시한다.

Y. Ataria, S. Tanaka, and S, Gallgjher eds. 2021. Body Schema and Body Image. Oxford: Oxford Universitry Press. 이 책에는 갤러거의 논문이 실려있으며, 1부는 몸 이미지와 몸 도식, 2부는 뇌–몸–자아, 3부는 장애와 치료를 다루는 논문들이 실려있다.

S. Gallagher. 2005. How the Body Shapes the Mind. Oxford: Oxford University Press. 이 책은 경험 구조의 현상적 측면과 명시적인 의식에 숨겨진 경험 구조를 몸 이미지와 몸 도식을 중심으로 분석한다.

4.   강신익

몸 중심의 체험적 자연주의 의학
−몸에 대한 몸을 위한 몸의 앎과 삶과 함−

1. 문제 상황

1.1 팬데믹

 2022년 8월 현재, 전 세계의 모든 몸이 함께 앓고 있는 심한 몸살이 그 양상을 달리하면서 지속된 시간이 벌써 3년 가까이 되고 있다. 역사 기록에 의하면 이와 비슷한 역병이 전 세계를 덮친 사례가 적지 않지만, 인류가 거의 모든 전염병을 정복하거나 최소한 충분히 관리할 수 있게 되었다고 자만하던 20세기 중반 이후의 정서에 비추어 보면 엄청난 충격이 아닐 수 없다.
 이 사태를 두고 다양한 담론이 양산되고 있다. 코로나−19를 계기로 자본주의가 위기를 맞아 새로운 세상을 열 것이라고도 하고 그렇지 않다고도 한다.[1] 이 사태의 원인을 가속화된 기후변화에서 찾는 연구도 있고

[2], 무분별한 자연 착취의 주요 증상이라고 보기도 한다. 이를 계기로 인간 중심의 자연을 넘어서는 새로운 자연관을 세워야 한다는 주장[3,4]도 있다. 미시적이고 기술적인 접근과 거시적이고 철학적인 주장이 공존한다.

하지만, 정작 사람의 몸과 질병에 대해 배타적 영향력을 가진 의학에서는 기존의 지식과 담론 속에서 해법을 찾으려 할 뿐, 이를 새로운 의학을 사유하고 실천할 계기로 삼으려는 노력이 거의 보이지 않는다. 일부 감염병 전문의와 역학 전문가를 중심으로 미래의 질병에 대한 대응 전략이 논의되기는 하지만[5,6], 이 역시 몸의 구조와 기능을 중심으로 한 기존의 생물의학적(biomedical) 사유의 틀 속에서 해법을 찾으려는 소극적 적응의 틀을 벗어나지 않는다. 이 글은 코로나-19사태를 계기로, 단기적 적응을 넘어 몸속에 세상을 담는 그래서 세상과 하나 되는 몸을 그려보는 의철학(醫哲學) 기획이다.

1.2 실패한 성공의 교훈

전염병과 암 같은 난치병에서도 상당한 성과를 낸 현대의학은 수많은 감염과 사망을 막지 못한 코로나-19 팬데믹으로 작지 않은 상처를 입게 되었다. 소독과 위생, 항생제와 백신으로 거의 모든 전염병을 통제할 수 있게 되었으며, 현란한 외과술과 분자생물학으로 몸에 대한 개입의 폭을 넓혀 온 화려한 성공의 이면이다. 이것을 "실패한 성공"이라고도 한다. 모든 세상사가 그렇듯 현대의학에서도 밝음과 어둠은 동전의 양면이다. 그러므로 성공의 밝음으로 실패의 어둠을 덮으려는 전략은 어리석다.

현대의학의 화려한 성공은 그것의 지식 기반과 그것을 키워온 사회문화적 환경과 분리해서 생각할 수 없다. 현대의학의 성공과 실패는 몸에 대한 객관적이고 보편적인 과학지식의 축적과 적용 때문이기도 하지만, 또한 그 지식의 생산과 유통을 가능하게 한 사회-문화-정치-경제 환경 때문이기도 하다. 현대의학은 그 지식의 기반을 근대 이후 서양에서 발전해 온 과학에 두고 있으며, 그것을 내면화한 의사가 인식과 행위의 주체가 된다. 과학은 객관적이고 보편적이며 변하지 않는 진리에 대한 확신을, 철학은 객관적 대상과 분리된 인식 주체의 자율성을 강조한다. 의학은 몸이라는 객관 대상에 대한 보편 지식의 체계이므로 변화무쌍한 몸이 그 주인이 될 수 없다. 이렇게 몸과 그 경험의 주인인 환자가 아닌 전문가인 의사가 의학의 주체가 된다.

의학은 다양한 차이를 가진 몸들의 경험 즉 질병 현상을 대상으로 하는 실천 지식이지만, 그 차이가 억압된 보편적 몸에 집착한다. 모든 몸을 구성하는 장기와 조직과 세포의 구조와 기능은 본질적으로 같은 것으로 가정된다. 현대의학이 몸을 구성하는 방식은 자본주의가 상품을 생산하고 유통하는 방식을 닮았다. 상품은 설계된 대로 제작되어야만 하고 그 표준 설계를 벗어난 생산물은 불량품으로 판정되어 폐기된다. 현대의학은 모든 몸을 같은 구조와 기능을 가진 유기체로 간주한다. 여기서 건강은 인간이라는 종의 설계도(species design)[7]에 충실한 구조로 구성되고 기능하는 몸의 평균 상태고 질병은 평균치를 벗어난 상태다. 지난 세기말 엄청난 자금과 노력을 쏟아부어 완성한 인간 유전체 프로젝트(Human Genome Project)는 인간이라는 몸의 설계도를 찾는 작업이었다. 이 프로젝트가 시작될 즈음 그 책임자였던 제임스 왓슨이 했다는 호언장담—이 사업이 완성되면 우리는 각자 CD 한 장에 자신의 설계도를 가지게 될 것이라는—은 정확히 이러한 현대의학의 사유 양식을 대변한다.

하지만 10년 이상이 걸려 완성한 대규모 연구의 결과를 발표하면서 그

사업의 총책임자 크레이그 벤터(John Craig Venter)가 한 말은 놀랍게도 사업 초기의 가정이 틀렸다는 사실을 자인하는 꼴이었다. "유전 정보는 개인들의 행동과 성격과 생리를 온전히 결정하지 않는다. 오히려 환경이 결정적이다."[8] 현대의학이 지난 100년 남짓 동안 이루어낸 성과는 거의 전적으로 몸을 설계도에 따라 제작된 기계로 여기는 이론과 실천의 결과였다. 인간 유전체 프로젝트는 성공한 기계 은유를 극단으로 밀어붙여 그 설계도를 찾으려 한 것이었다. 하지만 그런 기계적 환원의 끝에서 만난 것은 역설적으로, 성공의 기표였던 기계와 환원이 더 이상 현실을 설명하지 못한다는 깨달음이었다. 생명은 설계도의 단순한 실행이기보다는, 물려받은 실행계획(유전자)을 바탕으로 다양한 생명의 단위들이 시간 속에서 복잡한 관계들로 얽히면서 살아가는 복잡계라는 것이다.

사업이 진행되는 동안 엄청나게 새롭고 다양한 연구 분야가 개척되었다는 보상을 얻기도 했다. 이 사업에 어마어마한 자금과 노력을 투자한 자본으로서도 다양한 사업 기회를 얻게 되었다. 문제는 새로운 연구와 투자가 유전자 결정론의 붕괴라는 이 사업의 최종 결론보다는 중간 단계에서 생산된 미시적 발견들에 집중하는 경향이 있다는 것이다. 생명현상에 대한 "깨달음"은 상품이 될 수 없기 때문이다.

크레이그 벤터의 말처럼 환경이 결정적이라면 마땅히 그에 관한 대대적 연구를 시작해야만 하지만, 자본이 지배하는 사회 구조와 그 구조의 영향을 받는 연구자와 우리 모두의 욕망은 돈을 주고 사고팔 수 있는 상품으로서의 건강과 행복을 갈구한다. 이렇게 유전자의 주인인 몸과 그 몸들을 품고 있는 자연과 사회–문화 환경에 대한 관심은 뒷전으로 밀린다. 유전자를 중심으로 하는 사유는 환경과 더불어 경험과 삶의 주체이고 앎의 대상이며 실천을 통해 새로운 자연과 환경을 창출하는 "몸"을 과소평가한다. 이 글은 기존의 의학에서 단순한 대상이기만 했던 몸(신체)을 앎(지식)과 삶(경험)과 함(실천)의 주체로 세우는 의학이 가능할지를 탐색하는 사유 여행이다. 몸은 물질이지만 동시에 앎과 삶의 구현이며 적극적으로 자연과 환경에 참여하는 함의 주체이기도 하다는 점을 드러내 보일 것이다.

1.3 치유의 철학: 질병 중심, 환자 중심, 몸 중심

현대의학이 눈부신 성과에도 불구하고 동시에 위와 같이 실패하고 있는 것은, 성공에 취해 새롭게 진화하고 있는 질병 그리고 의료의 사회적 책무에 관심을 두지 않았기 때문이다. 의학이 질병에 치우쳐 그 질병을 직접 앓는 환자의 경험을 제대로 다루지 못한다는 비판은 현대의학이 성과를 내기 시작한 19세기부터 늘 있었던 일이다. 하지만 1910년에 발표되어 현대의학의 기본 골격이 된 플렉스너 보고서는 의학을 몸에 관한 과학 지식인 기초의학과 그것을 현장에 적용하는 임상의학으로 구분해, 질병이라는 객관 실체와 질병을 앓고 치료하는 환자와 의료인의 주관 경험을 갈라놓는 결과를 가져왔다.

20세기 중반에 이르면 질병 중심 의학의 문제점을 인식한 의료인과 의료 관계에서 소외되는 환자에 주목한 사회과학자들을 중심으로 의료의 초점을 질병에서 환자로 옮겨야 한다는 운동이 일어난다. 이 운동은 과학철학, 사회학, 인류학 등 외부 학문의 관점에서 의학지식과 의료 현상을 비판하는 흐름과 그 비판을 일부 수용해 환자의 경험을 귀중히 여기려는 의료계 내부의 움직임으로 나누어 볼 수 있다.

질병이 객관 실체라면 몸은 질병이 상연되는 극장 또는 질병의 생화학 반응이 일어나는 시험관에 지나지 않는 것이 된다. 20세기 이후의 현대 의학은 모든 몸이 똑같은 법칙을 따라 작동한다고 가정한다. 그 결과 지금과 같은 성공을 거둘 수 있었다. 하지만 20세기 말에 이르면 모든 몸의 동일성이라는 가정으로는 질병 현상을 제대로 이해할 수 없다는 사실이 분명해진다. 통계적 평균을 정상으로 간주하던 의학은 이제 표준편차를 벗어나는 수많은 몸의 의미를 조금씩 깨닫기 시작한다. 차이를 비정상이 아닌 자연의 본 모습으로 여기게 되면서 20세기 의학이 실패한 성공인 이유가 드러나기 시작한다. 20세기의 현대의학은 **질병**을 중심으로 생각하면서 **환자**의 경험을 경시했고, 물질로서의 몸과 사유로서의 마음을 전혀 다른 실체로 여기면서 앎의 대상이면서 삶의 주체이고 함의 단위인 **몸**을 중심에 세우지 못했다.

보편과 합리를 강조하던 근대 정신이 쇠락하고, 마음에 관한 과학인 인지과학이 발전하면서 마음 현상을 몸의 경험으로 설명할 수 있게 되었으며(체화 인지), 진화와 유전, 면역과 인지 등 환경과 유기체의 시공간적 관계를 설명하는 과학이 발전하면서 몸은 질병과 환자에 이어 새로운 의학의 중심으로 떠오르고 있다.

2. 몸의 앎과 삶

2.1 이론 지식과 실천 지혜

고대 그리스 사람들은 앎을 이론 지식과 실천 지혜로 구분했다. 전자가 시공간을 초월한 참된 지식이라면 후자는 의술과 항해술처럼 현실을 살아가는데 필요한 포괄적 지식과 기술에 가깝다. 이 둘은 구분되지만, 또한 서로 영향을 주고받는다. 기초의학과 임상의학으로 구분된 현대의학의 구도는 대체로 이 구도를 따르되 둘 사이의 구분을 더 명확히 한 것이다. 지식이 이론이라면 기술은 실천이며, 실천은 이론의 번역이다. 배워야 알고 알아야 할 수 있다는 배움과 앎과 함의 직선적 실행 구도다. 마치 인간유전체연구가 전제로 삼았던 중심 가설(central dogma), 즉 DNA의 정보가 RNA로 전사되고 RNA가 단백질로 번역되어 형질을 발현한다는 한 방향 인과 구도와 같다. 20세기 이후 서양의학의 성공과 실패가 모두 이런 사유 양식에 그 뿌리가 있다. 20세기에는 이 구도에 일치하는 질병이 많았고 따라서 엄청난 성과를 거둘 수 있었지만, 또한 그로 인해 그 구도를 벗어나는 몸의 다양한 현상들을 제대로 다루지 못하는 결과가 되었다.

몸을 객관적 대상으로만 다루면서 질병 경험의 주체인 몸을 제대로 파악할 수 없었고, 그 결과 이론과 실천 사이의 틈이 벌어졌다. "의사가 하는 대로 하지 말고 의사가 하라는 대로 하라"는 우스갯소리는, 질병의 전문가인 의사조차도 아는 대로 하지 않는다는 현실을 비꼰 말이다. '하라'는 것은 이론에 따른 처방이고 '하는' 것은 현실에서의 실천이다. 환자가 의사의 처방을 따르지 않는 불순응을 문제로 여기면서도 본인들조차 그 지침을 따르지 않는다면, 그들 스스로 이론과 실천의 일치를 확신하지 못한다고 볼 수밖에 없지 않은가.

2.2 겪음과 앓음

이렇게 이론과 실천의 사이가 벌어진 것은, 현대의학이 몸을 '겪음'과

'앓음'의 주체로 세우지 못했기 때문이다. 따라서 현대의학의 실패한 성공을 답습하지 않기 위해서는 몸과 그 몸이 겪고 앓는 체험을 중심으로 하는 새로운 의학을 세워야 한다. 그러려면 지금 우리가 질병을 어떻게 경험하는지 그런 경험은 어떤 사유 문법에서 유래한 것인지에 대한 분석이 필요하다. 20세기 의학의 엄청난 성공으로 인해 우리 몸이 겪고 앓는 방식마저도 크게 달라졌기 때문이다.

우리는 병을 앓기도 하지만 밖에 있는 병이 몸으로 들어오거나 (병들다), 안에서 생긴 병이 밖으로 드러나기도 (병나다) 한다. 또 밖에 있는 병에 걸려 넘어지기도 (병 걸리다) 한다. 병을 앓는 것은 몸의 주체적 경험이지만 병이 들거나 나고 병에 걸린다고 말할 때 그 병은 객관적 실체가 된다. 이렇게 병은 객관적 대상이기도 하고 주관적 경험이기도 하다.

'앓다'라는 말은 '알프다', '알프다', '아프다'로 변해 왔는데, 아픔을 뜻하는 '앓'에 '브/브'가 결합된 형태라고 한다.[9] 또 표준국어대사전에 따르면 '아프다', '슬프다', '고프다'는 단일어 또는 파생어라고 한다. 몸이 아프고 배가 고프며 마음이 슬픈 것이 모두 실존에 부정적인 경험이고 그래서 그 기원이 같다고 해석할 수 있다. 이렇게 우리말 '앓다'에는 실존과 관련된 질병의 '의미'가 담겨있다.

병을 앓는 것은, 몸 안에서 생기거나 밖에서 침입한 병을 '겪기'만 하는 것이 아니라, 몸이 그 병을 앓아가는 체험의 과정이라는 생각이 반영된 말이다. 네이버 국어사전에 따르면 '병ᄒᆞ다'가 '앓다'의 옛말이라고 하는데, 우리 조상들이 질병을 경험하는 방식이 적극적이고 주체적이었다는 증거로 해석할 수 있다. 여성의 월경 경험을 '몸하다'라고 표현하는 것도 비슷한 맥락이다.

2.3 메커니즘, 증거, 문제

현대의학은 몸이 일종의 기계라는 은유에 바탕을 둔 체계이다. 기계는 설계도에 따라 제작되고 설계 의도에 따라 작동한다. 구조와 작동 메커니즘이 명확하므로 원리적으로는 어떤 고장도 고칠 수 있다. 해부학, 생리학, 생화학은 몸이라는 기계의 구조와 물리화학적 작동 원리를 밝히는 기초의학이다. 내과와 외과는 이렇게 밝혀낸 메커니즘에서 벗어나 오작동을 일으킨 몸을 고치는 임상의학이다. 병리학은 기초의학과 임상의학의 연결고리 역할을 한다.

20세기 동안 이런 구도는 아주 잘 작동했다. 소독과 위생을 통해 인류가 출현한 이래 가장 큰 사망 원인이던 전염병과 감염병을 정복하거나 관리할 수 있게 되었고, 전신마취와 항생제의 발명으로 통증과 감염 없이 몸의 구석구석을 수술하여 고칠 수 있게 되었다. 당뇨병과 같은 대사 질환의 생화학 메커니즘이 밝혀지고 분자생물학 기법으로 치료제인 인슐린을 대량 생산할 수 있게 되었다. 면역억제제가 발명되어 조직거부반응 없이 안전하게 장기를 이식할 수도 있게 되었다.

원리상 고장 난 기계는 완벽하게 수리할 수 있어야 한다. 낡았거나 작동을 멈춘 부품은 장기 이식이나 인공 장기로 교환하면 된다. 하지만 현실에서의 몸은 메커니즘에 따라 작동하지 않는 경우가 너무 많다. 의학은 통계라는 수학 도구를 통해 이런 차이들을 걸러내려고 했다. 많은 실제 사례들을 살펴 메커니즘으로 예상된 반응이 정말로 일어나는지를 확인하는 것이다. 대규모 데이터베이스가 구축되었고 의사들은 처방하려는 약이나 치료법이 과거에 다른 비슷한 사례에서 얼마나 성공했는지를 조사할 수 있게 되었다. 이제 메커니즘보다는 과거의 경험에서 추출된 증거가 치료법 선택에서 더 중요한 기준이 된다. 이렇게 질병을 메커니즘으로 설명하면서도 경험 증거에 따라 치료법을 선택하는 의학을 증거기반의학(evidence-based medicine)이라 한다.

메커니즘이든 증거든 초점은 질병을 앓는 환자의 '치유(治癒)'보다는 질병이라는 생물의학적 사건의 '치료(治療)'에 맞춰진다. 환자의 경험은 질병에 따르는 부수적 현상이므로 병을 앓는 환자가 맞닥뜨린 삶의 문제에는 관심을 두지 않는다. 현대의학이 '실패'한 성공인 이유 중 하나다. 의학이 질병의 생물학 메커니즘이나 치료성과에 치우쳐 질병 발생과 치유의 심리-사회적 측면을 무시했다는 반성과 비판의 결과 생물-심리-사회 모델[10]이 제시되었다. 환자 개개인의 고유한 생각과 느낌 그리고 그가 속한 사회 환경을 질병의 발생과 치료 과정에 포함해 생각하는 접근법이다. 하지만 고려해야 할 영역을 마음과 사회로 넓히고 질병 발생과 치유에 영향을 주는 요인의 수를 늘렸을 뿐 환자의 경험 그 자체에 초점을 맞추지는 못했다. 환원의 방법과 기계의 은유라는 생물의학의 기본 틀은 유지한 채 심리-사회의 '요인'을 추가했을 뿐이다.

생물의학과 생물-심리-사회 모델의 한계를 극복할 새로운 접근법은 직접 환자를 만나는 임상 현장이 아닌 미래의 의사를 가르치는 교육 현장에서 싹텄다. 이 움직임은, 습득한 기초의학 지식을 그대로 임상에 적용한다는 생각은 너무 소박하다는 깨달음에서 시작한다. 강의를 통해 이론 지식을 전달하는 것보다는 구체적 임상 상황의 문제를 해결해 나가는 과정에서 학생 스스로 배우는 것이 지식 습득뿐 아니라 임상 역량의 배양에도 훨씬 효과가 크다는 것이다. 아무런 의학 지식이 없는 신입생에게 임상 상황의 문제를 주고 학생들이 서로 협력하여 그 문제를 풀어가도록 한다. 어렵고 복잡한 의학지식의 세례를 받기 전에 먼저 환자가 겪고 있는 고통과 삶의 문제를 경험하게 하는 것이다. 이를 문제 바탕 학습이라 한다. 환자의 몸을 치료하기 전에 먼저 환자가 맞닥뜨린 실존의 문제에 공감하고 의학적 도움을 주어 함께 풀어나가는 학습법이다. 환자의 경험은 의학교육의 방법론으로 제시되었지만, 점차 의료의 질을 평가하는 주요 항목으로 추가되기에 이른다. 우리나라에서도 의료기관을 평가할 때 환자의 경험을 통해 평가한 환자중심성을 주요 변수로 다루고 있다.

새로운 의학은 새로운 몸의 존재론에서 출발해야 한다. 앎의 대상이면서 동시에 앎과 삶의 주인으로서 그 몸을 수행함으로써 스스로 변해가는 재귀적 구조의 존재론 말이다. 사람의 몸은 메커니즘으로 구조화된 물질공간으로 파악될 수도 있지만, 시간과 공간과 경험이 실타래처럼 얽혀 있는 변해가는 시공의 장(場) 또는 여러 시스템이 서로 얽혀 새로움을 만들어가는 발달적 체계[11]로 파악했을 때 현실 경험을 더 잘 이해할 수 있다. 대상과 주체가 분리되었던 전통적 인지의 구조를 벗어나 몸 자체를 인식의 대상인 동시에 주체로 파악하는 체화된 인지의 구도와 일맥상통하는 몸의 존재론이 필요하다.

2.4 몸의 경험

경험은 의식 특히 지각의 사건, 또는 이런 의식의 과정을 뒤따르는 실천 지식과 친밀성으로 정의된다[12]. 경험은 먼저 외부에서 주어지는 감각 자극에 반응하는 의식 내부의 사건이고 이차적으로만 실천과 연결된다. 이런 경험은 추상화된 의식의 경험이지 몸의 경험은 아니다. 이 정의에 따를 때 우리는 꽃의 모양과 색깔과 냄새를 분간할 수는 있으되 그 꽃이 불러일으키는 마음의 움직임까지 경험하지는 못한다.

고대와 중세 유럽에서 경험은 축적된 반응양식으로 관습과 비슷한 것이었다. 여기서 경험은 자극에 대한 조건 없는 반응이 아니라 세대와 생애를 거쳐 쌓아온 그래서 익숙해진 몸의 조건에 따르는 반응이다. 모든 경험은 몸의 경험이다. 몸의 현상일 수밖에 없는 질병과 건강을 몸과 마음으로 나누어 경험하지는 않는다. 아픈 것도 몸이고 그 아픈 몸을 앓(알)아내야 하는 것도 몸이며 그 아픔을 살아야 하는 것도 몸이다. 몸을 가지고 있는 몸의 주인이 따로 있을 수 없다. 나는 최근 3~4년 동안 겪고 있는 허리 통증을 통해서도 이 사실을 반복적으로 확인할 수 있었다. 허리 통증은 분명 몸의 현상이다. 어떤 추상적 마음이 있어 몸에 생긴 문제를 파악하지는 않는다. 통증이 처음 왔을 때 나는 요통에 관한 일반 지식을 찾아 헤매면서 여러 가지 지식을 얻었지만, 내 몸의 경험과 정확히 일치하는 지식은 없었다. 결정적 순간에는 의학의 도움을 받았지만, 결국은 몸 스스로 문제를 알고 그 문제와 함께 살아가면서 해결책을 찾아내야만 했다. 몸 스스로 몸을 알고 그 몸을 살면서 새로운 몸의 규범을 찾아 실행하기 전까지 의학의 일반 지침은 큰 도움이 되지 못했다. "나 자신이 살아있는 몸을 창출하지 않고서는, 또 내가 세계를 향해 떠오르는 몸이지 않고서는 나는 살아있는 몸의 기능을 이해할 수 없다"[13]라는 메를로퐁티(Maurice Merleau-Ponty)의 말을 몸으로 느낄 수 있었다.

3. 몸이라는 자연

몸 중심의 자연주의 철학은 몸을 스스로 그러한 자연(自然)으로 파악하는 것에서 출발한다. 자연인 몸은 앎과 삶과 함의 대상인 동시에 그것의 주인이기도 하다. 마음은 몸에서 분리되지 않고 몸의 앎과 삶에서는 주관과 객관의 구분도 없다. 이제 역사와 문화, 그리고 과학에서 몸을 알고 살아온 흔적들을 추적해 몸의 경험을 중심으로 하는 새로운 몸 철학의 가능성을 탐색해 보자.

3.1 동아시아의 도덕적 자연주의

전통은 우리가 세상을 알고 살아가는 대체적 방향을 지시하는 암묵적 지침이다. 급격한 서구화를 경험하면서 상당히 희석되기는 했지만, 우리는 여전히 유교 문화의 영향권 안에서 살아간다. 동아시아 전통 의학인 한의학이 제도권 의학으로 서양의학과 공존하고 있는 것도 그래서일 것이다.

17세기 초에 발간된 허준의 『동의보감(東醫寶鑑)』은 『황제내경(黃帝內經)』이 편찬된 기원전 5~3세기 이후의 거의 모든 의학서적을 섭렵하고 선별해 독특한 체계로 엮은 동아시아 전통 의학의 집대성이다. 이 책에 따르면 몸은 정(精)과 기(氣)와 신(神)으로 구성되어 있다. 정은 생명의 원천이며 생명을 잉태하는 생식능력을 포함하는 물질이자 기능이다. 기는 실제로 인체의 생리적 운용을 담당하는 기운이며, 신은 고차적 정신활동을 담당하는 주체다.[14] 우리는 지금 정신(精神)을 육체 혹은 물질과 대립하는 의미로 쓰고 있지만, 본래는 생명의 물질적 토대인 정과 물질을 움직이는 무형의 벡터인 기가 합쳐진 말[15]로, 추상적 마음보다는 몸의 물질과 기능을 이르는 말이었다. 이처럼 동아시아 전통 의학에서 몸/마음, 물질/정신, 구조/기능의 구분은 희미했다.

누구나 타고 나는 어진 마음(仁, 또는 惻隱之心)은 경험을 통해 몸에 익히고(體得) 수양을 통해 그 마음이 적용되는 범위를 넓히고 충실하게(擴充) 한다. 공자 사상의 핵심어가 인(仁)이라면 맹자는 의(義)를 덧붙여 인의(仁義)로 확충했다.[16] 맹자는 천하를 보전하고 한 나라를 보존하는 '함께 더불어 삶(與)'의 원리를 몸으로 익혀 실천해야 한다고 했는데 이 원리는 몸을 보전하는 의학에도 똑같이 적용된다. 20세기 인지과학이 발견한 체화된 인지의 원리를 정치와 도덕 실천의 영역에서 선취하고 있다. 공자가 나이 70 즈음에 달성했다고 하는 '마음이 원하는 바를 좇아도 법도에 어긋나지 않는' 종심소욕불유구(從心所欲不踰矩)야말로 체화된 도덕 실천의 최고 경지라고 할 수 있다.[17] 여기서 마음(心)은 기대와 욕망(欲)의 대척점에 있지만 결국은 하나 됨을 통해 도덕적으로 완성된다. 양명학에 이르러 체득과 확충의 원리는, 우주 만물의 이치이자 원리라고 할 수 있는 리(理)가 이미 마음(心)에 갖추어져 있다는 심즉리(心卽理)와 앎과 함의 일치인 지행합일(知行合一)로 정리된다.

3.2 실용적 자연주의

마음을 몸의 대척점에 있는 독립된 실체로 확립한 서양 근대의 합리주의는 자연을 어떠한 주체성도 없는 물질적 대상으로 여겼다. 인간의 마음만이 그것을 파악할 수 있는 사유의 주체다. 이 사상은 17세기 이후 지금까지 인류 문명을 지배하고 있는 형이상학이다. 스피노자는 데카르트가 독립된 실체로 여겼던 몸과 마음을 자연이라는 실체의 두 속성이라고 했다. 그에 따르면 마음은 몸이라는 대상을 파악하는 독립된 주체가 아니라 몸의 상태를 반영하는 몸의 관념이다.

이 사상은 자연을 지배하고 이용하는 계몽주의와 과학의 위세에 눌려

오랫동안 빛을 보지 못했지만, 우리의 삶을 지배하는 상식과 실용의 암묵적 지혜이기도 했다. 19세기 미국은 이런 암묵적 지혜가 독자적 사상으로 발전하기에 알맞은 곳이었다. 듀이(John Dewey)는 바로 이 실용주의(Pragmatism)를 대표하는 사상가다. 실용주의는 마음의 기능이 대상을 설명하고 재현하는 데 있지 않다고 한다. 마음은 미래를 예측하고 현실에 주어진 문제를 해결하고 행동하는데 필요한 도구이다. 듀이의 마음은 몸을 통한 경험 속의 마음이다. 그의 경험은 영국 경험론자들이 주장하는 감각 대상의 수동적 수용이 아닌 몸 중심의 능동적 경험이다. 경험은 외부 대상에 관한 감각 소여(sense data)가 아니라 유기체(몸)가 자연과 교섭하는 일련의 상호 교섭 과정이다.[18] 경험은 언제나 몸 전체의 경험이며 몸과 자연은 언제나 연결되어 있다. 경험은 대상에 대한 수동적 겪음이 아니라 대상을 향한 행함을 통해 몸과 경험 대상을 함께 변화시키는 능동적 실천이다. 듀이의 사상에서 몸은 자연이고, 몸의 물질, 생명, 정신은 구분되지 않는다.

3.3 과학적 자연주의

몸이라는 자연에 관한 과학 탐구가 성과를 내면서 도덕과 실용에 바탕을 둔 자연주의는 새로운 전기를 맞게 된다. 생명과 자연의 구조와 작동 방식에 대한 새로운 이해가 가능해졌기 때문이다. 진화생물학은 모든 생명이 시간과 공간의 축으로 연결되어 있음을 보여주었다. 모든 생명은 단세포생물로부터 진화해 온 친척이며 경쟁과 협동의 관계로 복잡하게 얽힌 생태 공동체를 이루고 산다. 몸도 마음도 오랜 생명 진화의 결과일 뿐 어떤 초월적 존재에 의해 주어진 것이 아니다. 이로부터 인간의 사회와 심리와 윤리조차도 생명 진화의 작동 방식에 맞춰 설명하는 사회생물학과 진화심리학과 진화윤리학이라는 연구 분야가 생기기도 했다. 초기 진화생물학은 진화의 동력을 개체 생명의 이기적 본성에서 찾았다.

하지만 연구가 진행될수록 진화에 작용하는 선택의 힘이 이렇게 단순하지 않다는 사실이 드러났다. 유전자와 세포와 유기체와 사회의 모든 단위에서 생명은 치열한 경쟁을 벌이며 생존과 번식을 추구하지만, 또한 협력하지 않으면 생존과 번식에서도 실패하고 만다는 사실이 발견된 것이다.[19] 전쟁과 죽음으로 채워진 전국시대에 오히려 인간의 선한 마음(惻隱之心)을 발견해 도덕과 정치의 기본으로 삼은 맹자처럼, 21세기의 진화생물학은 이기적 본성과 치열한 경쟁만이 판치는 신자유주의의 세상 속에서 이타적 본성과 협동을 재발견하고 있다.

전 지구적 팬데믹을 경험하면서 또한 암과 같은 만성병을 겪으면서 우리는 질병을 박멸하거나 정복한다는 것은 거의 불가능한 꿈이라는 사실을 깨닫고 있다. 질병이란 뭇 생명들의 관계에 생긴 어떤 불안정 상태이다. 그러므로 병은 병원체의 박멸이 아닌 병원체와 우리 몸의 새로운 관계를 수립함으로써 앓아내야만 하는 것이다. 면역은 나 아닌 것을 선별하여 물리침으로써 나의 정체성을 지키는 것이라 여겨졌지만, 지금은 내 몸을 구성하는 다양한 요소들이 만들어내는 내적 정체성과 거기에 주어지는 외부 환경이 어우러지면서 만들어내는 새로운 정체성의 형성과정으로 이해되고 있다. 유전과 진화가 주로 시간의 축에 따른 정체성 변화의 과정이라면 면역은 주로 공간의 매트릭스 속에서 만들어지고 변해가는 관계들에 관한 이야기이다.

이처럼 21세기의 과학은 모든 사물을 구성요소로 환원해 이해하던 20세기 과학에서 점차 벗어나 몸과 환경의 여러 수준에서 복잡한 관계망을 형성하면서 변해가는 생명을 사유하기 시작했다. 그리고 이러한 사유 양식의 전환이 절대적으로 필요한 영역이 바로 의학이다. 몸과 마음, 기초의학과 임상의학을 구분하고 몸을 기계로 여김으로써 인간을 소외시킨 그래서 크게 성공한, 또한 그 때문에 실패한 의학을 진정한 성공으로 되돌릴 계기가 그 속에 있다. 새로운 의학은 육체와 정신으로 분리된 몸을 다시 하나로 묶을 수 있는 과학과 철학을 통해 건설될 수 있다. 물리와 생리와 윤리가 자연으로 통합된 새로운 몸의 과학과 철학이 필요하다.

3.4 체험적 자연주의

'경험적'(empirical)이라는 말은 '경험에 의존하는 의사'라는 뜻의 라틴어 엠피리쿠스(empiricus)에서 유래한 것이라 한다.[20] 고대에는 시술자(의사)의 주관적 경험과 실험과 판단을 뜻했지만, 근대로 넘어오면서 내적 경험보다는 감각 자료의 수용으로 단순화된다.

칸트는 경험을 가능케 하는 선험적 직관의 형식으로 시간과 공간을 제시한다. 공간은 외적 감각의 형식이며 시간은 내적 감각의 형식이다. 공간은 외부 대상에 대한 인식을 시간은 내적 상태를 경험할 수 있게 한다. 이렇게 내적 경험과 외적 경험이 분리되고 그것을 종합하기 위한 또 다른 구성의 절차가 필요해진다.

경험이 단순한 감각 자료의 수용이든 그것을 선험적 형식에 따라 배치하는 것이든 피와 살로 살아가는 우리의 몸과는 별 관계가 없다. 하지만 우리는 감각기관으로 들어온 신경 신호를 처리하는 컴퓨터도 아니고 알고리즘에 따라 데이터를 가공하여 결과를 내놓는 인공지능도 아니다. 이 절에서는 단순한 감각 자료도 선험적 형식에 따르는 현상도 아닌, 세포와 조직과 기관 또는 피와 살로 살아가는 몸의 경험 즉 체험(體驗)에 관해 이야기하려고 한다. 체험은 삶의 문제를 풀어가는 과정에 필연적으로 발생하는 자연 현상이며 삶의 동력이기도 하다. 이 이야기는 문학과 과학과 철학의 영역에 걸쳐 있는데 그 세 영역을 통과하고 나면 우리는 체험을 보다 통접적(統接的)으로 이해하게 될 것이다. 통접은 통섭(統攝)과 달리 하나의 논리로 모두를 설명하는 지배 담론이 아니다. 통접은 서로 다른 분야의 통찰이 만나 새로운 깨달음에 도달하는 소통과 창조의 담론이다. 이것을 체험적 자연주의라 하자.

1) 문학 : 몸 크로노토프 또는 몸과 경험의 시공간

러시아의 사상가이고 문학 이론가인 바흐친(Michael Bakhtine)은 문학 작품 속에 예술적으로 표현된 시간과 공간 사이의 내적 연관을 크로노토프(chronotope)라고 했다.[21] 아인슈타인의 상대성 원리를 참고해, 칸트가 외적 감각과 내적 감각의 구조로 나눈 시간과 공간을 내적 연관으로 묶어 경험의 시공간을 하나의 구조로 만든 것이다. 바흐친에 따르면 문학 작품은 "공간적 지표와 시간적 지표가 용의주도하게 짜인 구체적 전체로서 융합"한다.[22] 바흐친은 텍스트를 연구하기 위한 단위로 크로노토프를 제안했지만, 몸의 경험을 이해하는 기본 단위로도 확장할 수 있다. 몸은 상황을 파악하기 위해 지금이라는 시간과 여기라는 공간을 따로 인지하지 않는다. 몸은 지금 여기서 벌어지는 사건을 인지하고 과거의 경험을 참조하여 새로운 앎의 구조로 만들면서 바로 알맞게 행동한다. 앎과 삶과 함은 몸이라는 시공간에 구조화된 크로노토프의 속성이다.

크로노토프는 체험의 시공간 매트릭스다. 발생한 사건이 그 의미와 함께 끊임없이 몸이라는 시공간에 새겨지고 갱신된다. 환경에서 만나는 이

질적 물질과 미생물 등은 면역계가 체험하고, 실존적 의미를 품은 사건은 인지 신경계가 처리한다. 몸 크로노토프는 생존과 번식 그리고 번영을 향해 가는 지향의 시스템이기도 하다. 몸의 지향은 그것을 구성하는 분자와 세포와 조직 등 여러 수준에서 일어나는 자기생성(autopoiesis)의 결과 창발하는 경향성이다. 그것이 삶과 진화의 동력이다.

몸을, 세상을 체험하면서 진화하는 크로노토프로 생각하면, 유전자에 새겨진 설계도에 따라 제작된 기계로 생각했을 때는 절대 볼 수 없는 '몸속 마음'과 '마음속 몸'을 볼 수 있게 된다. 이렇게 메커니즘의 굴레에서 벗어난 새로운 몸의 과학이 탄생한다.

2) 과학 : 몸 크로노토프의 과학

우리의 상식은 아직 기계적 환원과 직선적 인과관계가 아닌 방식으로 몸을 설명하는 태도를 비과학이라 여기는 경향이 있다. 몸의 경험은 언제나 메커니즘으로 설명된 몸에 발생하는 마음의 현상이었다. 하지만 몸을 시간과 공간과 경험의 종합인 크로노토프로 바라보게 되면 기계가 아닌 삶 그 자체인 몸을 과학의 대상으로 삼을 수 있게 된다. 몸의 경험은 내적으로 연관된 시공간과 함께 주로 면역계와 신경계에 기록되고 갱신된다. 경험은 추상이 아니라 구체적 물질의 관계에서 창발하는 몸의 현상이다. 기계가 아닌 삶의 몸(lived body)이다.

우리가 마음 또는 의식이라 부르는 것도 몸에서 창발한 몸의 속성이다. 이 몸은 전통적으로 물리적 구성성분과 그것들이 조직화한 구조의 특성으로 파악되었고 거기에 어떤 목적이나 의도나 지향을 부여하려는 태도는 생기론(vitalism)이나 물활론(animism), 또는 신비주의로 비판되었다. 하지만 유전과 진화, 면역과 인지에 관한 생물학 연구는 몸과 생명을 여러 수준과 단위의 물질이 시공간 속에서 맺는 관계로 설명할 수 있게 했다. 목적-의도-지향은 선험적으로 주어지지 않으며 몸을 이루는 요소들의 관계가 자기생성한 결과다.

초기의 인지과학은 마음을 디지털 컴퓨터의 방식을 따르는 정보처리 과정으로 보았다.[23] 이 모형에 따르면 뇌는 '물리적 상징체계'를 처리하는 계산기이며, 마음은 뇌 속의 상징적 표상이 처리된 결과다. 이런 접근법을 인지주의라 하는데 여기서 마음은 인격의 주관적 상태와 두뇌에서 작동되는 객관적 인지 경로로 나뉜다.

이후의 인지과학은 마음과 세계의 틈을 좁히는 방향으로 나아갔다. 체화된 동역학주의(embodied dynamicism)는 세계와 마음을 연속으로 파악한다. 세계는 몸속에 마음으로 또는 거대한 문제공간으로 제시된다. 세계는 몸 전체에 기록되고 마음은 세계의 문제를 반영한 몸-세계 관계의 나타남이다.

행화적 접근법(enactive approach)은 여기서 한 걸음 더 나아간다. 이것은 한 마디로 "걸으면서 길을 내기"이다. 신경계는 단순한 정보처리 장치가 아니라 적극적으로 의미를 창조하고 삶의 방향을 설정하고 조절하는 살아있는 체계다. 마음은 지각과 행위의 반복되는 감각과 운동의 패턴에서 솟아오른다. 맛있는 음식에 기쁜 마음이 생기는 것은, 그것을 보고 냄새 맡고 맛을 본 경험의 패턴이 몸에 기록되었기 때문이다. 몸과 환경은 감각과 운동의 쌍 결합으로 공동체가 된다. 몸의 지각은 환경의 수용이고 행위는 환경에 개입하는 능동이지만, 여기서 능동과 수동은 관점의 문제일 뿐 객관적 실재가 아니다. 그렇게 몸속에 들어와 자리 잡은 환경과 경험의 시공간이 몸 크로노토프다.

3) 철학 : 체험주의 철학

체험주의 철학[24]은 인지과학의 최신 연구에 주목하면서 인간의 동물적 측면과 이성적 측면을 연결하고 종합하여 새로운 인간 이해에 도달하려 한다. 체험주의는 인간이 몸적 존재(bodily being)라는 사실을 강조하는 몸 중심의 체험적 자연주의 철학이다. 체험주의는, 첫째 마음은 본유적으로 몸의 속성이고, 둘째 생각의 대부분은 무의식이며, 셋째 추상적 개념들은 대체로 몸의 기능을 매개로 형성된 은유라는 세 가지 원리로 정리할 수 있다.

첫째 원리는 지금까지의 논의를 통해 충분히 해명되었다고 본다. 생각이 무의식이라는 둘째 원리는 과학과 철학이 관심을 두지 않던 새로운 영역의 무한한 가능성을 열어젖힌다. 무의식은 이성의 빛에 가려졌던 감성과 정동(affect), 명시적 언어의 바탕에 깔린 다양한 비언어적 소통의 기호들, 그리고 공식적 진단의 틀에 잡히지 않는 다양한 질병 경험을 이해하는 새로운 근거를 제공해 준다. 추상적 개념들이 대체로 은유적이라는 세 번째 원리는 어려운 추상적 개념들이 몸의 경험에서 비롯된다는 말이기도 하다. 체험주의 철학은 어려운 개념을 이용한 논변보다는 현실 속 경험을 설명하고 그 설명과 예측에 책임을 지는 도구적이고 실용적인 철학이기도 하다.

체험주의 철학은 피와 살 속에 기록된 마음의 철학이므로 사유하는 주체 중심의 서구 사상에 대한 대안일 수 있고, 이 글의 초반에 언급한 문제 상황을 극복하는 처방일 수도 있다. 이제 지금까지 논의한 몸의 과학과 철학이 건강과 질병의 현상 속을 헤쳐 나가는 몸의 실천에 어떻게 반영되고 적용되는지 살펴보자.

4. 몸의 실천 – 몸으로 알고 살고 하기

몸은 앎의 대상이고 삶의 주인공이며 도덕규범과 실천의 담지자이기도 하다. 몸은 몸을 알고 몸을 살며 그 속에 경험의 시공간을 담은 채로 다른 몸과 교류한다. 몸과 분리된 나는 없다. 나는 그냥 몸일 뿐이다. 해부학과 생리학 같은 몸을 '대상'으로 한 과학은 이제 체험주의 철학과 같은 몸이 '주인'인 철학과 만나, 몸을 시공간 속의 경험을 기록하고 새롭게 만들어가는 크로노토프로 재개념화할 수 있게 되었다. 몸에 대한 새로운 앎이다. 이제 새로운 앎을 바탕으로 몸을 살고 함―우리 조상들은 병도 하고 몸도 했다―으로써 세상과 그리고 다른 몸과 더불어 걸어가면서 만들어갈 새로운 길을 찾아보자. 새로운 의학은 몸들이 걸어가면서 만드는 길의 대략적인 방향을 제시할 뿐, 길을 설계하고 공사를 감독하는 토목기사가 아니다. 의학은 몸 여행의 감독이 아니라 그 여행을 안내하고 함께하는 가이드여야 한다.

새로운 몸의 실천에서 유일하게 올바른 길은 없다. 우리가 가는 길은 분자와 세포와 조직과 기관과 유기체와 공동체와 생태의 각 수준에서 다양한 동료 구성 요소들과의 관계 속에서 창발한다. 각 수준에서 구성 요소들은 여러 버전의 가능한 지향과 마음을 형성하는데 주어진 상황에 적합한 지향이 선택된다. 따라서 선택되지 않은 지향도 선택된 지향의 바탕이다. 마음은 그렇게 선택된 지향의 한 속성이다.

마음은 진화와 생애의 시간 속에서 창발한 어떤 행위와 가능성으로의 지향성이다. 진화의 결과인 마음은 거의 모든 인간이 공유하는 삶의 지향성이고, 생애의 시간 속에서 창발한 마음은 개인에 따라 다른 경험을 반영한다. 마음은 몸의 속성이므로 몸에 대해서도 똑같이 말할 수 있다. 새로운 의학은 이렇게 진화하고 발달한 몸과 마음의 지향성을 적극적으로 활용할 수 있어야 한다. 몸과 마음에 생기는 질병을 이런 지향성을 기준으로 진단하고 분류할 때 새로운 의학의 가능성이 열린다. 여기서 질병은 설계도에 어긋나거나 오작동을 일으킨 기계가 아니라 생명 진화와 생애 발달의 자연스러운 경로에서 벗어난 삶의 문제이다.

새로운 의학이 추구하는 '앎-삶-함'의 논리는 연역도 귀납도 아니다. 연역은 하나의 가정에서 출발하는 형식 논리를, 귀납은 경험의 일관성을 전제로 하지만, 새로운 의학의 논리인 귀추적 추론(abductive reasoning)은 주어진 상황을 가장 그럴듯하게 설명하는 가정을 선택하는 추론의 방법이다. 귀추는 유일한 설명이 아닌 최선의 설명을 선택하는데 현실 경험의 검증을 거쳐 수용되거나 기각된다. 그래서 귀추는 논리적 정합성이라는 선험적 원리도 경험의 일관성이라는 현실 논리도 아닌 실천 속에서 떠오르는 발견(heuristic)의 방법이다.

임상 활동에서는 당연히 귀추법을 활용하면서도, 의학 연구과 교육 현장에서는 여전히 연역의 논리가 지배하고 있는 현실은 극복되어야 한다. 기초의학과 임상의학의 괴리를 극복하고 의학 연구와 의학 교육과 임상 실천에 일관되게 적용될 수 있는 새로운 발견법이 발명되어야 한다. 그런 발견법이 하루아침에 발명되지는 않는다. 이 과정도 생명의 진화처럼 걸으면서 길을 내는 지난한 과정이겠지만, 문제를 인식하는 순간 이미 시작되었다고 보아야 한다.

새로운 의학을 향한 여러 방향으로의 걸음은 이미 시작되었다. 이 걸음들은 나름의 길을 만들 것이고 중간에 끊어질 수도 있지만 꾸준히 걷는다면 어느 순간 하나의 큰길로 합쳐질 수도 있다. 가고자 하는 지향이 큰 틀에서 비슷하기 때문이다. 그 공통된 지향은 지금의 생물의학에서 상대적으로 경시해 왔던 시간의 발걸음을 그 중심에 세운다는 것이다. 이미 몸속에 들어와 자리 잡은 수십억 년 진화의 시간, 세포와 조직 속을 걷는 분초 단위의 시간, 그리고 삶의 경로를 만들면서 걸어가는 수십 년 생애의 시간은 몸이라는 공간 그리고 몸과 쌍으로 결합한 환경과 얽히고설키면서 새로운 길을 만들어 간다.

생명의 진화는 우리 몸속에 욕망과 감정의 길을 만들었다. 그 길은 생존과 생식이라는 지향이 만든 것이다. 인간은 큰 전두엽이라는 기관을 진화시켜 이성의 힘으로 그 지향에 거스를 수도 있지만 그러려면 훨씬 더 많은 에너지를 소모해야 한다. 그러므로 욕망과 감정이라는 지향의 큰길을 완전히 벗어나는 건 무척 위험한 선택이다. 건강과 질병의 길과 도덕의 길도 그렇다. 생물의학은 건강과 질병의 길을 해부학과 생리학이 만든 고정된 길에 종속시켰지만, 진화의학은 우리 조상이 걸어 온 진화의 지향이 만들어 온 길에서 건강과 질병을 사유한다. 예컨대 현대인의 비만은 식량이 턱없이 부족하던 환경에서 우리 조상들이 진화시킨 과도한 식욕이 먹을 것이 넘쳐나는 현대의 환경에 적응하지 못한 채 우리 몸속에 남아있기 때문이다. 진화의학은 우리의 몸이 그 속에서 진화해 온 환경과 현재 환경의 어긋남을 질병의 중요 요인으로 파악한다.[25] 진화의학은 몸을 자연의 거대한 흐름 속에서 파악하는 자연주의 의학이다.

진화가 아무리 큰 지향성을 가졌더라도 그 힘을 느끼면서 살기는 어렵다. 삶의 주인은 누구보다 백 년이 채 안 되는 생애를 살아가는 개체 생명의 몸이기 때문이다. 수십 년 생애의 시간 속에서도 여러 갈래의 길이 만들어진다. 어떤 경험을 하는지에 따라 몸의 경로가 달라지기 때문이다. 생애 초기의 경험이 생애 후기의 삶에 미치는 영향에 주목해 질병을 세포와 분자의 공간적 배치가 아닌 시간의 축을 따르는 삶의 질적 변화로 파악하려는 일단의 의학자들은 생애경로접근(life course approach)이라는 새로운 연구와 임상 방법론을 제시했다.[26] 생애 경로의 변화는 생물학적 변화와 함께 오며 세대를 거치면서 그 변화가 이어지기도 한다. 어려서 경험한 학대나 기근이나 질병이 후반기 삶에 심각한 생물학적-심리적-사회적 장애로 이어지는 경우가 많다. 따라서 생애의 시간을 잘라 그 단면을 들여다보는 방법으로는 몸의 삶을 제대로 파악할 수 없다.

질병을 환자의 경험과 그 경험에 부여하는 가치와 의미 그리고 삶의 흐름 속에서 만들어지는 이야기 속에서 파악하려는 임상의학자들도 나타났다. 이를 서사의학(narrative medicine)[27]이라 한다. 생애경로접근법을 몸의 생물학적 변화뿐 아니라 가치와 의미를 포함한 몸의 실존으로까지 확장한 것이다. 서사의학은 앞에서 분석한 현대 생물의학의 성과를 계승하면서도 환자의 체험과 실존을 중히 여기는 인간주의 의학이며 체험주의 의학이다.

미래의 의학은 생물-심리-사회 모든 분야에 걸친 경험을 내면화한 몸을 중심에 두고, 그 몸이 진화와 생애를 거쳐 살아온 역사를 배경 삼아, 몸을 알고 살며 함으로써 걸어가면서 새로운 길을 내는 과정의 의학이어야 한다.

더 읽을 거리

강신익, 『불량유전자는 왜 살아남았을까?』, 페이퍼로드, 2013. 몸의 과학을 상식과 경험의 관점에서 새롭게 풀고 해석한 34편의 글을 모은 책이다. 과학과 의학의 역사 속에서 몸이 세상을 알고 살아온 이야기를 하고 있다.

리타 샤론 등, 김준혁 옮김, 『서사의학이란 무엇인가: 현대의학이 나아가야 할 공감과 연대의 이야기』, 동아시아, 2021. 질병을 앓는 몸의 이야기다. 몸 이야기를 중심으로 하는 새로운 의학의 접근법에 관한 주장과 경험을 모은 책이다.

고미숙, 『동의보감: 몸과 우주 그리고 삶의 비전을 찾아서』, 그린비출판사, 2011. 동아시아 의학의 꽃이라고 할 수 있는 『동의보감』을 통해 우리의 무의식을 구성하고 있는 몸-우주-삶의 관계를 밝혀주는 책이다. 현대적 몸 인지 담론과의 접점을 찾아볼 수 있다.

요아힘 바우어, 이미옥 옮김, 『협력하는 유전자』, 생각의 나무, 2010. "이기적" 유전자 담론이 담고 있는 오해와 진실을 파헤친다. 유전자든 유기체든 개체 단위의 생명이 아닌 서로 어울려 살아가야만 하는 관계적 몸과 생명의 진실을 알려준다.

5.

한곽희

체화된 인지와 도덕적 판단
-덕윤리 관점에서의 비판적 고찰-

1. 서론

 양과 정도의 차이는 있지만 인간은 인간관계를 맺고 살아간다. 그 관계 속에서 내려지는 수많은 결정들이 도덕적 판단에 해당한다. 예를 들어, 길거리에서 어려움을 겪고 있는 사람에게 도움의 손길을 내밀 것인가 아니면 나의 갈 길을 재촉할 것인가의 선택 중 하나를 택하는 일도 도덕적 판단일 수 있다. 혹은 심각한 질병이나 소외로 인해 고통 받는 사람을 돕기 위해 성직자가 될 것인가 아니면 부모님의 뜻을 따라 법조인이나 경영인이 되는 꿈을 좇을 것인가를 결정하는 것도 도덕적 판단일 수 있다.
 철학자들은 도덕적 판단의 조건에 대하여 많은 논의를 해 왔다. 어떤 철학자들은 도덕적 판단은 이성에 근거한 논리적 과정이어야 한다고 생각한다. 도덕적 판단은 사실에 기반을 두어야 하며 옹호 가능한 도덕적 원칙에 기반을 두어야 한다고 주장하기도 한다. 이런 이성주의적 관점을 지지하는 대표적인 철학자는 칸트이다. 칸트가 말하는 정언명령을 정립하고 그에 따라 행동하기 위해 이성은 필수적이고 핵심적인 역할을 한다. 한편, 어떤 철학자들은 도덕적 판단의 과정에서 감정이 중요한 역할을 한다고 주장한다. 이성은 사후의 정당화를 하기 위해 등장할 뿐이지 도덕적 판단은 기본적으로 감정에 의해 이뤄진다고 주장한다. 이런 감정주의적 관점의 대표적인 철학자는 널리 알려졌듯이 흄이다. 흄은 도덕적 판단이 정념으로부터 나오며 도덕적 행위의 동기는 감정에 기반을 두고 있다고 주장한다.

체화된 인지와 연관되어 제시되는 도덕적 인지에 관한 중요한 논의 중 하나는 도덕적 판단에 관한 것이다. 체화된 인지를 옹호하는 학자들은 인간이 무엇에 의존하여 도덕적 판단을 하는가에 대한 특정한 견해를 제시하고 있다. 따라서 체화된 인지를 기반으로는 하는 도덕적 인지 혹은 도덕적 판단에 관한 주장은 도덕적 판단에 관한 이성주의와 감정주의의 대립의 논의에 흥미로운 기여를 하고 있다.

이 글에서는 도덕적 판단을 할 때 의존하게 되는 요소 중 몸에 관한 부분을 다룰 예정이다. 체화된 인지 이론가들은 기존의 전통적인 인지 이론에서 인지의 중요한 요소 중 하나인 몸이 주목받지 못했다고 주장한다. 적지 않은 학자들이 도덕적 판단을 할 때 작용하는 몸의 영향에 대한 경험적 연구를 보고해 왔다. 이 글에서 이런 연구 중 일부를 논의할 것이다. 지면의 제한이 있기 때문에 모두를 다룰 수는 없고 본고의 논의와 관계되는 중요한 연구를 선택하여 다룰 예정이다.

논의 과정에서 발생할 수 있는 오해를 방지하기 위해, 여기서 말하는 몸에 대해 설명할 필요가 있다. 이를 통해 몸 의존적인 도덕 판단이 무엇인가를 분명히 할 수 있을 것이다. '몸 의존적인 판단'은 기본적으로 몸에 의존해서 하게 되는 판단을 의미할 것이다. 예를 들어, 추론 작용을 할 때 몸짓이 영향을 미친다는 연구 결과가 있다. 이 연구에 따르면, 행위자의 몸짓은 화자와 청자의 추론작용에 영향을 미친다.[1] 이러한 주장이 옳고 추론작용이 판단과 관계된다는 점을 고려할 때, 우리는 몸에 의존한 도덕적 판단을 생각해 볼 수 있다. 이와 같은 예가 몸 의존적인 도덕적 판단에 포함되는 것은 분명해 보인다.

그런데 이 글에서 말하는 몸 의존적인 도덕적 판단은 좀 더 포괄적이다. 통상적으로 몸은 마음에 대비되는 것으로서 마음이 정신적인 것이라면 몸은 물리적인 것을 가리킨다. 이 글에서는 감정이 몸을 설명하는 중요한 요소가 된다는 것을 전제할 것이다. 감정이 몸의 변화의 패턴에 대응한다는 주장을 수용하여 감정이 몸의 상태를 드러낸다는 주장을 수용할 것이다.[2] 이것을 전제할 때, 감정에 의존해서 내린 도덕적 판단은 몸에 의존해 내리는 도덕적 판단이라고 할 수 있을 것이다.

체화인지와 관계된 문헌에서 몸과 마음을 구분할 때 마음은 주로 이성으로 연결되고 몸은 감정과 느낌을 포함한 몸의 상태와 연결된다. 예를 들어, 위틀리와 하이트(Thalia Wheatley & Jonathan Haidt)는 다음과 같이 말한다. "도덕은 종종 존경받는 근원 – 신이나 이성 – 에서 나온다고 생각된다. 하지만 도덕이 마음(soul)이 아닌 몸에 더 기반을 둔 것은 아닐까?"[3] 이런 구분과 사용에 대해서 논의의 여지는 있으나 이 글에서는 감정과 느낌을 몸의 영역에 포함시키는 제안을 따를 것이다.[4]

이 글에서 필자는 몸 의존적인 도덕적 판단을 하는 인간의 상태를 설명하고 이것에 대해 덕윤리의 관점에서 주장할 수 있는 것을 제시할 것이다. 도덕적 판단에서 이성이 하는 역할의 중요성 그리고 자기충실성(integrity)이라는 덕의 필요성을 주장할 것이다. 이 글에서 추구하는 세부 목표들은 다음과 같다. 첫째, 몸 의존적인 도덕적 판단에 대한 사례와 실험들을 설명할 것이다. (2절) 둘째, 도덕적 판단에서 몸의 상태로서의 감정은 필요조건이 될 수는 있지만 충분조건은 아니라고 주장할 것이다. (3절) 셋째, 우리에게 중요한 문제는 단순히 도덕적 판단을 하는 것이 아니라 '적절한 혹은 좋은' 도덕적 판단을 하는 것임을 주장할 것이다. (3절) 넷째, 본고에서 논의한 사례와 실험들이 함축하는 것 중 하나는 적절한 혹은 좋은 도덕적 판단을 위해 이성의 역할이 보다 중요하다는 것임을 주장할 것이다. (3절) 다섯째, 몸 의존적인 도덕적 판단을 하는 인간의 모습을 고려할 때, 적절한 혹은 좋은 도덕적 판단을 위해 필요한 덕 중 하나는 자기충실성임을 주장할 것이다. (4절)

2. 사례와 실험

2.1 피니어스 게이지 모형(Phineas Gage Matrix)[5]

피니어스 게이지 모형은 피니어스 게이지와 유사한 사례들을 가리키기 위해 사용되는 용어이다.[6] 이 모형이 무엇인가를 설명하기 위해, 이 유형에 포함되는 피니어스 게이지, 앨리엇, 환자 A 사례들을 통해 파악할 수 있는 몇 가지 특징들을 살펴보자.[7]

첫째, 뇌의 손상된 부위이다. 이들은 공통적으로 뇌의 전두엽 대뇌피질에 손상을 입은 환자들이다. 게이지는 미국 버몬트주의 한 철도 공사에서 일하던 중 폭발사고로 말미암아 쇠막대가 왼쪽 뺨으로 들어가 두개골을 관통하고 뇌 앞부분을 지나 머리 위쪽으로 빠져나가면서 뇌의 전두엽

피질에 손상을 입었다. 앨리엇과 환자 A의 경우 뇌종양으로 인해 수술을 받아야 했다. 이 수술을 하면서, 손상을 입은 전두엽 조직도 함께 제거되었다.

둘째, 이들에게서 나타난 문제점이다. 이 환자들은 성품이나 결정 능력 등에 심각한 문제점을 보여 제대로 된 사회생활을 할 수 없었다. 널리 알려졌듯이, 게이지의 경우, 사고를 겪고 난 후 "게이지는 더 이상 게이지가 아니다"라는 말이 적절할 정도로 변했다고 보고되었다. 사고 전의 그는 고용된 사람들 중에서 가장 유능하고 능력 있는 사람이라고 평가되었다고 한다. 하지만 사고 후의 게이지는 "변덕스럽고 불손하고, 예전에 그의 기호가 아니던 가장 천박하고 불경스러운 것에 탐닉하고, 동료들에게 전혀 경의를 표하지 않으며, … 장차 행해질 일에 대한 계획을 많이 세우기는 하지만 그것들을 정리하기도 전에 버리고 마는 식으로 지적 능력과 성향에서 어린아이와 같이 되었으며, 건장한 몸을 지닌, 동물적 욕구를 가진 사람이 되었다."[8] 게이지는 업무에 복귀하였지만 곧 해고당했다. 육체적 능력이나 기술이 부족하지는 않았지만 그의 성격이 문제였다.

30대인 앨리엇은 뇌종양 수술 전에는 훌륭한 사람으로 평가되었다. 그는 지적이고 기술을 가진 사람이었으며 뛰어난 정신적 능력을 가진 사람으로 평가되었다. 가정에서는 좋은 남편으로 그리고 직장에서는 동료들의 모범이 되는 사람이었다. 하지만 뇌종양 수술 후 앨리엇은 더 이상 앨리엇이 아니게 되었다. 직장에 가면 시간을 관리할 수 없었다. 그에게 주어진 일정을 제대로 수행할 수 없었다. 일을 하다가 중간에 갑자기 다른 일에 집중해서 온종일을 보내곤 했다. 동료와 상사의 충고를 무시하던 그는 결국 직장에서 해고당했고 그 이후 새로운 직장을 구하고 해고당하는 일이 반복되었다. 첫 번째 이혼 후 동료나 주변 사람들의 의견을 무시하고 재혼을 했고 머지않아 또 이혼을 겪었다. 그에게 문제점이 있었으나 정신적 능력이 손상된 것은 아니었다. 그는 표준화된 검사에서 상위 지능을 드러냈다. 지각이나 기억, 학습, 언어 등과 같은 인지와 관계된 여러 가지 능력은 손상되지 않았다. 앨리엇의 육체적 능력과 정신적 능력은 손상되지 않았으나 결정을 내리는 데 필요한 능력이 손상되었다.

환자 A도 전두엽 대뇌피질에 엄청난 손상을 가져온 뇌종양 수술 후 문제를 보이기 시작했다. 수술 후에 지각능력은 정상적이었고 언어능력과 동작능력도 손상되지 않았다. 지능도 정상으로 보였다. 하지만 환자 A는 직장으로 복귀할 수 없었다. 그는 복귀를 위한 계획을 세웠지만 간단한 계획조차 실행할 수 없었다.[9] 인격도 심하게 변했다. 예의바르게 행동하던 사람이 수술 후에는 부적절한 행위를 일삼았다. 남에게 폐를 끼치는 농담 섞인 욕설을 하기도 했고 폭력적 언어를 구사하기도 했다. 다른 사람에 관해 언급하는 것을 보면 잔인하기까지 했다.

셋째, 위 환자들의 문제점의 원인은 감정이었다. 육체적 능력과 정신적 능력은 정상적으로 작동하는데 결정능력에 있어서는 문제를 보이는 해리(dissociation) 현상의 원인이 무엇인가를 찾던 다마지오(Antonio Damasio)는 그 원인이 감정에 있다는 것을 깨달았다고 주장한다. 그는 앨리엇이 무감정하다는 것을 자신의 관찰과 가족들의 증언을 통해 확인했다. 그는 "앨리엇의 장애가 감정적 반응과 느낌의 감소를 가져왔다고 확신했다."[10] 다마지오는 "감정과 느낌의 장애가 사회적 행위의 결함을 일으키는 데 무관한 방관자가 아니라는 강한 추정을 하게 되었다."[11] 환자 A도 뇌종양 수술 후 문제를 보였을 때 감정적 생활이 메마른 듯 보였다고 보고되었다. "그가 다른 사람을 배려해주는 징후는 없었으며, 그렇게 비극적으로 전환된 사실에 대한 당황함이나 슬픔, 분노 등의 징후 역시 찾아볼 수 없었다."[12] 다마지오는 피니어스 게이지 모형에 속한 환자들은 감정과 느낌이 손상되었기 때문에 위에서 언급한 문제들을 드러냈다고 주장한다.

2.2 최면과 혐오감

위틀리와 하이트는 2005년 흥미로운 실험 결과를 발표하였다. 이 실험의 기본적인 목적은 최면에 걸려 가지게 되는 역겨움이 더 가혹한 도덕적 판단을 하게 한다는 것을 보여주는 것이다.[13] 이들은 이러한 실험을 통해 도덕적 판단의 기반에는 감정이 가득한 도덕적 직관이 있다는 것을 주장하였다.

최면을 사용했다는 것이 문제의 소지가 될 수 있다는 생각을 할 수 있으나 그들의 입장에서 최면을 사용한 것은 보다 정확한 실험을 위해서이다. "판단되는 행동에 관한 어떠한 사실도 바꾸지 않고 도덕적 직관을 직접적으로 조정하는 것은 어렵지만 최면은 이런 수준의 조정을 하게 할 수 있다."[14]

위틀리와 하이트는 실험참가자들에게 최면을 걸었다. 최면을 통해 그룹의 반은 'often'이라는 단어를 읽을 때 역겨움을 느끼게 하고 나머지 반은 'take'이란 단어를 읽을 때 그 감정을 느끼게 하였다. 그런 후에 실험참가자들에게 짧은 이야기를 읽게 하였다. 64명이 참가한 첫 번째 실험에서는 근친상간, 죽은 자신의 개를 먹는 것, 뇌물, 좀도둑, 도서관 책을 훔치는 학생 등과 같은 도덕적 위반에 관한 이야기를 들려주었다. 그런 이야기 중에 최면에 의해 역겨움을 불러일으키는 두 단어들이 포함되었을 때, 실험참가자들은 더 많이 역겨움을 느꼈고 도덕적인 잘못을 범했다고 하는 비율이 더 높아졌다.

94명이 참가한 또 다른 실험에서는 몇 가지 변화를 주었다. 특히 흥미로운 변화는 도덕적 위반이 포함되지 않은 다음과 같은 이야기를 읽게 한 것이다. "댄은 그가 다니는 학교의 학생회 대표이다. 이번 학기에 그는 학술적 문제에 관한 토론 계획을 세우는 것을 책임지고 있다. 그는 토론을 활성화하기 위해서 교수와 학생들 모두의 관심을 끌 수 있는 주제를 [선택(take)하려고 노력한다/자주(often) 채택한다]."[15] 이 이야기를 읽은 참가자들은 흥미로운 결과를 보여주었다. 최면에 관계된 단어들이 없었을 때보다 최면에 관계된 단어들이 있을 때 혐오감을 느끼는 비율이 10배 정도 상승했고 도덕적 잘못을 말하는 비율은 7배 정도 상승하였다. 연구자들은 이 실험들이 최면을 통해 혐오감의 느낌을 상승시킨 것이 더 가혹한 도덕적 판단을 하게 한다는 것을 보여준다고 주장한다.[16]

2.3 심장박동과 도덕적 딜레마

구(Jun Gu)와 동료들은 실험을 통해 빠른 심장박동을 듣는 것이 도덕적 결정과 행동에 미치는 영향을 보여주고 있다.[17] 이들의 설명에 따르면, 기존의 많은 견해에서는 사람들이 도덕적 딜레마에 직면했을 때 체계적 판단을 내린다고 주장되었다. 이러한 판단에서 의식적이고 언어 기반의 추상적 추론 과정이 주된 역할을 하고 심장박동과 같은 신체적 경험은 이차적인 현상으로 여겨졌다. 하지만 최근의 연구는 심장박동 혹은 그것에 대한 지각이 도덕적 결정에 보다 분명한 역할을 한다는 것을 드러내고 있다. 이들의 연구는 이러한 점을 보여주는 데 기여하고 있다.

위 연구자들은 네 가지 실험을 통해 심장박동을 듣는 것이 도덕적 결정을 내리고 행동하는 데 영향을 미친다는 것을 보여준다. 이들은 모든 실험에서 참가자들에게 거짓 심장박동 소리를 들려준다. 실제 본인의 심장박동이 아니라 미리 준비된 심장박동을 참가자들 자신의 것이라고 생각하게 했다. 첫 번째 실험에서는 빠른 심장박동을 인지하는 것이 좋은 목적을 위해 자신의 시간을 사용하는 자원봉사 결정을 하는 데 영향을 미치는가에 관하여 알아보았다. 빠른 심장박동을 들은 사람들이 정상적인 심장박동을 들은 사람보다 더 많이 자원하는 결정을 하는 것으로 드러났다. (39.5% vs. 17.1%)

두 번째 실험에서는 심장박동의 지각이 기만을 줄이는지 살펴보았다. 그 결과 빠른 심장박동을 들은 사람들의 경우 정상적인 속도의 심장박동을 들은 사람들보다 거짓말하는 비율이 작은 것으로 나타났다. (31.3% vs. 58.1%)

세 번째 실험에서는 마음챙김(mindfulness)을 실행하는 것이 심장박동이 가져오는 변화(거짓말이 줄어드는 결과)에 영향을 주는지를 다뤘다. 마음챙김을 덜한 참가자들의 경우 빠른 심장박동이 거짓말을 줄였지만 마음챙김을 제대로 실행한 참가자들의 경우 지각된 심장박동이 거짓말을 줄이지 않는 것으로 드러났다. 마음챙김이 낮은 참가자의 경우, 정상 속도의 심장박동을 들을 때와 빠른 심장박동을 들을 때의 거짓말 가능성 차이가 약 50%로 드러났다. 하지만 마음챙김이 높은 참가자의 경우, 두 경우의 차이가 5% 이하였다.

네 번째 실험에서는 거짓말할지를 결정할 때 숙고하게 만드는 것이 지각된 심장박동에 의한 영향을 덜 받게 하는지를 검사했다. 숙고가 개입될 때 참가자들의 지각된 심장박동은 거짓말을 줄이지 않는 것으로 드러났다. 숙고가 개입되었을 때, 정상 속도의 심장박동 소리를 들었을 때와 빠른 속도의 심장박동 소리를 들었을 때의 거짓말 가능성 차이가 5% 정도였는데 그렇지 않은 경우엔 두 속도에서의 거짓말 가능성 차이가 25% 정도였다.

연구자들은 지각된 빠른 심장박동이 도덕적 상황에서 심각한 스트레스를 나타내며 그것에 잘 대처하는 방식으로 행동한 결과 도덕적 규범에 따르게 된다고 주장한다. 이들은 자신들의 연구가 도덕적 규제에서 신체적 표지(somatic markers)의 중요한 역할을 인정하는 다마지오의 연구결과와 정합적이라고 주장한다.[18]

3. 실험의 함축과 비판적 고찰

위 실험들은 도덕적 판단을 할 때 영향을 미치는 요소가 무엇인지를 보여준다. 특히, 몸의 상태가 우리의 도덕적 판단에 중요한 영향을 미칠 수 있다는 것을 드러내고 있다. 그렇다면 이제 우리에겐 다음과 같은 중요한 질문이 제기될 수 있다. 이러한 실험들은 우리가 추구해야 할 도덕적 판단에 대하여 어떤 의미를 지니는가? 그것들이 도덕적 판단의 방향 혹은 규칙을 세우는 것에 관하여 어떠한 것을 말해주고 있는가?

어떤 사람들은 이런 실험들이 도덕적 판단을 위해 해야 할 것에 관해 큰 의미를 지니지 못한다고 주장할 수 있다. 이런 주장의 기반에는 존재와 당위 사이의 구별(The difference between 'is' and 'ought')이 있다. 우리가 어떤 모습을 가지고 있다는 것과 우리가 무엇을 해야 하는가 사이에는 간격이 있다는 것이다. 존재로부터 당위를 이끌어낼 수 없다는 흄(David Hume)의 주장을 상기시킬 수 있다.[19] 사람이 존재하는 모습을 기술하는 것으로부터 우리가 어떻게 살아가야 하는가를 도출할 수 없다는 주장이다.

　존재와 당위에 관한 충분한 논의를 통해 확정적인 결론을 내리는 것은 이 글의 범위를 벗어나는 일이다. 하지만 경험적 연구가 가지는 최소한의 의미나 역할에 대해서 생각해 보는 것은 가능할 것이다. 첫째, 존재에 관한 경험적 연구는 당위의 가능성의 범위를 설정하는 기반이 될 수 있다.[20] 예를 들어, 인간이 도덕적 판단을 어떻게 하는가에 관한 경험적 연구를 해 보니 인간이 도덕적 판단을 할 때 감정이 아무런 작용을 하지 않는 것으로 드러났다고 가정해 보자. 도덕적 판단은 철저하게 이성작용의 결과인 것으로 드러났다고 해 보자. 이런 경험적 연구가 적절했다고 가정할 때, 이 실험을 통해 드러난 인간의 특성을 무시한 채 당위를 정하는 것은 이상해 보인다. 감정에 의존한 도덕적 판단이 아예 불가능한 것으로 드러난다면 감정에 의존한 도덕적 판단을 당위로 제시하는 것은 적절하지 않을 것이다.

　둘째, 존재에 관한 경험적 연구는 당위의 내용에 영향을 미칠 수 있다. 예를 들어, 인간에 관한 경험적 연구에서 인간은 자신의 고통을 피하는 방향으로 도덕적 판단을 내린다는 것이 드러났다고 가정해 보자. 이런 연구 결과는 당위의 내용에 영향을 미칠 수 있다. 고통을 피하는 방향으로 도덕적 판단을 내리는 인간의 특성을 무시한 채, 판단을 내리는 행위자의 고통을 증가시키는 당위의 내용을 제시하는 것은 이상해 보인다. 그렇다고 해서 고통을 가져오는 도덕적 판단은 무조건적으로 배제해야 한다는 것은 아니다. 이 부분에 관해선 좀 더 깊은 논의가 필요하다. 하지만 인간이 고통을 피하는 방향으로 판단을 내린다는 점은 무시할 수 없는 요소가 되어야 할 것이다.

　셋째, 존재에 관한 경험적 연구는 당위를 위한 구체적인 지침의 기반이 될 수 있다. 예를 들어, 인간이 아침에 내리는 도덕적 판단과 밤에 내리는 도덕적 판단이 완전히 다르고 전자가 보다 극단적이고 후회의 대상이 되는 경우가 많은 것으로 드러났다고 가정해 보자. 아침에는 지나치게 이기적이거나 지나치게 이타적인 방향으로 결정을 내리게 되어 시간이 지나고 나면 그 결정들을 후회하는 것으로 조사되었다고 하자. 이러한 결정은 우리가 가지고 있는 기준에 의해 바람직하지 않은 것으로 생각된다고 하자. 이 경우 위의 연구 결과는 당위를 위한 지침에 영향을 줄 수 있다. 이런 경험적 연구를 기반으로 삼아 우리는 아침에는 도덕적 판단을 내리지 말아야 한다고 해야 할 것이다. 이와 같은 점들을 염두에 두고, 앞 절에서 제시한 사례와 실험 결과들이 함축하는 바에 대해서 살펴보자.

피니어스 게이지 모형에 속하는 사례들이 함축하는 것 중 무시할 수 없는 중요한 것은 도덕적 판단을 위해 감정이 필수적일 수 있다는 것이다. 앞에서 설명했듯이, 이 모형에 속하는 사람들은 지각 능력, 기억력, 학습 능력, 언어 능력, 계산 능력 등 지적인 능력에서 아무런 문제를 보이지 않았다. 하지만 사회적 규범에 따라 행동하고 생존을 위해 타산적으로 결정하는 능력 등이 위태로워졌다. 그 원인은 적절한 감정의 부재였다.

도덕적 판단을 위해 감정이 필수적 요건이라는 주장에 동의하는 사람은 존슨(Mark Johnson)의 다음과 같은 주장에 귀를 기울여야 한다고 할 것이다.

지난 30여 년 동안 인지과학의 가장 충격적인 발견은 인간의 사고와 의지가 흔히 직관적이고 고도로 감정 의존적인 과정들을 포함하면서 대부분 무의식의 층위에서 작동한다는 것이다. 이 주장은 과거의 많은 철학자들이 자신들이 건설했던 마음과 사고에 관한 이론화의 전 구조의 확고한 토대―즉 추론과 의지는 근본적으로 자유롭고(자율적이고), 의식적이며, 의도적인 분석이나 판단, 선택의 과정이어야 한다는 확신―로 간주해 왔던 것을 잠식한다는 점에서 충격적이다.[21]

인간의 사고 자체가 고도로 감정 의존적이라는 이 주장이 받아들여진다면 인간의 도덕적 판단을 위해 감정이 필수적이라는 주장은 그리 놀랄 만한 것이 아닐 수도 있다.

어떤 사람은 사이코패스의 존재가 위의 주장을 강화할 것이라고 제시할 것이다. 사이코패스는 충동적이고 자기중심적이고 공감능력이 부족한 사람으로서 이들은 인격장애자로 여겨진다. 이들은 도덕적인 잘못과 관습적인 잘못을 구분하지 못한다. 이런 구분 능력의 부재가 감정적 반응 체계에 문제가 있어서라고 한다. 따라서 제대로 작동하는 감정적 반응 체계는 도덕적 판단을 위해 필수적이라고 할 수 있다.

감정이 도덕적 판단에 필수적이라는 주장에 논쟁의 여지가 있지만 여기서는 논의를 위해 그렇다고 가정해 보자.[22] 이런 가정으로부터 감정이 도덕적 판단을 위한 충분조건이라는 것이 나오지는 않는다. 감정이 도덕적 판단을 위한 필요조건이라고 해서 그것이 충분조건이 된다고 하긴 힘들다는 것이다. 보다 분명하게 말하자면, 감정이 적절한 혹은 좋은 도덕적 판단을 위한 충분조건은 아니라는 것이다.

어떤 사람은 '적절한 혹은 좋은'이라는 조건이 슬쩍 추가되었다고 불평을 제기할지도 모른다. 하지만 감정이 도덕적 판단을 위해 필수적이라고 할 때에도 사실은 '적절한 혹은 좋은'이라는 조건이 암묵적으로 전제되어 있었다고 해야 할 것 같다. 만약 이것을 부인한다면 우리는 게이지나 앨리엇 그리고 환자 A가 사고 이후 혹은 뇌종양 수술 이후에 도덕적 판단을 못했다고 할 수 없다. 그들은 나름대로 판단을 내려 행동했을 것이고 그 결정에 기초해서 행동했을 것이다. 앨리엇이 첫 번째 부인과 이혼 이후 재혼하려 할 때 주위의 사람들이 반대했지만 재혼을 했다. 이때도 나름대로 도덕적 판단을 내리고 그 결정에 기초해 행동했을 것이다. 또한 계획한 일을 세우고 추진하던 중 한 가지 일에 빠지게 되어 그 일에만 온 종일 매달린 경우에도 나름대로는 판단을 내려 행동했을 것이다. 이러한 점들을 고려해 볼 때, 우리가 마음에 두고 있었던 것은 사실상 그냥 단순한 도덕적 판단이 아닌 적절한 혹은 좋은 도덕적 판단이라고 해야 할 것이다.

이러한 점을 염두에 두고 최면 실험과 심장박동 실험을 살펴보자. 흥미로운 이 실험들이 분명하게 함축하는 바는 몸의 상태가 도덕적 판단에 영향을 미친다는 것이다. 앞에서도 설명했듯이, 이 실험들에 따르면, 인간은 역겨움을 느낄 때 더 엄격한 혹은 가혹한 도덕적 판단을 내리게 된다. 또한 빠른 심장박동을 지각하게 되면 도덕적 규범을 따르는 판단을 내리게 될 가능성이 높아진다.

여기에서 우리가 해야 할 질문은 다음이다. 역겨움이나 심장박동에 영향을 받은 도덕적 판단이 적절한 혹은 좋은 도덕적 판단인가? 이 질문에 대해 단순하게 '그렇다' 혹은 '아니다'로 답하기는 어려울 것 같다. 상황에 따라서 역겨움이나 심장박동에 영향을 받아 도덕적 판단을 내리는 것이 적절할 수도 있을 것 같다. 예를 들어, 어떤 상황 속에서 역겨움을 느끼는 것이 적절하다면 그 역겨움에 영향을 받아 내리는 도덕적 판단이 적절하다고 할 수도 있을 것이다. 혹은 심장박동이 빨라지는 것이 이해될 수 있는 상황에서 빨라진 심장박동에 영향을 받는 도덕적 판단은 적절할 수도 있을 것이다.

하지만 역겨움이나 심장박동에 영향을 받는 도덕적 판단이 항상 적절하거나 좋다고 하기는 힘들 것 같다. 최면 실험은 역겨움이 우리의 도덕적 판단에 영향을 미친다는 것을 보여주었다. 하지만 역겨움을 가질 상황이 전혀 아닌 상황에 대해서도 최면으로 인한 역겨움 때문에 엄격한 도덕적 판단을 내리게 된다는 사실은 중요한 점을 알려준다. 역겨움이나 혐오감이 적절하지 않을 수 있다는 것이다.

이런 주장에 대한 가장 즉각적인 대응은 다음일 것이다. 최면이 문제였기 때문에 최면을 걸지 않으면 괜찮을 것이다. 하지만 최면에 걸리지 않은 일상생활에서 우리는 종종 적절하지 않은 혐오감이나 역겨움을 가질 수 있다. 적절한 이유 없이 그런 감정들을 가질 수 있다는 것이다. 이런 경우 이것 때문에 영향을 받은 도덕적 판단이 적절하지 않다고 말하는 것은 이상해 보이지 않는다.

어떤 사람들은 좋은 혹은 적절한 도덕적 판단이 의미하는 바가 무엇인지 보다 분명해지면 위와 같은 비판이 적절하지 않을 것이라고 주장할 수 있다. 그런 사람들이 마음에 두고 있는 것은 다음과 같은 것일 수 있다. 적절한 혹은 좋은 도덕적 판단은 몸의 반응을 잘 반영하는 도덕적 판단이다. 이런 기준에 따르면 역겨움이나 빠른 심장박동을 잘 반영한 도덕적 판단이면 적절한 혹은 좋은 도덕적 판단이라고 할 수 있다. 이런 주장이 아주 터무니없는 주장은 아닐 수 있다. 특히 몸의 반응이 생존을 위한 항상성 유지를 위한 것이라는 진화론적 관점을 통해 지지할 수 있는 방법을 생각해 볼 수 있을 것이다. 하지만 생존과 번영이라는 관점에서 볼 때 우리의 몸의 반응이 항상 적절하다고 하는 것도 이상해 보인다.

기준이 좀 더 분명한 구체적인 경우를 생각해 보는 것이 도움이 될 수 있다. 예를 들어, 수시 면접에서 입학생을 선발해야 하는 상황이라고 생각해 보자. 이 경우 당연히 선발 기준이 주어져 있고 그 선발 기준에 의해 학생을 평가해야 한다. 그런데 이런 평가에서 역겨움의 경험이나 깨끗함 혹은 좋은 냄새의 경험에 의해 영향을 받는 판단을 내린다면 그것이 적절한 혹은 좋은 도덕적 판단이라고 하기는 힘들 것이다.

위와 같은 점들을 고려해 볼 때, 위 사례나 실험들이 우리에게 주는 교훈 중 하나는 이성의 역할이 생각보다 중요하다는 것일 수 있다. 위 사례나 실험들이 보여준 인간의 모습 중 하나는 우리가 도덕적 판단을 내릴 때 우리가 생각하는 것 이상으로 감정에 의존해 있고 그것에 의해 영향을 받는다는 것이다. 우리가 의식하지 못해도 우리는 몸에 의존하여 도덕적 판단을 내리게 된다는 것이다. 그런데 우리에게 중요한 문제는 적절한 혹은 좋은 도덕적 판단을 내리는 것이다. 적절한 혹은 좋은 도덕적 판단을 내리기 위해서 감정에 의존해서 내린 도덕적 판단들에 대한 반성적 성찰을 가지는 것이 중요해 보인다.[23] 이러한 반성은 도덕적 판단에 대한 메타적 성찰일 수 있다. 이런 성찰의 과정에서 스스로에게 다음과 같은 질문들을 던져볼 수 있다. 도덕적 판단을 할 때 나의 감정 상태가 어떠했는가? 그 감정은 적절하게 발생한 것인가? 도덕적 판단을 내릴 때 환경 상태는 어떠했는가? 그런 환경이 나에게 특정한 몸의 상태를 유발하지는 않았나? 도덕적 판단을 할 때 기준에 의해 평가하려고 노력하였는가? 이와 같은 질문을 던지는 것이 오류나 편견으로부터의 완전한 탈출을 보장하지는 않을 것이다. 하지만 이런 반성적 활동이 보다 나은 도덕적 판단을 하게 하는 중요한 기반이 될 것이다.

이런 맥락에서 존슨의 '도덕적 숙고' 개념은 주목할 만하다.[24] 그는 직관이고 신속하며 무반성적인 도덕 판단이 충분치 않다고 생각한다. 직관적 판단 외에 도덕적 숙고가 필요하다고 주장한다. 물론 존슨이 말하는 숙고는 이성주의자들이 말하는 숙고와는 다르다. 하지만 그가 말하는 숙고가 감정주의자들이 종종 말하듯이 단순하게 사후 정당화의 역할을 담당하는 것에 그치는 것은 아니다. 그가 말하는 도덕적 숙고에는 직관적이고 무의식적인 판단 이상의 것이 있고 그것은 적절하게 비판적인 관점을 가지는 것을 가능하게 해 준다.

존슨에 따르면, 두 가지 이유가 도덕적 숙고의 필요성을 알려준다. 첫째, "우리가 직관적으로 주어진 가치로 간주하는 것들은 특정한 유형의 상황이나 조건에 대응하여 발생하지만, 새롭거나 낯선 조건이 발생하거나 새로운 문제가 발생하면, 기존의 가치와 기준은 새롭게 직면하는 변화된 조건을 다루는 데 부적절할 수 있다."[25] 감정에 의존한 직관적 판단은 기존의 문제해결 방식으로는 해결할 수 없는 난관에 도달할 때 힘을 발휘하지 못할 수 있다는 것이 존슨의 주장이다.

두 번째 이유는 "우리가 특정한 사태에 이르게 되었다는 사실이 우리가 현재 행하고 있는 방식으로 그것을 평가해야 한다는 것을 보장해주지 않는다는 점"[26]이다. 어떤 사태에 이르게 될 때 기존의 방식의 평가가 아닌 새로운 방식의 평가가 필요할 수 있다. 그는 "편견들을 표출하면서 가질 수 있는 확신의 강도는 도덕적 옳음의 지표가 아니라 우리를 짓누르는 위력의 지표"[27]일 수 있다는 점을 강조한다. 존슨은 기존의 방식으로 평가하고 기존의 방식으로 문제를 해결하려는 고집에 근거한 확신이 우리의 삶의 장애가 될 수 있다고 주장하고 있다. 기존의 습관과 가치 판단에 대해 일정한 비판적 거리를 두는 것이 필요하다는 주장이다.

4. 체화된 판단과 자기충실성

　이제 몸 의존적인 도덕적 판단을 하는 것이 인간의 모습이라고 했을 때, 덕윤리 관점에서는 무엇을 말할 수 있는가에 대하여 살펴보자. 이러한 인간의 모습을 고려할 때 우리가 가져야 하는 덕 중의 하나는 자기충실성이라고 주장할 것이다.

　우선 덕윤리 관점에 대하여 설명해야 한다. 덕윤리의 관점으로 여러 가지를 함축할 수 있다. 예를 들어, 어떤 것이 옳은 행위인가는 유덕한 사람의 할 만한 행위로 설명된다는 주장을 전제하는 것일 수 있다. 덕스러운 사람이 할 만한 행위이면 옳은 행위이고 그렇지 않다면 잘못된 행위라는 것을 전제하는 것이 덕윤리의 관점을 가지는 것으로 생각할 수 있다. 혹은 덕윤리 관점을 가지는 것이 행위보다는 행위자 중심의 이론을 가지는 것을 의미할 수도 있다. 이 외에도 행위자의 동기와 감정을 중시하는 것을 의미할 수도 있다. 하지만 이 글에서는 덕윤리 관점을 통해서 전제하는 것을 좋은 삶을 위해 덕이 필요하다는 것과 도덕적인 삶을 위해서 덕을 계발해야 한다는 것으로 한정시킬 것이다.

　또 하나 언급해야 할 것이 있다. 이 절에서 적절한 혹은 좋은 도덕적 판단을 말할 때에는 덕윤리적 관점에서의 적절한 혹은 좋은 도덕적 판단을 의미할 것이다. 덕윤리적 관점에서의 좋은 도덕적 판단은 유덕한 사람이 하는 판단일 것이다. 이것이 왜 '적절한 혹은 좋은'의 기준이 되어야 하는가에 대한 논의도 중요하고 흥미로운 것이나 여기서는 그냥 이것을 전제할 것이다. 좋은 삶이 몸이 말하는 것 혹은 몸이 요구하는 것을 가능하면 많이 충족시키는 것에 있다고 주장하는 사람들에게는 이와 같은 전제가 비판의 대상이 될 수도 있을 것이다.

그러면 이제 우리가 당면한 질문은 이것이다. 몸의 상태에 의존해서 도덕적 판단을 내리는 인간의 특성을 고려할 때 필요한 덕은 무엇인가? 생각할 수 있는 한 가지 대답은 자신의 특성에 대해 좀 더 파악하는 데 필요한 덕을 함양해야 한다는 것이다. 자신의 특성을 파악하는 몇 가지 방법을 생각해 보자. 우선 자신의 다양한 경험을 가능하게 한 조건들에 대한 반성적 성찰을 생각해 볼 수 있다. 그러한 조건들은 여러 가지 것을 포함할 것이다. 예를 들어, 자신이 태어나 성장해 온 가족도 경험의 장을 형성하는 중요한 조건 중 하나이다. 이타적인 행위의 중요성에 대해 지속적으로 강조해 온 부모 밑에서 자란 행위자의 경우 그런 교육이 성공적이었다면 타인의 이익에 대한 배려가 자신의 판단에서 중요한 역할을 할 수 있을 것이다. 자신의 가족에 대한 성찰을 통해 자신이 내리는 판단의 경향을 파악할 수 있다. 또한 행위자가 자란 문화적 배경도 중요한 조건 중 하나일 것이다. 한 사람이 속한 사회가 가진 문화의 특성이 그 구성원의 판단에 미치는 영향도 무시할 수 없을 것이다. 문화의 특성을 파악하여 그 특성들이 판단에 미칠 수 있는 영향을 파악하는 것은 자신의 도덕적 판단을 파악하는 좋은 길이 될 수 있다.

  행위자의 신체적 특성을 파악하는 것도 중요할 수 있다. 예를 들어, 어떤 사람은 몸의 상태 때문에 일정 시간 이상 서 있거나 앉아 있는 것이 힘들 수 있다. 서 있거나 앉아 있는 상태가 지속되는 경우 급하게 결정을 내리게 될 수 있다. 혹은 몸의 상태에 따라 너무 좁거나 너무 넓은 공간에 있는 것이 힘들 수 있다. 혹은 특정한 음식에 대한 몸의 반응이 나쁜 경우가 있다. 어떤 음식을 먹으면 소화를 잘 못 시켜 몸이 불편하게 되는 경우가 있을 수 있다. 이런 자신의 몸의 특성들을 잘 파악하는 것은 더 나은 도덕적 판단을 하기 위한 중요한 기반이 될 수 있다. 자신의 몸 상태를 잘 파악함으로써 자신의 몸 상태가 도덕적 판단에 어떻게 영향을 미칠 수 있는가를 잘 알 수 있기 때문이다. 몸의 상태가 적절한 판단을 하는 데 안 좋은 영향을 미친다는 것이 드러날 경우 그러한 몸의 상태를 피하려고 해야 할 것이다.

그렇다면 이와 같이 자신의 특징들을 파악하는 것과 관련된 덕은 어떤 덕인가? 자기충실성이란 덕이 이것과 관련된다. 자기충실성은 기본적으로 자신의 가치와 원리에 충실하게 행동함으로 성취하는 덕이다.[28] 이 덕을 가지기 위해선 세 가지 조건들을 충족시켜야 한다. 첫째, 자신이 옳거나 좋다고 믿는 특정한 가치와 원칙을 자신의 것으로 혹은 자신을 설명하는 것으로 삼는 것이다. 둘째, 반대와 압박이 있을지라도 그 가치와 원칙에 충실하게 행동하는 것이다. 셋째, 자신의 헌신된 가치와 원칙을 유지하되 독단적이지 않고 열린 마음으로 필요할 때 수정하는 것이다.

위와 같은 세 가지 요소 중 첫 번째 것이 자신을 파악하는 것과 관련된다. 자신을 설명하는 혹은 자신의 정체성을 드러내는 가치와 원칙을 찾고 그것을 자신의 것으로 삼기 위해선 자신에 대해서 정확하게 알아야 한다. 교육이나 문화 속에서 여러 가지 방식으로 한 사람의 의식 속에 던져진 여러 가지 가치나 원리들이 모두 그 사람을 설명하는 것일 수 없다. 이런 가치나 원리들 중 일부가 그 사람에게 선택되고, 그렇게 선택될 때 그것들은 외부적인 것에서 내적인 것으로 그 위치가 변화된다. 이러한 선택을 위해선 본인이 가지고 있는 특성을 잘 파악해야 한다. 자신의 신체적 특성도 알아야 하고 자신에게 미친 환경적 영향들에 대해 비판적으로 성찰해야 한다. 이러한 파악을 기초로 자신이 진정으로 원하는 가치나 자신이 진정으로 수용하는 원칙들을 정할 수 있다. 필요에 따라서는 스스로 새로운 가치나 원칙들을 수립할 수 있다.

물론 이러한 가치와 원칙의 수립과 그것들에 충실하게 행동하는 것은 유덕한 인간이 되는 목표와 정합적인 것이 되어야 한다. 이러한 조건을 고려하면 한 행위자가 자기충실성을 갖기 위해서 추구할 수 있는 가치와 원칙에 어느 정도 제한이 있을 수 있다는 것을 알 수 있다. 유덕한 인간이 되어가는 과정 속에서 허용되는 혹은 유덕한 인간이 되어가는 데 도움이 되는 가치와 원칙을 추구하는 것이 자기충실성이라는 덕을 가지는 길이 될 것이다.

이러한 제한 조건은 몸의 상태에 의존해서 도덕적 판단을 내리는 인간의 모습에 대하여도 중요한 함축을 가진다. 몸의 상태에 의존한 도덕적 판단이 덕윤리의 관점에서 무조건 부적절한 혹은 나쁜 도덕적 판단이라고 하는 것은 이상해 보인다. 그것은 때로 좋은 혹은 적절한 도덕적 판단이 될 수도 있고 때로는 그렇지 않을 수도 있다. 그것을 결정하는 것은 유덕한 인간이 되는 데 기여하는가 아닌가일 것이다. 혹은 유덕한 사람이 할 만한 판단인가 아닌가에 따라 결정된다고 할 수 있을 것이다.

5. 결론

이 글에서 필자는 몸에 의존하여 도덕적 판단을 하는 인간의 모습을 덕윤리의 관점에서 어떻게 수용하고 무엇을 제안할 수 있는가에 대하여 논의하였다. 체화된 판단에 대한 경험적 연구들은 인간의 도덕적 판단에 대하여 새로운 사실들을 말해주고 있다. 도덕적 판단에 관한 인간의 실제 모습은 이성을 기반으로 도덕적 판단을 내린다는 기존의 견해와는 다른 것으로 드러났다. 이런 경험적 연구들을 고려할 때, 감정은 도덕적 판단을 위한 필수적 요건이고 몸의 상태가 도덕적 판단에 많은 영향을 미친다는 주장을 긍정적으로 수용할 수 있다.

그런데 우리에게 중요한 질문은 '어떤 것이 적절한 혹은 좋은 도덕적 판단인가?'라는 것이다. 이 글에서 필자는 적절한 혹은 좋은 도덕적 판단을 위해 감정이 충분조건이 될 수 없다고 주장하였다. 생존을 위한 몸의 반응이라고 여길 수 있는 감정이 항상 적절한 것은 아니며 때로 적절하지 못한 감정을 가질 수 있다. 이런 감정에 의해 영향을 받은 도덕적 판단을 좋은 판단이라고 할 수는 없을 것이다. 아울러 필자는 이 글에서 다룬 실험들을 통해 배울 수 있는 것 중 하나는 이성에 의한 반성적 성찰이 중요하다는 것이라고 주장하였다. 인간은 의식하는 것 이상으로 몸의 상태에 의해 영향을 받아 도덕적 판단을 내리고 있고 그것들이 적절하다는 보장이 없다는 것이 현실이다. 그렇다면 그러한 판단에 대한 보다 철저한 반성적 성찰을 통해 무엇이 더 적절한 혹은 좋은 도덕적 판단인지를 결정해야 할 것이다. 아울러 그러한 결정을 내리기 위해 몸의 상태를 비롯하여 자신에게 영향을 미치는 여러 가지 요소들에 주의를 기울여 그것들이 도덕적 판단을 하는 데 부정적인 영향을 미치지 않도록 해야 할 것이다.

마지막으로 필자는 몸의 상태에 의존하여 도덕적 판단을 내리는 인간의 모습이 우리에게 요구하는 덕 중 하나는 자기충실성이라고 주장하였다. 자기충실성은 특정한 가치와 원칙에 충실하게 행동하는 것에 관한 덕이다. 이 가치와 원칙은 그 행위자의 정체성을 설명하는 것들이다. 따라서 그 가치와 원칙을 정하려면 자신을 철저하게 파악해야 한다. 이러한 과정은 몸의 상태에 의존하여 도덕적 판단을 내리는 인간에게 어떠한 도덕적 판단을 추구해야 하는지를 알려주는 길이 될 수 있다.

물론, 자기충실성이 적절한 혹은 좋은 도덕적 판단을 위해 요구되는 유일한 덕이라는 주장을 한 것은 아니다. 실천적 지혜를 비롯해서 여러 가지 지적인 덕들이 적절한 혹은 좋은 도덕적 판단을 위해 요구될 것이다.[29]

더 읽을 거리

마크 존슨 지음, 노양진 옮김, 『인간의 도덕』, 서광사, 2017. 체화된 인지 관점을 가진 철학자로서 제시하는 체계적인 윤리 이론의 한 형태가 어떻게 전개될 수 있는가를 볼 수 있는 중요하고 흥미로운 책이다.

안토니오 다마지오 지음, 김린 옮김, 『데카르트의 오류』, 김린 옮김, 남양주: 눈출판그룹, 2017. 의사 결정에서 감정이 하는 역할의 중요성을 잘 드러낸 고전적인 책으로서 감정의 역할에 대한 두뇌 작용에 대해 잘 설명해 주고 있다.

래리 메이 외 엮음, 송영민 옮김, 『마음과 도덕』, 울력, 2013. 인지과학적 이론들을 토대로 윤리학의 중요한 주제들을 다루는 흥미로운 논의들을 담고 있다. 윤리학과 인지과학의 연결점이 무엇인가를 잘 확인해 볼 수 있게 한다.

Doris, John M., *The Moral Psychology Handbook*, New York: Oxford University Press, 2012. 도덕적 동기, 도덕적 추론, 도덕적 감정 등을 포함하는 다양한 도덕심리학의 주제들에 대한 철학적 논의들이 어떻게 진행되고 있는지를 잘 파악할 수 있도록 돕는다.

6.

강태경

법률적 인간의 몸

1. 들어가며

법은 제재와 보상을 통해서 '사람들의 행동을 규칙의 지배하에 두고자 하는 기획'이다.[1] 사람들은 몸을 통해 자기 의사를 행동으로 표현하기에 몸은 법이라는 목적 지향적 활동의 대상이 될 수밖에 없다. 헌법 제12조 '신체의 자유', 헌법 제30조 범죄피해에 대한 '국가구조', 민법 제735조 '긴급사무관리', 민법 제751조 '재산 이외의 손해의 배상', 형법 제12조 '강요된 행위', 형법 제257조 '주거·신체 수색'이 헌법, 민법, 형법에서 '신체'를 직접적으로 언급한 조문들이다. 이처럼 우리 법은 주로 몸을 부당한 침해로부터 보호되어야 할 대상으로 규정한다. 한편 생명윤리법 제2조 제11호는 인체로부터 수집하거나 채취한 조직·세포·혈액·체액 등 인체 구성물 또는 이들로부터 분리된 혈청, 혈장, 염색체, DNA, RNA, 단백질 등을 '인체유래물'로 정의함으로써 몸의 일부가 물건이 될 수 있음을 보여준다.

  법이 사람의 몸을 다루는 방식은 시대와 법의 영역에 따라서 다양하다. 이 글에서는 인지법학적 관점에서 법이 몸을 다루는 방식을 비판적으로 분석하고자 한다. 법적 사고에 대한 인지법학적 분석은 인지의미론을 바탕으로 법적 사고의 암묵성과 자동성 그리고 관행성을 드러냄으로써 법적 사고의 심층 구조와 비성찰적 측면을 밝히는 작업이다. 아래에서는 법이 인간의 몸을 다루는 다양한 방식의 사례를 살펴보고, 로마법에 대한 분석을 통해 '법률적 인간'의 출현과 '법적 인격'의 발명이라는 법의 탈육체화 전략을 살펴본다. 그리고 법적 맥락에서 몸에 대한 인지법학적 이해가 소수자의 인권 보호에 어떤 기여를 할 수 있는지 알아본다.

2. 법과 인간의 몸: 긍정된 몸, 부정된 몸

2.1. 긍정된 몸

  몸을 긍정하는 법의 대표적인 사례로는 1973년 제정된 '모자보건법'을 들 수 있다. 모자보건법은 모성(母性), 즉 임산부와 가임기 여성 그리고 출생 후 6년 미만인 영유아의 생명과 건강을 보호하고 자녀의 출산과 양육의 건전성을 도모하는 것을 그 목적으로 한다. 이 법은 모성의 몸을 임신과 출산의 장소로 긍정한다. 모자보건법은 출산, 수유, 생식과 관련하여 건강관리에 노력해야 하는 의무를 모성에 부여하고(제4조), 더 나아가 임신과 출산의 중요성을 북돋우기 위하여 10월 10일을 임산부의 날로 정하고 있다(제3조의2). 이 법에 따라 지방자치단체의 장은 임산부·영유아·미숙아 등의 건강관리를 위해 필요한 조치를 취해야 하고(제10조), 보건복지부장관은 난임 극복 지원을 위해 관련 정보를 수집하고 통계를 관리해야 한다(제11조의6).

한편 몸은 '형벌의 장소'로 긍정되기도 했었다. 신체를 침해하는 형벌인 신체형에서 몸은 형벌이 집행되는 장소로 상정되었다. 교정·교화 목적의 형사정책이 도입되기 전 형법의 주된 제재 방식은 신체에 고통을 가하는 것이었다. 베르사유 궁전에서 루이 15세를 시해하려다가 실패한 후 체포된 다미엥(Robert-François Damiens)에 대한 1757년 유죄판결 기록은 법이 몸을 규율하는 방식을 극적으로 보여주는 예이다.

> 손에 2파운드 무게의 뜨거운 밀랍으로 만든 횃불을 들고 속옷차림으로 파리의 노트르담 대성당의 정문 앞에 사형수 호송차로 실려 와 공개적으로 사과를 할 것. 다음으로 상기한 호송차로 그레브 광장에 옮겨 간 다음, 그 곳에 설치 된 처형대 위에서 가슴, 팔, 넓적다리, 장딴지를 뜨겁게 달군 쇠집게로 고문을 가하고, 그 오른손은 국왕을 살해하려 했을 때의 단도를 잡게 한 채, 유황물로 태워야 한다. 계속해서 쇠집게로 지진 곳에 불로 녹인 납, 펄펄 끓는 기름, 지글지글 끓는 송진, 밀랍과 유황의 용해물을 붓고, 몸은 네 마리의 말이 잡아끌어 사지를 절단하게 한 뒤, 손. 발과 몸은 불 태워 없애고 그 재는 바람에 날려 버린다.[2]

현재 싱가포르와 몇몇 이슬람 국가를 제외하면 대부분의 국가에서는 태형(笞刑)으로 대표되는 신체형이 사라졌다. 우리의 경우 1919년 3·1 운동으로 위협을 느낀 조선총독부가 1920년 시정개혁의 일환으로 조선태형령을 폐지하면서 태형이 사라졌다. 고려 시대부터 법제화되었던 태형은 갑오개혁 당시 그 폐지가 논의되었지만, 건양(建陽) 원년인 1896년 4월 4일 반포된 형률명례(刑律名例)에도 형벌의 한 종류로 규정됐었다 (10대부터 100대까지 10등급으로 구분됨). 1912년 3월 18일 조선총독부는 조선태형령을 제정하면서 형률명례를 근거로 태형을 조선인에게만 적용되는 형벌의 한 종류로 규정하였다.

2.2. 부정된 몸

법이 범죄자의 몸을 형벌의 장소로 긍정했던 것이나 모성의 몸을 임신과 출산의 장소로 긍정하는 것과는 대조적으로 물건, 즉 소유물로서의 몸은 법의 영역에서 오랫동안 부정되어 왔다. 사람의 몸이 물건, 즉 소유물로서의 성격을 가진다는 사실은 법학자들의 오랜 골칫거리였다. 법인류학자이며 생명윤리법학자인 보(Jean-Pierre Baud)는 '도둑맞은 손'이라는 가상 사례를 통해서 몸이 영혼과 인격을 담는 신성한 장소라는 관념을 유지하기 위해 몸이 물건이라는 사실을 법에서 의도적으로 배제함으로써 발생하는 기묘한 결과를 잘 보여주었다.

1992년 프랑스, 한 남자가 전기톱을 사용하여 목공일을 하다가 실수로 자신의 손을 잘랐다. 그는 고통과 충격으로 기절해버렸다. 이때 손이 잘린 사람과 평소에 자주 다투어 원수처럼 지내던 이웃 M이 사고를 목격했고, 그 틈을 타 남자의 잘린 손을 집어 자신의 집으로 가져가 소각로에 넣어 버렸다. 깨어난 남자는 손이 없어, 접합 수술을 받지 못했다. 남자는 원수 같은 이웃 M에게 장애를 유발한 책임을 물을 수 있을까?[3]

보가 위 사례를 제시하였던 당시 즉, '생명윤리법(Les "lois bioéthiques" de 1994)'이 제정되기 전 프랑스에서 법학자들은 대체로 자신의 이웃에게 돌이킬 수 없는 장애를 유발한 M을 무죄 방면할 수밖에 없다고 보았다. 당시 프랑스 법의 독트린에 따르면, 영혼을 담고 있는 몸은 물건이 아니고 그 몸에 붙어 있는 손도 물건으로 취급되지 않기 때문에 소유권의 대상이 될 수 없었다. 하지만 그 손이 몸에서 분리되는 순간부터는 물건으로 취급되는데, 분리되기 전에 손에 대한 소유권자가 없었기에 분리된 후에는 주인이 없는 물건으로 취급되었다. 따라서 남의 손이 절단되는 데 관여하지 않았던 사람에게 상해의 죄책을 물을 수 없는 것은 당연하고, 주인 없는 물건을 습득한 사람에게 절도의 죄책을 물을 수도 없게 된다.

몸은 소유물일 뿐만 아니라 정체성을 드러내는 통로이기도 하다. 1970년대 유신정권의 장발단속은 몸의 일부인 두발이 개인 정체성이나 시대정신과 관련하여 함축적 의미를 가진다는 점과 이에 대한 법적 규율의 야만성을 잘 보여준다. 유신정권은 장발을 체제 저항적인 히피 문화의 상징이며 퇴폐적 유행으로 규정하였고, 1973년 3월에는 '성별을 알아볼 수 없을 정도의 장발을 한 남자, 저속한 옷차림을 하거나 장식물을 달고 다니는 자'를 '경범죄 처벌법'의 단속 대상에 포함시킴으로써 장발단속의 법적 근거를 마련하였다.[4] 실례로 1974년 6월 장발단속에 나선 서울시경은 일주일 동안 10,103명을 단속했고, 이들 가운데 9,841명의 머리를 그 자리에서 깎았고, 머리 깎기를 거부한 262명을 즉결심판에 넘겼다.[5] 장발단속은 1980년에서야 중지되었고, 1988년 경범죄 처벌법이 개정되면서 장발에 대한 단속 규정이 삭제되었다.

성전환자의 법적 성별정정은 법이 몸에 관여하는 또 다른 대표적 사례이다. 성전환자는 생물학적 성과 그에 따른 성역할에 불편을 느끼고 심리적 성과 일치하는 반대의 성이 되고자 하는 강렬한 욕구를 가진다.[6] 한 사람의 성정체성은 그 '개인의 존재 양식 또는 삶의 기본 양상에 관한 결단'으로서의 성격을 지니므로 법은 성정체성에 관한 개인의 결단은 존중되어야 한다.[7] 대법원은 2006. 6. 22.자 2004스42 결정과 2011. 9. 2.자 2009스117 결정을 통해서 성전환자가 일정한 요건을 갖춘 경우 신청인의 신청에 따라 법적 성별을 전환된 성으로 정정하는 지침을 마련하였다.

남성으로 태어난 F는 부사관 복무 중 '성정체성 장애' 진단을 받고 여성호르몬 치료를 하여 오다가 여단장과 군단장의 허락을 얻어 태국의 한 병원에서 양측 고환을 절제하고 여성 성기 재건하는 성전환수술을 받았다. F는 수술 후에도 전환한 성별인 여성으로 복무하기를 원했고, 귀국 후 치료를 받던 중 의무조사위원회의 조사를 받았다. 위원회는 F에 대하여 '병명: 고환의 결여 및 무형성, 성전환증', '신체등위/심신장애등급: 음경상실 5급, 고환결손 5급, 합계 최종 3급'이라고 결정하였고, "일상생활에서의 장애는 없으나, 공동생활에는 주의가 필요하며 여성복무자의 기준에 합당할 것으로 보임."이라는 소견을 조사결과에 남겼다. 전역심사위원회는 의무조사결과 등에 따라 F를 전역시키기로 의결하였다. 한편 F는 법원에 가족관계 등록부 정정 신청을 하여 성별정정 허가를 받았다. F는 전역처분 취소를 위해 소송을 제기하였지만 소송 진행 중 사망하였다.[8]

법원은 최근 위 사건에서 F에 대한 전역심사위원회의 전역처분을 취소하였다. 이 전역처분은 성전환수술 후 F의 신체상태가 심신장애에 해당함을 전제로 하였기에 부적합하다는 것이 법원의 판단이었다. 다시 말해, 법원은 전환된 성별에 따라 F가 여성 군인으로 복무할 수 있다고 판단하였지만, 전역심사위원회는 생물학적 성별을 기준으로 F의 신체에 결손이 있는 것으로 판단하여 남성 군인으로 복무할 수 없다고 판단하였다. 동일한 사실관계와 법규를 바탕으로 한 판단이 이토록 상반되었던 것은 어떻게 설명될 수 있을까? 이 물음에 대한 답은 잠시 미뤄두자.

3. 법의 탈육체화

3.1. 법률적 인간의 출현

교정·교화를 목표로 하는 오늘날의 형사정책은 형벌의 장소로서의 '몸'을 상징적으로 제거하였다. 범죄자 개개인에 따라서 징벌이 조정되는 경향이 19세기 이후부터 지속되어 현재는 양형 관행으로 정착되었다. 형사정책의 초점이 응보에서 범죄 예방을 위한 교정·교화로 이동함에 따라 형벌의 종류에서 신체형은 사라지게 되었고, 교정·교화의 기회를 담보할 수 있도록 자유형이 확대되었다. 규범을 일탈한 범죄자의 몸은 형벌의 장소가 아니라 관리의 대상으로서 교정시설에 갇히게 되면서 비가시화되었다.

자유형은 구금을 통해 신체의 자유를 제한하는 것 자체를 목적으로 하는 형벌이다. 구금 시설은 바깥 사회와 비교할 때 '비인간화의 가능성'을 본질적으로 지닌 '총체적 통제' 공간이다.[9] 수형자의 몸을 가두는 수용(收容)의 방식과 그 조건을 둘러싼 '정상성'의 원칙과 '열등성'의 원칙 간 긴장은 여전하다.[10] 넬슨 만델라 규칙(Nelson Mandela Rules)이라 불리는 유엔 피구금자 처우에 관한 최저기준규칙(United Nations Standard Minimum

Rules for the Treatment of Prisoners)은, 수형자가 구금 외에는 구금시설 밖의 사회와 비슷한 조건의 생활을 할 수 있도록 해야 한다는 정상성의 원칙을 선언하고 있다. 그러나 수형자는 열악한 생활 여건 속에서 육체적 고통을 감내함으로써 '죗값'을 치러야 한다는 열등성의 원칙이 여전히 사회 일반의 관념으로 자리 잡고 있다. 열등성의 원칙은 신체적 고통을 통한 응보라는 고전적 형벌관에 뿌리를 두고 있다.

19세기 이후에야 형법에서 탈육체화가 본격적으로 이루어진 것과 대조적으로 사법(私法)에서는 이미 로마 시대부터 탈육체화가 시작되었다. 우선 법의 탈육체화는 로마 시민권자와 외국인, 외국인과 외국인 간 법률관계에 적용되었던 '만민법(jus gentium)'에서 찾아볼 수 있다. 만민법은 '신의 형상(imago Dei)'으로 창조된 개인들의 집합으로서의 인류라는 개념에 기초를 두었다.[11] 법인류학자이며 노동법학자인 쉬피오(Alain Supiot)의 분석에 따르면, 만민법 사상에서 개인은 인류의 부산물이며 성별과 같이 생물학적 차이를 포괄하는 '동일종'에 귀속된 존재이고, 이성을 보유하고 유지하는 자기 준거적 존재인 '법률적 인간(homo juridicus)'으로 관념화되었다. 이처럼 법률적 인간이란 탈육체화된 이성적 존재로서의 개인을 말한다. 법률적 인간 관념은 '평등사상'과 '인권'의 토대가 된다. 법률적 인간으로서의 개인들은 이성적 존재라는 점에서 동등한 법적 지위를 누리고, 자기 책임 아래 행위의 자유를 누린다. 우리 생명윤리법 제46조가 인체유래물을 분석하여 얻은 개인의 유전적 특징에 관한 정보를 이유로 한 차별을 금지하고 있는 것도 이러한 평등사상에 토대를 두고 있다고 볼 수 있다.

법률적 인간은 의미적 존재로 상정된다. 그런데 쉬피오는 법률을 압도하는 과학기술은 인간이 감각적 존재라는 점을 부각시킴으로써 의미적 존재라는 점을 놓치게 만들었다고 지적한다.[12] 특히, 인간 신체에 관한 과학기술이 법에 개입되는 것을 경계해야 한다는 것이 그의 입장이다. 그는 유전자 지문 감식 기술이 법정에 들어오면서 친자 확인이라는 사회적이고 법률적 문제가 생물학적 진실 파악의 문제로 변경되고, 부모의 지위는 '번식 주체'로만 국한되었다고 비판한다. 또한 그는 몸에 대한 과학적 이해가 사회생물학적 방식으로 인권을 침해할 수 있는 위험성이 있다고 경고한다. 다시 말해, 인간의 생물학적 동일성을 근거로 인간의 법적 평등을 정당화하려는 시도는 생물학적 차이가 불평등을 정당화 할 수 있다는 점을 전제한다는 것이다. 또한 쉬피오의 분석에 따르면, 생물학, 경제학, 심리학 등에 대한 낙관적 신뢰를 토대로 하는 과학만능주의는 과학에 의해 밝혀지고 앞으로 밝혀질 인간 행동의 법칙에 따라 인권을 해석함으로써 사회적 권리, 즉 2세대 인권의 실체성을 부정하는 방향으로 나아간다. 이에 쉬피오는 법의 교조적 기능으로 창조된 '법률적 인간'이 연대를 통해 '인권이라는 신조'를 인류 공동의 자산으로 지켜야 한다고 주장한다.

3.2. 법적 인격의 발명

한편 장-피에르 보는 로마의 민법(ius privatum)이 법의 탈육체화를 잘 보여준다고 분석한다. 국가, 성스러운 것, 사제, 행정관에 관한 법, 즉 로마의 공법(ius publicum)은 위생, 식량, 장례, 형벌 등을 규정함으로써 몸을 규율하는 방식을 법제화하였다. 반면에 로마의 민법은 로마 시민권자의 지위와 이들의 계약 관계, 소유권을 다루면서 법에서 몸을 밀어냈다. 민법의 탈육체화는, 채무자의 약속을 대신하여 그의 신체를 속박하는 주술적이고 야만적인 지배로 이해되던 고대의 법적 의무 개념을 '법적 관계들

에 대한 합리적 담론'으로 대체하였다.[13]

로마의 법학자들은 "몸에 대해 말하지 않기 위해서, 몸의 법적인 본성에 대해 발언할 필요가 없게 하기 위해서" 몸의 성스러움과 저속함이라는 시체의 양면성을 사제와 의사(장의사)가 나누어 담당하게 하였고, 영혼과 육체의 법적 대체물로서의 '인격(persona)'을 발명하여 인류를 법적 인격의 집합으로 재구성하였다.[14] 다시 말해, 성스럽고도 저속한 몸은 민법 밖으로 밀려나고 영혼이 거주하는 육체가 아닌, 법적 권리들의 주체로 추상화된 인간 개념으로서의 인격이 창조되었다.

> 로마법이 표현하는 문명 체계 전체는 인간이 법에 의해 인격의 형태로 '재창조'되면서 초자연적인 힘의 노리개 노릇을 그만둔다는 관념을 깊은 토대로 삼는다. … 민법을 탈신성화하면서, 동시에 물건에 대한 인격의 지배를 확언하면서, 로마의 사법체계는 주관적 법, 즉 권리의 맹아 형태를 포함하고 있었다.[15]

이러한 로마법적 관념은 20세기 끝자락까지도 그 힘을 발휘하였다. 예를 들어, 앞서 살펴본 '도둑맞은 손' 사례에서처럼 1992년 프랑스의 법체계에서는 인격의 물질적 토대인 '온전한 몸'은 물건이 아니고, '절단된 신체'는 주인 없는 물건이 된다. 그런데 법의 탈육체화를 이끈 민법에는 몸과 충돌하는 난감한 지점이 많았다. 보의 분석에 따르면, 로마의 법학자들은 생물학적 필요와는 무관하게 사유재산 이론을 발전시키면서 몸과 물건의 관계를 간과하는 우를 범했다. 이에 중세 교회법은 굶주린 자의 식량 절도를 처벌하지 않거나 부자의 잉여에 대한 빈자의 권리를 인정하는 등 생물학적 필요를 토대로 권리를 인정하였다.[16] 이후 산업화 시대에 등장한 보험제도와 사회보장제도는 산업재해나 교통사고와 같은 물건의 폭력으로 야기되는 피해에 대한 책임을 분산시켰다.[17] 이처럼 법에서 성스러움을 배제하기 위해 지워졌던 몸이 법의 무대에 본격적으로 등장하게 되었다.

더욱이 20세기 후반 눈부신 발전을 보인 생명공학의 시대에는 장기이식, 인체유래물 활용에 관한 법이 제정되면서 몸을 법적으로 규율해야 할 필요성이 부각되고 있다. 그런데 몸에 대한 법적 규율 방식에는 몸의 성스러움에 관한 관념과 그 관념에 근거하여 몸과 물건을 분별하려는 오랜 노력이 스며들어 있다.[18] 예를 들어, 1952년 프랑스 수혈법 제정자들은, "피, 혈장, 혈액부산물들은 '비용 부담을 조건으로 한 인도'의 대상이 될 수 있으며, '시술 비용'이 있고, '양도 요금'이 정해지며, 어떤 혈액 생산물들은 '약국에 기탁'된다."라고 규정함으로써 몸으로부터 나온 혈액, 혈장 등이 물건이라는 점을 은폐하려고 상당히 노력하였다. 또한 혈액에서 추출한 알부민과 태반에서 추출한 알부민의 법적 지위를 달리 규정하는 방식은 몸의 성스러움에 관한 관념에 깊이 연루되어 있다.

보는 쉬피오와 달리 몸에 대한 과학적 이해와 인권의 긍정적 관계 형성의 가능성을 모색한다.[19] 앞서 살펴본 바와 같이 산업화된 노동 환경과 생명공학 발전이라는 맥락 안에서 몸이 소유물이라는 사실이 끊임없이 부각되고 법의 탈육체화를 공격한다. 보는 소유물로서의 몸을 로마법의 '상거래 바깥에 있는 물건'으로 다룸으로써 인간의 존엄성을 지키면서도 몸과 관련된 법적 문제에서 일관성을 가질 수 있다고 본다. 인격이 몸에 대한 소유권을 가진다면, 공권력의 부당한 요구나 인체에 대한 상업화 요구로부터 몸을 보호할 수 있다. 몸에 대한 소유권은 '생명'과 '생존에 필요한 것들'이 법의 영역에 선명하게 자리 잡게 할 수 있다.

4. 몸에 대한 인지법학적 이해

4.1. 인지법학이란?

앞서 살펴본 것처럼 인간과학과 인권의 관계에 대해 쉬피오와 보가 이토록 대조적인 관점을 보이는 이유는 무엇인가? 이 물음에 대한 답은 인지법학에서 구할 수 있을 것이다.[20] 인지법학은 인지언어학과 체험주의 철학을 바탕으로 법적 사고의 은유적 구조를 밝히는 설명 이론이다. 언어학자 레이코프(George Lakoff)와 철학자 존슨(Mark Johnson)은 인지과학의 혁신적 성과를 토대로 인간의 인지과정이 법칙적이라기보다는 개념적 은유(conceptual metaphor), 이미지 도식(image schema), 이상화된 인지모형(idealized cognitive model), 방사형 범주(radial category) 등 다양한 역동적 기제를 통해 작동한다는 관점을 제시하였다. 이를 인지의미론(cognitive semantics)과 체험주의적 관점(experientialist view), 즉 '체화된 인지(embodied cognition)' 이론이라고 한다. 이러한 흐름 속에서 법학자 윈터(Steven L. Winter)는 이 인지이론을 차용하여 법적 사고의 인지적 측면을 분석하기 시작하였다.[21] 그는 이러한 인지적 기제를 바탕으로 법적 사고가 근원적으로 문화적·사회적 맥락에 민감하며, 동시에 상당히 예측 가능한 방식으로 진행된다고 보았다.

체화된 인지 이론의 주된 개념 도구인 '이상화된 인지모형'이란, 세계를 이해하는 데 사용되는 비교적 안정적인 정신 표상을 의미한다.[22] 이는 프레임, 스크립트 등이 통합된 모형으로서 인간의 경험, 행동과 목표, 사회적 상호작용 등에 두루 적용될 수 있는 정보처리 수단이다. 여기에서 '이상화'란 인지모형이 실제 사태에 일대일로 대응되는 것이 아니라 여러 사태들의 여러 요소들을 일반화한 표상이라는 의미이다. 예를 들어, '어머니'의 이상화된 인지모형은 '출산 모형', '유전 모형', '양육 모형' 등의 다발이다. 범주는 이상적 인지모형을 중심으로 문화적 조건과 가족유사성에 따라 방사형으로 확장되는 구조를 가진다.

또 다른 주요한 개념 도구인 '개념적 은유'란, 어떤 개념 영역을 다른 개념 영역의 관점에서 이해하는 인지작용을 의미한다.[23] 표현 방식으로서의 은유는 사물의 상태나 움직임을 암시적으로 나타내는 수사법이다. 반면에 이해 방식으로서의 은유는 사상(寫像, mapping)을 통한 '관련된 개념들 간의 체계적인 대응'이다.[24] 개념적 은유는 일차적 은유와 복합적 은유로 나뉜다. 일차적 은유란, '애정은 따뜻함', '친밀함은 가까움', '범주는 그릇' 등과 같이 기본적인 지각적 개념을 단순하지만 지각적이지는 않은 개념으로 사상하는 것이다.[25] 반면에 복합적 은유는 일차적 은유들이 결합된 형태의 은유로서 오랜 기간 동안 관습화되고, 고착화되어 있는 경우가 많다.

레이코프와 존슨은 관습화된 복합적 은유가 우리의 개념체계를 형성하는 중요한 토대가 되고 그 개념체계에 따른 사고를 이끈다고 보았다.[26] 예를 들어, 관습적으로 자주 쓰이는 '목적이 있는 삶은 여행' 은유는 '삶'이라는 목표영역을 '여행'이라는 원천영역에 사상함으로써 삶에 관한 이해를 이끌고,[27] 삶에 대한 이해 방식인 내러티브(narrative)에 내적 구조를 부여한다.[28] 우리는 인간의 삶을 시간 순서에 따른 인물과 사건의 단순한 나열로 이해하지 않는다. 대개의 경우 우리의 삶은 인물과 사건이 일정한 배열 구조 안에서 관계를 가지는 내러티브로 이해되고 그런 방식으로 이야기된다.[29] 이때 삶의 내러티브는 '여행'과 은유적 관계를 맺음으로써 '원천-경로-목표' 이미지 도식에 사상되어 내적 구조를 가지게 된다.[30] 이미지 도식이란, 신체적 활동을 기본으로 한 환경과 우리의 상호작용 및 환경에 대한 관찰로부터 도출되는 패턴들로 구축되며 우리가 구체적 대상을 식별하는 데 개입되는 비명제적이고 선개념적이며 비교적 추상적인 표상 구조이다.[31] 여행 내러티브의 내적 구조는 ① '목표'를 향하는 '길'(경로)을 따라 움직이는 '여행자'(내러티브의 주인공), ② 목표를 향하는 길에서 여행자가 극복해야 할 난관으로서의 '갈등'(내러티브의 초점), ③ 여행자의 움직임에 따른 '시간의 흐름'(실제적 시간 흐름과 다를 수 있음)이라는 구성요소로 이루어진다.[32] 이러한 여행 내러티브의 내적 구조는 '그림 1'과 같이 도식화할 수 있다.

기본적인 여행 내러티브는 또 다른 개념적 은유와 결합되어 더욱 정교화될 수 있다. 홍길동과 같이 우리에게 익숙한 내러티브의 주인공은 불균형이나 결핍을 야기하는 사건을 겪게 되고, 이러한 불균형이나 결핍을 해소하여 균형을 되찾는 목표를 향해 길을 떠난다. 이러한 내러티브는 주인공이 불균형을 해소함으로써 균형을 되찾으려는 동기를 부각시키기 위해서 '균형' 또는 '천칭' 도식과 결합되고, 천칭의 양 접시에는 최초상태와 최종상태가 놓이곤 한다(그림 2).

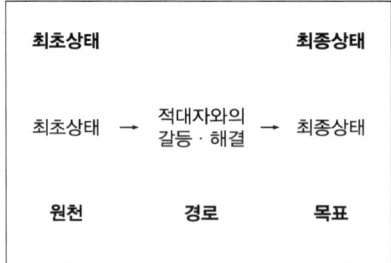

그림 1 기본적인 여행 내러티브 구조

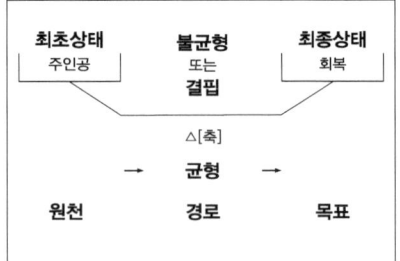

그림 2 변형된 여행 내러티브 구조

법에서 표현법으로서의 은유는 법적 추론을 오도하는 것으로 여겨졌지만,[33] 인지이론의 관점에서 법적 사고는 이해 방식으로서의 개념적 은유 없이는 불가능하다.[34] 법의 원천, 법의 피라미드, 권리 침해, 법익 형량 등을 생각해 보라. 다시 말해, 인지이론의 관점에서 법은 개념적 은유의 다발로 이루어진 개념체계라고 할 수 있다. 이러한 법에 대한 인지적 분석은 부각과 은폐를 통해 법적 사고에 영향을 미치는 개념적 은유를 분석함으로써 그 사고의 심층적 구조를 밝혀낸다는 점에서 담론 분석의 성격을 가진다.[35] 법적 사고에 대한 인지적 분석이란 법적 사고의 비가시적 영역을 가시화하는 작업이다. 법적 사고에 대한 인지적 분석을 통해서 드러나는 법과 관련된 개념적 은유 체계는 의식적이고 논리적이라기보다는 암묵적이고 자동적으로 작동한다.[36] 바로 이 암묵성과 자동성으로 인해 우리는 비성찰적인 인지과정을 거쳐 사고하고 판단하며 이러한 과정을 거쳐 구성된 개념과 이해도 상당부분 비성찰적인 특성을 띤다. 다시 말해, 법적 사고에 대해 인지적 분석은 법 영역에서의 관행적 사고가 무엇인지 진단하는 과정이다.

인지법학적 관점에서 법의 탈육체화를 평가한다면 다음과 같다. 로마법에서는, 몸은 정신이 깃든 장소, 즉 몸은 정신이라는 내용을 담고 있는 그릇이라는 개념적 은유에 토대를 둔 '심신이원론'을 전제로 법에서 몸을 상징적으로 제거하였다.[37] 이처럼 몸이 제거된 영혼, 즉 인격은 평등사상, 사적 자치, 인권 등 중요한 법관념의 기초로 기능하였다. 그러나 법의 탈육체화 전략에는 '이성적 성인 남성'에 대한 '이상화된 인지모형'이 전제되어 있다. 다시 말해, 법의 탈육체화 전략 이면에는 이성적 성인 남성의 몸을 규범화하려는 시도가 숨어 있다. 인권 사상의 특수주의적 성격과 이성적 성인 남성의 이상화된 인지모형에 포섭되기 어려운 사람들의 권리 문제에서 드러나는 법의 소극성은 법의 탈육체화 전략의 편향성을 잘 보여준다. 예를 들어, 부모는 기형으로 태어난 자녀를 살해해야 한다고 규정했던 12표법(Leges Duodecim Tabularum)의 주술적 야만성은 로마법이 발전한 후에도 장애인을 로마 시민들의 오락을 위한 조롱거리로 삼았던 관행으로 이어졌다.[38] 로마 제국에서 성행했던 장애인에 대한 비인간적 대우는 로마법이 암묵적으로 전제한 인간상의 편협함을 짐작할 수 있게 해준다.

법을 압도하는 인간과학의 발달에 대한 쉬피오의 경고는 몸에 대한 과학적 이해가 '의미적 존재'로서의 인간에 대한 이상화된 인지모형을 바꾸어 놓는 것을 경계해야 한다는 주장으로 이해될 수 있다. 쉬피오는 법률적 인간이라는 관념이 법의 교조적 기능에 의해 구성되었다고 말하듯이 법적 맥락에서 인간이라는 개념을 확정적인 범주로 상정하고 있다. 반면에 보의 온건한 관점은 '몸은 소유물'이라는 개념적 은유를 통해서 법에서 은폐되었던 몸을 가시화함으로써 몸에 대한 소유권의 근거를 마련하려는 시도라고 볼 수 있다. 보는 '몸은 소유물'이라는 개념적 은유를 법에 적극적으로 반영함으로써 법의 무대에 끊임없이 등장하는 몸의 문제를 해결하려고 한다는 점에서 법적 맥락에서 인간과 물건이라는 개념 범주를 방사형으로 확장하는 전략을 취하고 있다.

4.2. 성전환자 부사관 F의 몸은 '정신의 그릇'인가, '정신의 길'인가?

앞서 살펴본 부사관 F의 성별정정과 관련하여 청주지방법원은 F의 성장과정, 입대 후 장기간 상담과 진료를 받아 온 경위와 그 내용, 성전환을 결정하고 수술을 받게 된 과정 등에 비추어 볼 때 F를 성인 여성으로 보더라도 다른 사람들과의 신분관계가 크게 바뀌지 않는다고 판단하여 F의 신청에 따라 성별정정을 허가하였다. 그러나 문제는 성전환수술 후 F가 심신장애로 군인으로 복무하는 데 부적합한지 판단하는 것이었다. 군인사법 제37조는 심신장애로 현역 복무에 부적합한 사람에 대하여 전역심사위원회의 심의를 거쳐 전역시킬 수 있다고 규정하고, 동법 시행규칙은 남성 군인에 대해서 음경상실, 고환결손을 심신장애로 규정하고 있다. 의무조사위원회는 성전환수술 후에도 복무하기를 원했던 F의 심신장애등급을 3급으로 결정하면서 여성 복무자의 기준에 합당할 것으로 보인다는 소견을 조사결과에 남겼다. 전역심사위원회는 심신장애등급 결정에 따라 F에 대해 전역처분을 내렸다.

대전지방법원은 F에 대한 전역심사위원회의 복무부적합 판정을 취소하면서 심신장애를 '군인으로서의 임무수행에 상당한 제약을 초래하는 신체적·정신적 손상 또는 기능상실'이라고 새기고, 심신장애 해당 여부는 '객관적 상태만을 기준으로' 판단해야 한다고 설명하였다. 해당 법원은 생물학적 성과 사회·심리적 성을 종합적으로 고려하여 성별을 판단하는 법리를 기초로 F의 법적 성별이 여성으로 정정된 이상 군인사법상 F의 심신장애 해당 여부도 여성을 기준으로 판단하여야 하기 때문에 남성의 성징을 기준으로 한 음경상실, 고환상실은 F의 심신장애 사유에 해당하지 않는다고 보았다.

동일한 사실관계와 법규를 바탕으로 전역심사위원회가 법원과 상반된 판단을 한 이유는 무엇인가? 이는 사실관계 이해와 법규 해석의 차이로 설명되기 어렵다. 왜냐하면 성불편증을 겪던 F가 상관의 허락을 얻어 성전환수술을 했다는 점, 법원의 결정으로 가족관계등록부상 성별을 전환된 성으로 변경하였다는 점, F의 신체상태가 여성으로서 복무하는 데에는 부적합하지 않다는 점, 군인사법상 음경상실 등은 남성의 성징을 기준으로 한 심신장애 사유라는 점에 대해서는 전역심사위원회와 법원이 모두 알고 있었기 때문이다. 위원회와 법원의 판이한 판단은 성전환자의 심리적 성과 몸의 관계에 대한 서로 다른 이해를 바탕으로 군인사법상 심신장애 사유를 판단하는 기준이 되는 성별을 달리 본 결과이다.

전역심사위원회는 F의 심리적 성별과 이에 대한 법적 판단을 고려하지 않고 성전환수술 전후의 신체상태 차이만을 기준으로 F의 심신장애 해당 여부를 판단하였다. 이는 심리적 성(정체성)과 생물학적 성(신체)에 대한 이분법을 전제로 한다. 정신과 몸의 이분법은 앞서 살펴본 법의 탈육체화 전략이 기초로 삼고 있는 '몸은 정신을 담는 그릇'이라는 개념적 은유를 그 토대로 삼고 있다고 볼 수 있다. 그리고 남성이 절대다수인 군대에 적용되는 군인사법은 법의 탈육체화 전략과 마찬가지로 '건강한 성인 남성'에 대한 '이상화된 인지모형'을 전제하고 있다. 전역심사위원회의 판단을 인지법학적 관점에서 분석한다면, 위원회는 남성 군인으로 복무를 시작한 F의 건강하고 온전한 신체가 성전환수술로 인해 남성의 성징이 결여됨으로써 남성 군인으로서의 임무를 수행할 수 없는 '깨진 그릇'이 되었다고 평가한 것이다.

물론 '몸은 정신을 담는 그릇' 은유를 토대로도 의무조사위원회의 부가적 소견처럼 F가 여성 군인으로서는 복무에 적합하다는 판단을 내릴 수 있는 가능성은 존재한다. 보가 제안한 '몸은 소유물'이라는 개념적 은유가 만들어내는 개념 체계에서 F는 자기 소유의 몸을 심리적 성에 일치하도록 변형할 수 있는 권능을 가진다. 그러나 이 경우 판단의 초점은 F의 성별에 대한 법원의 정정 결정과 무관하게 F의 신체가 여성의 신체와 얼마나 유사하다고 인식되는지, 즉 F의 신체가 여성 군인의 정신을 담기에 적합하다고 인식되는지에 맞춰지게 되는 문제점이 있다.

성전환자의 성별 판단 기준에 관한 법리는 성전환을 위한 의학적·법적 노력을 '결단'으로 상정하는 개념적 은유에 기초하여 발전하고 있다. 2009스117 결정에서 다수의견은 전환된 성에 대한 법적 인정을 성전환이라는 과정(즉, 은유적 여행) 끝에 달성되는 최종적 목표로 상정하였지만, 반대의견은 전환된 성에 대한 법적 인정이 성전환자의 존엄한 삶의 시작점이라고 보았다. 다수의견에 따를 때 법원의 역할은 성전환의 내러티브 구조에서 최종상태의 평가자이지만, 반대의견에 따를 때 법원의 역할은 성전환이라는 개인의 결단을 존중하고 그 개인이 전환된 성으로 살아갈 수 있도록 '법의 문'을 열어주는 조력자이다. 다시 말해, 반대의견에 따르면 '그림 3'에서 법원의 임무는 성별정정 신청자가 전환된 성별에 부합하는 외양적·직업적·사회적 상태에 있는지 판단하는 것이 아니라, 신청자가 성불편증을 해소하고 전환된 성으로 살아가려는 결정을 존중하고 법적으로 지원하는 것이다. 2009스117 결정 이후 성별정정 사건에서 위의 반대의견과 마찬가지로 외성기 수술을 성전환자의 공부상 성별정정의 요건으로 고려하지 않는 전향적인 입장이 공고해졌고, 법원의 이러한 입장은 최근 개정된 '성전환자 성별정정에 관한 지침'에도 반영되었다.

그리고 결단으로서의 성전환이라는 개념적 은유 안에서 성전환수술은 성전환자의 몸을 심리적 성에 부합하는 경로로 수정하는 과정이 된다(그림 3). 왜냐하면 성정체성에 관한 태도 결정은 '개인의 존재' 그 자체를 구성하는 것이고 인간의 존엄을 유지하고 스스로 선택한 성정체성에 따라 행복을 추구하는 출발점이 되기 때문이다.[39] 이러한 이해의 기저에는 몸을 삶의 경로, 즉 '정신이 걷는 길'로 사상하는 개념적 은유가 있다고 분석할 수 있다. '삶은 목적이 있는 여행'이란 범문화적인 개념적 은유가 만들어내는 혼성 공간에서 여행길(경로)을 물질적 요소인 성전환자의 '몸'에, 목적을 전환된 성으로서의 삶의 추구라는 심리적 요소인 '정신'에 투사할 수 있다. 이 대안적 은유에서 몸은 그 몸의 주인이 가지는 권리와 인권의 실현 장소로 이해된다.

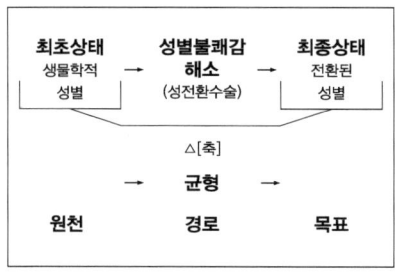

그림 3 결단으로서의 성전환의 내러티브 구조

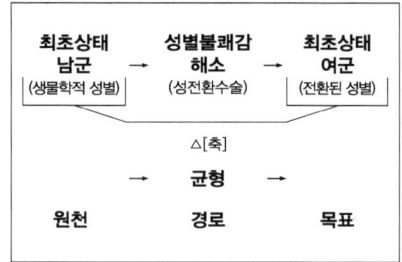

그림 4 F의 성정체성의 내러티브 구조

몸을 정신의 길로 보는 개념적 은유는 전역심사위원회가 보여준 정신과 몸의 관행적 이분법의 문제점에 대한 진단과, 인격과 몸의 상호적 얽힘에 대한 법적 사고를 도울 수 있다. 성전환수술 후에도 여군으로 복무하기를 원했던 F는 전역심사위원회 심의 중 "어릴 적부터 애국심이 많은 편에 속한 사람이다. **국가를 위해 헌신하고자 하는 목표** 하나만 생각하였고, 남자, 여자가 중요하지 않고 **한 몸 바쳐 충성하고 싶다**. 이 한 가지 생각뿐이다. … 부대의 배려 속에 성별전환 수술을 받게 되었다."고 자신의 입장을 밝혔다. '몸은 정신이 걷는 길' 은유를 통해 F의 상황을 이해한다면, F는 위험성을 감수하면서까지 성전환수술을 통해서 자신의 성정체성에 부합하는 몸을 만들고, 그 몸을 통해 '여군의 길'을 걷고자 한 것이다(그림 4). 군인의 몸을 군인의 길로 보는 개념적 은유는 '강한 전사, 강한 군대'의 기풍을 조성하기 위해 마련된 '부대관리훈령'에서도 찾아볼 수 있다. 군인의 길을 선언하고 있는 훈령 제14조 중 제2호는 "나의 길은 충성에 있다. 조국에 몸과 마음을 바친다."라고 규정함으로써 군인의 충성이 충성심이라는 마음뿐만 아니라 몸을 통해서 실현되어야 한다고 역설한다.

그러나 전역심사위원회는 최초상태인 남성 군인을 기준으로 F의 복무적합성을 판단함으로써 F의 성불편증 해소를 위한 실존적 결단을 존중하지 않고, 전환된 성으로서의 군인의 삶을 추구하려는 길을 차단하였다. 반면에 전역심사위원회의 전역처분을 취소한 법원은 성전환자의 성별 판단에 대한 대법원의 법리에 따라 F의 전환된 성을 기준으로 F가 복무에 부적합한 심신장애 사유를 가지고 있는지 판단함으로써 F가 자신의 성정체성에 부합하는 몸으로 여군의 길을 걸을 수 있도록 법의 문을 열어주었다.

5. 나가며

지금까지 살펴본 것처럼 법의 역사와 다양한 영역에서 몸은 긍정되기도 부정되기도 했다. 법의 탈육체화는 쉬피오의 분석처럼 법률적 인간이라는 관념을 통해서 인간을 의미적 존재로 만들어주고 평등과 인권 사상의 기초를 제공해주었다. 또한 법의 탈육체화는 보의 분석처럼 법적 인격에서 몸의 사물성을 탈각시킴으로써 인간의 생물학적 필요를 간과하게 만들고 몸에 대한 부당한 침해에 맞설 수 있는 법적 근거를 약화시키기도 했다. 쉬피오처럼 인간의 의미적 존재 측면을 강화하려는 법의 교조적 기능에 주목한다면 법적 맥락에서 인간이라는 개념은 확정적인 범주로 상정되기 쉽다. 반면에 보처럼 법의 무대에 끊임없이 등장하는 몸의 문제를 일관성 있게 해결하기 위해서 '몸은 소유물'이라는 개념적 은유를 법에 적극적으로 반영한다면 법적 맥락에서 인간이라는 개념은 물건이라는 개념과 접점을 가지는 확장적인 방사형 범주로 상정될 수 있다.

그런데 보의 관점처럼 몸을 배타적으로 통제할 수 있는 소유물로 보는 법적 은유는 인간과 물건의 이분법 체계와 잘 결합한다는 장점이 있지만, 몸을 권리의 객체로 국한한다는 단점이 있다. 이에 이 글에서는 인지법학적 관점에서 몸을 권리의 객체로 파악하는 관행적인 법적 사고의 문제점을 해소할 수 있는 방법으로 몸을 권리와 인권의 실현 장소로 이해하는 대안적 은유를 다루었다. 이러한 대안적 은유를 통해서, 이성적 성인 남성에 대한 이상화된 인지모형에 포섭되지 않는 미성년자, 여성, 노인, 장애인, 성소수자 등 다양한 주체들이 겪는 삶의 문제를 구체적으로 법의 영역에 끌어 들일 수 있을 것으로 기대한다.

더 읽을 거리

강태경. 『법의 은유 구조』. 서울: 경인문화사, 2023. 인지언어학적 관점에서 법적 삼단 논법과 다양한 판결과 법령의 개념적 은유 구조와 이상적 인지 모형을 분석함으로써 리걸 마인드의 심층 구조를 드러내고 인지언어학과 체험주의의 법이론적 함의를 모색한다.

노양진. 『몸·언어·철학』. 파주: 서광사, 2009. 체험주의라는 새로운 철학적 관점에서 언어의 의미의 지반을 개념적 은유로 풀어내고, 철학의 주요 주제인 이성, 실재, 의미의 다원성을 비판적으로 검토한다.

노양진. 『몸이 철학을 말하다』. 파주: 서광사, 2013. 새로운 철학적 관점인 체험주의의 주요 논제를 소개하고 이에 대한 서양철학적 반론에 대한 응답과 체험주의와 동아시아의 철학적 전통의 연계를 모색한다.

레이코프, 조지. 『프레임 전쟁』. 나익주 옮김. 파주: 창비, 2007. 주요한 사회 현안에 대한 진보와 보수 진영 주장의 심층 프레임, 즉 개념적 은유 구소를 분석함으로써 인지언어학적 통찰에 기초한 프레임 구성의 실천적 중요성을 보여준다.

레이코프, 조지 & 존슨, 마크. 『삶으로서의 은유』. 노양진·나익주 옮김. 서울: 서광사, 1995. 우리가 물리적·사회적 경험을 개념적 은유라는 인지적 기제를 통해 구조화하는 풍부한 사례를 제시함으로써 우리가 의식하지 못하는 삶에 대한 개념적 은유의 영향력을 설명한다.

7.

최재목

마음 체화의 장으로서 '몸'
─왕양명의 '신심지학'을 중심으로─

1. 들어가는 말

　동아시아의 유학은 다른 철학사상과 마찬가지로 오랜 역사를 통해 그 시대가 던진 현실적 문제를 개념화하면서 전개된다. 적극적이든 소극적이든 간에 유학은 불가와 도가의 사상을 수용 혹은 비판하면서 주자학, 양명학 같은 새로운 학술 조류를 탄생시켰다. 경쟁하는 다른 사상을 미워하면서 그것과 닮고, 닮아가면서도 어떻게 얼마나 변했는지 잘 모르고 있었다. 겉으로는 유학이지만 내부적으로는 승려의 모습도 도사의 모습도 보인다. 이것이 이른바 신유학이다.

　신유학자인 양명(陽明) 왕수인(王守仁. 1472-1528)(이하 왕양명 혹은 양명)은 중국 명나라 중기를 살았던 인물이다. 그는 중국 역사에서 탁월한 철학적 입장을 제시하였는데, 심학(心學) 즉 '마음의 철학'을 높은 경지로 끌어올린 인물이다. 그 이후 일련의 학술 흐름을 '양명 심학' 혹은 '양명학'

'왕학(王學)' 등으로 부른다.

양명학은 기본적으로 주 선생[朱子]으로 잘 알려진 회암(晦庵) 주희(朱熹)의 리학(理學)이 갖는 객관주의 및 이원주의적 입장에 대한 '반발'로서 출발한 심학이며, 동시에 북송의 신유학 이후 불가와 도가를 극복하면서 진행되어 온 '리학의 긴 흐름에서 나온 결과물'이다. 그래서 왕양명의 심학은 리학 발전의 전체과정 중에서도 중요한 위치를 차지한다.[1] 이 점에서 양명학의 창의적 입장은 돌출적인 것이 아니라 중국 지성사의 지적 흐름 속 '누적적인 전통'[2]을 적극 활용하여 만들어진 것이다.

왕양명은 심즉리(心卽理) 제창 이후 생애를 통해 지행합일(知行合一), 치양지(致良知), 만물일체(萬物一體) 등 여러 주목받는 이론을 남겼다. 이들 이론의 근저를 이루는 것은 '만물일체론'이나 '심신합일론'과 같은 '일체'와 '합일'의 관점이다. 이를 통해 왕양명은 최근 거론되는 체화나 체화된 인지 방면에서도 매우 의미 있는 견해를 보인다. 특히 왕양명에게서 주목해야 할 점은 '신심지학'(身心之學) 개념이다.[3]

서양에서는 보통 '심'(mind)에다 '신'(body)을 붙여서 '심신'이라 부르지만, 왕양명을 비롯한 동양문화권에서는 보통 신을 먼저하고 심을 뒤에다 붙인다. 예컨대 신언서판(身言書判)이니 수신제가(修身齊家)라는 표현에서처럼 '몸'이 앞선다. 그래서 인륜 공동체에서 활동하는 개체적 인격을 중심으로 여긴다. 몸은 '신' 자 외에도 '형(形), 체(體), 사지(四肢) = 사체(四體)' 등으로 표현되는데 "육체와 정신, 생명을 가진 살아있는 개인"을 말한다.[4] 따라서 '신심'이라 하면 실존적 인간을 지시하며, 그것을 문제 삼는 것은 바로 '인간다움'이나 '인간의 의미'를 묻는 것이다.

이 글에서는 '마음 체화의 장으로서 몸'이라는 관점에서, 최근 이루어지는 체화된 인지 관련 업적들을 참고하면서 왕양명의 '신심지학' 이론을 중심으로 몸을 조명해보고자 한다. 우선 '몸에 대한 두 관점 : 문법적(순자-주자)/서사적(맹자-양명)'을 서술하고, 이어서 '왕양명의 '심신지학: 서사적·과정적, 개체적·초월적 몸'을 차례로 논의하고자 한다. 이 논의는 결국 '왕양명에게서 몸이란 무엇인가?'를 묻는 일이 될 것이며, 양명학의 사상적 내용을 '체화'의 측면에서 재조명하게 될 것이다.

2. 몸에 대한 두 관점 – 문법적(순자-주자) vs 서사적(맹자-양명) –

2.1 문법적 몸: 순자와 주자의 길

유교의 수양론에서 몸은 두 가지 관점에서 살펴볼 수 있다. 하나는 '규제-제어할 몸'이고 다른 하나는 '실현-발산할 몸'이다. 전자는 순자(荀子)적 전통에서, 후자는 맹자(孟子)적 전통에서 논의되어왔다.

먼저, 순자는 인간의 본성을 악한 것으로 보고, 선이라는 것은 인위적인 교정의 결과[5]로 보았다. 그래서 그는 – 마치 유니폼을 입혀 그런 형식을 통해 한 회사나 조직의 소속감을 내면에 각인시키는 방식으로 – 예(禮)라는 외재적 규칙으로 몸은 규제되어야 한다고 했다. 왜냐하면 몸은 악으로 편향될 욕망을 담고 있기에 그 훨훨 타오르는 불꽃을 규칙과 절도에 맞게 다루어야 하기 때문이다. 비관적인 전망에서 출발하지만 그 결과는 선한 낙관적 이상사회였다. 마치 중국의 북방계(황하 유역)『내경(內經)』[6] 의학에서 침과 뜸[鍼灸] 요법이라는 외부적 물리적 자극[7]으로 몸을 지키듯이, 순자는 타율적 규제를 통해 이상적 인간사회를 만들고자 한다. 이렇게 몸을 다루는 수양론은 **수신-수**행(훈련)의 〈수(修)〉 패턴이라 하겠다. '수'에는 '닦다/씻다' 등의 뜻이 있다. 이것은 '어리석음 – 어두움 – 어린아이'[蒙]를 "밝히고[啓]· 때리고 · 치고[擊] · 바로잡고[正] · 가르치는[訓]", 외부에서 내부를 '바로잡는(교정하는)' 방식[외→내]이다.

순자는 "마음[心]은 몸의 통솔자[形之君]이면서, 신명의 주인[神明之主]"[8]이라 하여 신체의 중추임을 밝혔다. 마음(정신)과 몸(신체)의 관계를 인간사회의 정치적 위계에 맞추어 설명하고 있다. 심신 관계에서 '마음'을 골라내고 그것을 '몸'과 구분한다. 이어서 마음을 '몸'의 '군(君) – 주(主)'로 명명한다. 이렇게 '골라내기→구분→이름 붙이기[= 定位]'라는 일련의 과정은 베이트슨(Gregory Batson)이 『마음의 생태학』에서 인류의 행위들이 자아·조직 그리고 종의 개념에 너무 깊이 물들어 있다[9]고 한 언급을 연상하게 한다.

순자가 몸을 예라는 외부적 규범 아래에 두려고 한 것처럼 리(理) 아래 몸을 두려고 한 것이 주자학이다. 주자학은 리라는 객관적 원칙을 세우고 몸과 마음을 그 통솔 아래 두고자 한다. 자유로운 몸과 마음이 아니라 도덕적 경건함과 엄숙함 속에 심신이 갇힌다. 이래서 경(敬)의 원리가 중심이 된다. 마음이 몸을 통솔하고, 마음은 경건함의 통제를 받는다. 이런 경건함은 리 – 전통 – 성현의 말씀 – 경전 – 자연법칙을 담은 언어·문자라는 그물망 속에 들어있다. 이것은 문자문화(리테라시)의 전통에 속한다. 여기서는 몸과 마음을 문법(禮 – 理 – 敬)에 맞추어 움직이도록 종용한다.

2.2 서사적 몸: 맹자와 양명의 길

다음으로 맹자는 인간의 본성을 선한 것으로 보고[10], 그 외부적 실현, 확산에 초점을 두고 있다. 이런 전통은 맹자 계열의 모든 사상가나 텍트에 잘 드러난다. 인간의 내면에 갖추고 있는 사단(측은지심-수오지심-사양지심-시비지심)이라는 '선의 단서'를 확대해가는 덕치를 실시하면 사덕(인의예지)이 실현된 이상사회가 도래한다는 주장이다. 마치 아리스토텔레스가 "모든 행동과 추구는 어떤 선을 목표 삼는 것"[11]이라고 생각하듯, 맹자는 낙관적인 전망에서 출발한다. 중국의 남방계(양자강=장강 유역) 『상한론(傷寒論)』[12] 의학에서는 약물 요법(=湯液)[13]으로 몸의 건강을 찾듯, 맹자는 내면성의 확충이라는 자율적, 능동적 방법으로 이상적 인간사회를 만들고자 한다. 이렇게 몸을 다루는 수양론은 **양**육-**양**생의 〈양(養)〉 패턴이라 하겠다. 내부에서 외부로 펼쳐내는 방식[내→외]이다. '양'에는 생명이나 신체를 '기르다/키우다/살리다'의 뜻이 있다.

  몸과 마음을 문법(예-리-경)에 맞추어 움직이도록 종용한 순자-주자의 전통과 달리 맹자-양명의 길은 문법적이 아니라 서사적이라 할 수 있다. 맹자적 전통에 서 있는 양명은 몸과 마음을 도덕적 경건함과 엄숙함 속에 가두는 경(敬)의 원리를 뱀의 발로 규정하며 마음의 지향성[意]을 성실하게 점검하라고 한다.[14] 주자학에서 강조하는 이른바 '경의 태도를 지녀라'는 '지경설(持敬說)'을 두고 일본 양명학의 시조 나카에 토쥬(中江藤樹)는 '억지로 폼만 잡는 것일 뿐 공부의 핵심일 수는 없다'[15]고 솔직하게 토로한 바 있다. 왕양명은 각기 자신의 내부에 들어 있는 체화된 하늘의 모습[=자연성]과 생명의 역동적 성실성[誠]에 주목하라고 주문한다. 양명은 37세 시 좌천지 용장에서 '나의 본성만으로 자족하다[吾性自足]'[16]는 것을 깨달았다. 그 이후 그는 맹자가 말한 직각적인 도덕 판단력과 실천력을 통합한 '양지(良知)'라는 개념을 제창한다. 그것을 선천적으로 체화된 것으로 보고 그것이 내리는 판단대로 행위하고 자신의 본래성을 유감없이 펼쳐내라는 '치양지(致良知: 양지를 실현하다)'설을 전개해간다. 이 논의는 몸과 마음을 문법(예－리－경) 아래 두려는 입장에 대항한다. 양명은 모든 외부적 권위(전통－경전－성현의 말씀)는 나라는 주체의 각주에 불과하며, 나라는 몸과 마음의 서사가 곧 경전－법칙이라는 '심즉리'설을 근저로 삼는다. 따라서 내 마음과 몸의 발현이 문법이 되는 것이지 외부적 문법이 내 몸을 제어해서는 안 된다는 입장이다.

순자－주자가 문자문화(리테라시)에 서 있다면 맹자－양명은 구술문화(오랄리티)에 서 있다고 하겠다. 나의 서사가 문법이지 문법이 나의 서사를 가로막을 수는 없다는 입장이다. 나의 마음의 움직임, 몸의 활발한 작동이라는 서사가 곧 문법인 것이다.[17] 문법적 몸은 첨가적－종속적이며, 누적적－분석적－추상적－개념적－사유적으로 법칙성－공간성을 강조한다. 이에 비해 서사적 몸은 중심적－주어적이며, 사태적－서술적－구체적－신체적으로 생명성－시간성을 강조한다.[18]

왕양명은 실제 경험을 벗어나 오직 마음속으로만 상상하여 논의하는 이른바 '상상강설'(想像講說)을 거부하였다.[19] 그는 운동을 하거나 노동을 하거나 업무를 처리하는 현실의 사태－상황에서[事上] 마음가짐이나 몸의 감각을 갈고닦도록한다. 이른바 '사상마련'설이 그것이다. 마음의 움직임은 항상 몸의 움직임과 함께 상황에 의존하여, 그 문법에 따라 움직인다. 이것은 그의 무인적 면모에서 기인하기도 한다. 즉 왕양명은 문인(학자)에 그치지 않았다. 병법 및 군사전략을 연구하였으며, 산악지대에 근거지를 두고 민간인 및 관공서를 습격하던 도적떼를 진압하는 책임자를 맡아 무인적 능력을 발휘하기도 했다.[20]

2.3 양명의 체화: 자기생성적 구성형

몸에 대한 순자식의 형태는 반복된 훈련과 연습에 '의존'하는 '의존형'이라 한다면, 맹자식의 형태는 '내장된/체화된 인지'를 기반으로 스스로 구성해가는 '구성형'이라 할 수 있다.[21] 전자는 주자학에서, 후자는 양명학에서 두드러진다고 본다.

수양(修養)	修(몸의 교정, 훈련)	외 → 내	의존형	순자적 → 주자학
	養(몸의 발양, 육성)	내 → 외	구성형	맹자적 → 양명학

표 1 수양의 이해

물론 주자학적인 '의존형'에도 반복·연습에 대해 부드러운-약한 입장이 있고(예컨대 퇴계 이황), 딱딱한-강한 입장(예컨대 남명 조식)이 있을 수 있다.

그리고 양명학적인 '구성형'에도 "인지는 자기생성적 과정으로 창발(創發)한다"는 '자기생성적'(①), "지각은 우리가 행위하는 것"이라는 '감각운동적'(②), "기본 인지는 내용이 없고 광역적"이라는 '급진적'(③)인 입장이 있을 수 있다.[22] 이것을 양명학에다 시험적으로 적용해 본다면, ①은 왕양명의 경우이고, ②는 양명학 좌파(왕용계, 왕심재, 이탁오 등)의 경우이며, ③은 양명 우파 혹은 절충파(전서산, 황종희, 유즙산)의 경우로 판단된다.[23]

왕양명의 경우를 "인지는 자기생성적 과정으로 창발한다"는 '자기생성적'으로 보는 근거는 무엇인가? 양명은 인간의 양지를 "텅 비었으면서도 영묘하고 어둡지 아니하다. 온갖 이치가 갖추어져서[衆理具] 수많은 일들이 나온다[萬事出]. 마음 바깥에 이치가 없고, 마음 바깥에 일이 없다."²⁴고 보기 때문이다. 여기서 '온갖 이치가 갖추어져서 수많은 일들이 나오는' 것은 자기자신으로부터 바깥의 일들이 창출(혹은 발출)되는 것을 의미한다. 그래서 그는 "물(物: things. 것)은 사(事: doings/affairs. 일)이다"²⁵라고 하여, 모든 원리-원칙-규정들이 나의 관심과 행위에서 산출된 것임을 밝혔다. 다시 말해서 내가 관심을 가지고 경험하는 모든 것은 이미 나의 행위 영역[=사건] 속에 들어온 것이다.²⁶ 레이코프와 존슨이 일상언어들을 광범위하게 조사해 그 은유의 구조 대부분이 신체경험에 근거해 있다고 본 것²⁷처럼, 외부사물은 나의 신체 경험에 기반한 사건이다. 예컨대 사물인터넷처럼 나의 인지와 행위가 미친 곳이면 모두 '나'의 몸이 확대된 사건이자 서사인 것이다. 이렇게 나는 저곳으로 무한 확장되고, 다시 저곳은 나에게로 축소되기도 한다. 내가 실제 경험한 것은 나와 함께하는 몸의 서사로서 '일체'가 되는 것이다.

양지란 인간이면 누구나 선천적으로 체화해 있는 마음의 인식, 지각, 판단, 실천의 근본 능력이다. 마치 국가에 속해 있는 '입법, 사법, 행정'의 세 권력처럼 인간이 공동체, 세계 속의 생활에서 만사 만물의 원리를 인식, 판단하고 상황에 맞춰 구성하며 실행하는 능력이다. 다만 양지의 능력은 분립된 것이 아니고 통합되어 있다. 양지는 인간의 마음에 내재해 있으며 성인(聖人)과 우인(愚人)의 차이가 없고, 천하 고금에 다 같다고 본다.²⁸ 원래 양지란 개념은 '생각하지 않아도 아는 능력'으로 '배우지 않아도 할 수 있는 능력'인 양능(良能)과 더불어 『맹자』에서 나왔다.²⁹ 아리스토텔레스가 『니코마코스윤리학』(6권)에서 '이론적 지혜'를 '소피아(sophia)'라 하고, 실천적 지혜를 '프로네시스(phronesis)'라 하여 구분한 것처럼, 양지를 '생각하지 않아도 아는 능력'으로 양능을 '배우지 않아도 할 수 있는 능력'으로 설명하였다. 양지는 소피아(이론적 지혜)에, 양능은 프로네시스(실천적 지혜)에 대비시킬 수 있는데, 왕양명은 양지+양능을 '양지'로 재규정하였다.

	맹자		양명
양지	생각하지 않아도 **아는 능력** * 소피아(이론적 지혜)	→	양지
양능	배우지 않아도 **할 수 있는 능력** * 프로네시스(실천적 지혜)		

표 2 맹자와 양명의 양지, 양능 이해

그리고 그는 양지를 '하늘의 신비스런 힘[靈]에 힘입어' 얻어낸 것임을 밝히고[30] "하늘이 심어놓은 신령스런 뿌리"[31]라고 하였다. 이미 체화되어 있는 양지는 "생각하지 않아도 아는 능력이어서 항상 쉽게[易] 위험 사태[險]를 알아차리며, 배우지 않아도 할 수 있는 것이어서 항상 간단히[簡] 곤란 사태[阻]를 알아차린다."[32]고 한다. 이처럼 양명은 '양지 – 그 지향성[意] – 지향된 것/곳[物]'이 일원적, 동시적임을 강조한다.

일찍이 왕양명은 그의 독창적 철학을 개진하기 20년 전(17세)에 아래와 같은 일화를 남겼다. 그때 그는 붓글씨를 연습하고 있었는데, 공부하는 사람들에게 손수 쓴 붓글씨를 보여주며 이렇게 말했다고 한다. 이 대목에서 '양지 – 그 지향성 – 지향된 것/곳'의 일치를 살필 수 있다.

"내가 처음 글씨를 배울 때 옛 글씨본을 대조하며 베껴 썼는데, 글자 모양이 갖추어지는 데 그쳤다. 그 뒤부터는 붓을 쥐고서 종이에 가벼이 대지 않았다. 생각을 모으고 염려를 가라앉혀서, 마음속에 글자 모양을 연습했다. 그렇게 하기를 오래 하자 비로소 그 서법에 통하게 되었다.… 옛사람들은 언제 어떤 일에서나 단지 마음에서 배우고 있을 뿐[只在心上學]임을 알았다. 이 마음이 정결하고 분명하면 글씨를 잘 쓰는 것도 그 가운데 있다"³³

왕양명은 붓글씨를 자신의 마음속에서 완벽하게 쓰는 연습을 한 다음 실제의 쓰기로 옮겼다는 것이다. 그의 논의를 정리하면 이렇다.

①	생각을 모으고 염려를 가라앉힘	**마음 순화** 마음이 정결하고 분명함
	↓	
②	마음속에서 글자 모양을 따라 그리며 반복 연습함	**마음속의 시뮬레이션** ↓ **신체화**
	↓	
③	실제 종이에다 글씨를 잘 씀	**실제 행위** 좋은 글씨를 씀

표 3 초기 왕양명의 체화 과정 일례

심즉리설을 깨달은 뒤(37세 이후)에 양명은 "앎은 행함의 지향[主意]이고, 행함은 앎의 해명[工夫]이다. 앎은 행함의 시작이고, 행함은 앎의 완성이다."³⁴라고 한 바 있다. 무언가를 안다는 것과 행위는 하나의 고리로 연결돼 있다는 '지행합일'을 밝힌 것이다. 이런 점에서 양명의 체화는 레이코프와 존슨이 주장하는 '체험주의'와 통한다.³⁵

마음속에서 시뮬레이션하는 글씨는 허구나 공상이 아니며 실제의 종이 위에서 하는 붓글씨 작업과 같은 것이다. 마음의 내용이 곧 몸의 동작으로 이행된다. '그릴 대상을 마음 속에 담아야 한다'는 흉중성죽(胸中成竹)

처럼, '관찰자와 대상이 하나가 되는 구슬 시야'로서 물아일체와 같은 지경이다.36 왕양명은 '오로지 몸으로만 익히는 것'을 이야기하지 않았다. 무예나 스포츠에서 마음먹은 대로 몸이 따라 움직이는 심신일여(心身一如)와 같이 마음속으로 하는 연습이 선행함을 일단 분명히 한 것이다. 이것은 '몸을 주재하는 것'으로서의 '마음'의 위상을 강조한 것이다. 마치『장자』에서 "그 몸을 주재하는 것(使其形者)"37이 '몸보다 중요한 것'38임을 명시한 것처럼 말이다. 여기서 몸을 주재하는 마음을 상정한 것은 일단 '심장'[心臟]이 신체의 중추로서 정신이나 지성의 자리를 차지하고 있다는 '심장중추설'의 연장선으로 볼 수 있다.

내가 바라보지 않아도 저절로 피었다가 저절로 떨어지는 꽃이 있다 치자. 그 꽃은 나와 아무 연관이 없이 그냥 존재하고 있었지만 내가 바라보았을 때 꽃의 색깔이 내 마음속에서 또렷해졌다.39 이 순간 이 꽃은 '나만이 아는 유일한 꽃'이 된다. 내가 꽃의 내용을 나의 마음으로 인식하고 음미하며 기억하는 것이다. 마치 말라르메가 "그 어떤 꽃다발에도 없는 꽃"이라 한 것처럼 그 꽃은 '세상 어디에서도 찾을 수 없고 알려진 어떤 꽃과도 다른 꽃'이다.40 마음에서 내가 지각한 '나만이 아는' 내용이 그대로 몸에 '또렷이' 습득 기억된[體認] 것이다.

3. 왕양명의 '심신지학' – 서사적 · 과정적, 개체적 · 초월적 몸 –

3.1 이른바 '신심지학'

양명은 '신심(身心)'이라 하여 '몸과 마음'을 분리하지 않는다.[41] 몸-마음을 분리하지 않는 학문을 양명은 '신심지학'이라 부른다.

> "**몸 · 마음**에서 실제로 공부하여…[42]; "격물 공부는 오직 **몸 · 마음**에서 한다는 것을 알게 되었다[43]; "세상에는 공리(功利)와 사장(辭章)에 빠져서 다시 '**신심지학**'이 있는 줄을 모른다[44]; "배우는 자는 글 짓고 글 외우는 데 빠져서 다시 '**신심지학**'이 있는 줄을 모른다. (양명)선생은 앞서서 제창하였다.[45]"

몸은 마음을 드러내는 형식이고, 마음은 몸을 주관하는 주체일 뿐이다. 그래서 '몸에서 마음으로(몸→마음)'이거나 '마음에서 몸으로(마음→몸)'라는 시간적, 논리적 순서를 이야기할 수 없다. 양자는 동시적으로 공명한다.

신심지학은 '몸에서 얻고, 몸으로 아는 것'인 '체득, 체인의 학문'이다. 이렇게 '몸화된 마음' 즉 '마음의 몸화'는, 마치 바렐라가 "현악기의 줄 고르기는 너무 바짝 죄어서도 안 되고 너무 느슨해서도 안 된다"는 '줄 고르기의 비유'에서처럼[46], 소리를 담아 떨리는 저 연주되는 현악기의 줄이라 볼 수 있다. 몸은 '줄'이고 마음은 '소리'인 것이다. 줄이 없다면 소리를 담아낼 수 없고, 소리가 없다면 줄의 의미가 없다. 이처럼 몸은 마음을 체화하여 움직이고(=연주되고) 있는 것이다.

문제는 각자의 양지가 경험한 내용은 오직 그 사람만이 알고 있는 것이기에 그것을 객관화할 수가 없다. 이래서 왕양명 이후 개성에 따른 양지 해석이 이어져 급진, 온건, 중도 같은 여러 입장으로 갈라지게 된다.

3.2 '내용적-시간적-서사적-과정적' 몸

왕양명은 몸과 마음의 불가분리성 = 일체성을 전제로 심신론을 전개한다. 그가 말하는 몸과 마음이란 무엇인가? 양명은 이렇게 말한다.

"무엇을 '몸'[身]이라고 하는가? 마음[心]의 형체(形體. 물리화)로, 마음의 운용(運用) 면에서 말한 것이다.
무엇을 마음이라 하는가? 몸의 영명(靈明. 심리화. 탁월한 인지적 활동)으로, 몸의 주재(主宰) 면에서 말한 것이다."[47]

양명의 이런 심신 일원론적 입장에 대해 "어떻게 심신이 하나이냐?"라는 질문을 받자 이렇게 답한다.

"귀와 눈과 입과 코와 사지는 몸[身]이지만 마음[心]이 아니라면, 어떻게 보고 듣고 말하고 움직일 수 있겠느냐? 마음이 보고 듣고 말하고 움직이고자 하더라도 귀와 눈과 입과 코와 사지가 없다면 역시 불가능하다.
그러므로 마음이 없다면 몸도 없고, 몸이 없다면 마음도 없다. [신심은 하나이지만] 다만 그 가득 찬 곳[充塞處. 물리화]을 가리켜 '몸'이라 하고, 그 주재하는 곳[主宰處. 심리화]을 가리켜 '마음'이라 한다. 마음이 발하여 움직인 곳을 가리켜 뜻[意]이라 하고, 뜻이 영명한 곳을 가리켜 말한다면 앎[知]이라 한다. 뜻이 가서 닿아 있는 곳을 가리켜 말한다면 사물[物]이라 하니, 다만 한 가지일 뿐이다."[48]

왕양명이 말하는 '몸'이란 '밖에서' 바라본 형식적-공간적-문법적인 체(體)가 아니라 내용적-시간적-서사적인 신(身)이었다.[49] 살이 있고 피가 도는 살아있는 이 '몸'은 '마음이 체화된 것'으로 '안에서' 바라본 것이다. 또한 '마음'이란 '몸의 지각이 자각되는, 자각점'이다. 다시 말하면 '몸'은 '마음의 형체=형식=물리화 또는 운용성=표현'이고, '마음'은 '몸의 자각점=탁월한 인지 활동 또는 주재성=중심'이다. 이것을 정리하면 이렇다.

몸	마음이 체화된 것 마음의 형체=형식=물리화 마음의 운용성=표현
마음	몸의 자각점 몸의 자각점=탁월한 인지 활동=심리화 몸의 주재성=중심

표 4 몸과 마음의 관련성

어쩔 수 없이 왕양명은 몸과 마음 등을 나누어서 설명하고 있으나, 실제는 '몸-마음-뜻-앎-사물'은 한 가지임을 분명히 한다.[50] 이렇게 '일원적'으로 인간의 심신을 보는 왕양명은 이것과 저것을 분리하는 말투를 싫어한다. 예컨대 '이것과 저것', '나와 너'를 나누는 '와/과'[與], '또한'[亦] 같은 표현을 거부하고 '즉'(卽/則)이란 말을 자주 사용한다. 그는 '와/과'라는 표현이 틀렸으며[51] 이런 말투는 "마음[=주체]과 사물[=객체]을 둘로

나눔을 면하지 못하는 것"[52]이라 비판한다. 가령 '양지'와 '천도(天道)'를 말하는 경우에도 '양지가 곧 천도이다. 그럼에도 이것을 양지 역시 천도이다라고 한다면, 양지와 천도를 둘로 나누어 버리는 것"[53]이라며 까다롭게 역(亦) 자 대신 즉(即) 자를 고집한다.

왕양명이 말하는 몸은 생명적 흐름 속에 살아 움직이는 '내용적－시간적－서사적'인 것이었다.

3.3 몸의 개체성과 초월성

'신심지학'이란 말은 바로 체화를 의미한다. 몸은 '마음 체화의 장'으로서 '환경'(=세계. 천지만물)과 역동적으로 복잡한 상호관계망 속에 민감하게 반응한다.

주자학의 일반적인 엄숙주의나 도덕주의적 경향과는 달리 양명은 『장자』의 '호접몽'을 연상시키듯 '꿈속'에서 '깨달음'을 얻고(37세) 난 뒤 자신의 독창적인 철학을 잇달아 제시해갔다. 꿈이라는 감성적 사유의 바탕 위에서 그는 자아를 꿈과 각성 사이로 열어두고 철학사상을 서사해 간다. 이런 전통은 동아시아 양명학자들에게 공통되는 점이기도 하다.[54]

이 양지는, 그 근저에 "낮 동안의 양지는 (사물의 움직임에 따라) 순응하여 머무름이 없으나 밤 동안의 양지는 수렴하여 엉기게 된다. 꿈을 꾸는 것은 앞으로 있을 일의 조짐(先兆)이다."[55]라고 하듯이, 인간은 천지만물의 환경세계와 끊임없이 교감하며 움직이는 '과정' 속의 존재이다. 그래서 양명이 생각하는 몸은 마치 에반 톰슨이 자아를 "하나의 사물이나 개체가 아니라 과정"[56]으로 본 것과 같다.

"밤이 되면 쉬게 되며 밤에 천지의 모습이 어둠 속으로 자취를 감출 때 눈과 귀 또한 보거나 듣는 것이 어려워지게 되며 드디어는 모든 감각기관이 더불어 쉬게 된다. 동시에 만물이 제 모습을 드러낼 때 사람의 눈과 귀 또한 보고 듣게 되어 마침내는 모든 감각기관이 활동을 시작한다. 사람의 마음과 천지는 한몸이다. 그래서 상하(上下)와 천지는 흐름을 같이 한다."[57]

여기서 "흐름을 같이 한다"는 연결방식은 페히너가 생각한 대로 "길다란 끈 같은 것이 아니라 빛이나 중력, 그리고 미지의 그 어떤 힘 같은 것들이 서로 거미줄처럼 얽혀서 연결되어 있는" 즉 "거미가 거미줄을 통해 외부의 영향을 기민하게 알아채는 것과 같은 양상"이다.[58] 그리고 그는 우주 속에서 인간사회의 도덕이 갖는 위상을 찾아낸다. 그 근저에는 세상의 아픔과 고통에 예민하게 반응하는 양지가 작동한다.

"대저 인간은 천지의 마음이며 천지만물은 본래 나와 한몸이다. 따라서 생민(生民)의 고통은 어느 한가지라도 내 몸에 절실하지 않은 것이 있겠는가? (이러한 천지만물의 고통이) 내 몸의 고통임을 알지 못한다면 '옳고 그름을 가리는 마음'[是非之心]이 없는 사람이다. '옳고 그름을 가리는 마음'은 생각하지 않아도 알고 배우지 않아도 잘 하는 것이다. 이른바 양지(良知)이다."[59]

이 점에서 몸은 이미 '눈에 보이는 마음'이고 천지를 품은 '작은 우주'이다. 그만큼 몸은 은유로 너른 세계로 나아가며 또한 그것을 받아들이기도 한다. '뇌는 하늘보다 넓다'[60]고 하지만, 몸은 뇌를 안고서 뇌를 넘어서 있다고 해야 한다. 이 점에서 몸은 '하나이고 여럿'[61]인 것이다. '하나의 논의 이자 진화, 발전하는 저 여러 물질적·기계적 대상들과 논의들'에 걸쳐 뻗어나가고 있다.[62]

그런데, 마음이 몸의 '중앙'을 차지한다는 것은 어떤 의미인가? 그것은 인간 자신과 만물 가운데서 중심=핵심을 차지한다는 것이다. 예컨대 목화토금수의 오행에서 본다면 '토(土. 흙)'를, 국가의 정치체제에서 본다면 군주(君主)를 상징한다.[63] 이렇게 몸은 '세상의 중심인 마음을 지키는 외곽'이다. 다르게 말하면 외부세계(천지만물: 타자)와 내부(=자기)를 구분하는 '경계선=막(膜)'이다. 이 막은 왕양명이 말한 대로 나와 타자를 갈라놓는 '간격'[間, 間隔]이다. 좁은 세계를 사는 사람[소인]은 이 막에 구애받지만 너른 세계를 사는 사람[대인]은 세계에 몸을 확장하여 한몸처럼 살아가기에 그것에 구애받지 않는다.[64] 정인보가 말한 대로 '간격'에서 세상은 죽고 일체와의 감통(感通)에서 세상은 살아난다.

물론 간격은 생명체에서 필요한 장치이다. 예컨대 시몽동의 사유를 빌리자면 "생명체는 막을 매개로 외부와 내부를 구분하고 항상성이라는 내부 환경을 만들어 내는 동시에 개체에 고유한 기억을 축적한다"[65] 그러나 이 막은 왕양명은 '만물일체의 인(仁)'이라는, 이른바 '한 몸[一體]', '큰사람[대인]'의 은유적 개념 표현을 통해 유연하게 하나의 그물망 속에 품을 수 있는 형식이 되기도 한다. 같은 인류 뿐만 아니라 생물, 무생물까지 포괄한다. 그래서 양명은 『대학』의 친민(親民) 해석에서 '민'을 '군신-붕우-산천-귀신-조수-초목'으로 확대하여 사랑의 정감을 펼치도록 한다.[66]

몸의 개체성은 몸이 마음(정감) - '마음의 인[心之仁]' - 이라는 인지 가능한 영역 내[=소우주]에서 항상성을 유지하며 내부 환경을 만들어간다. 이어서 몸은 개체를 넘어서 우주와 교감한다. 개체성을 넘어서는 방법이다. 예를 들어 몸은 세계를 꽉 채운 기운(氣)과 복잡다단하게 소통한다. 이것을 왕양명은 '일기 유통(一氣流通)'[67]이라 한다. 일기유통을 통해 몸은 인지 불가능 영역[=대우주]에서 항상성을 유지하고 있다. 그리고 밤낮, 사계절의 변화에 맞춰 인간은 그 생명체 내부의 항상성을 유지하는 동시에 외부세계와 정보를 교환하고 보조를 맞추는 개체초월성도 갖는다. 왕양명은 이 지점에서 개체에도 양지가 있고 우주만물에도 양지가 있어 상호 교감한다는 탁견을 제시한다. 내가 사물을 부르고 사물이 나를 불러내어 교감, 감응하는 일기유통의 근거를 양지[靈明]로 보는 것이다.[68] 양지를 나와 우주의 공동존재성을 만드는 근거로까지 확대 해석해내고 있는 것이다.

결국 몸은 '나'라는 개체성 내에서 유지되는 것이지만 그것을 넘어 천지만물이라는 우주와 하나가 되는 큰 몸이기도 하다. 개별적 몸을 유지하며 그것을 우주로 넘어서게 하는 매개는 바로 '양지'이다. 양지는 하늘이 심어준 '덕(德)'이나 '명(命. 생명)'이다. 인간을 둘러싼 환경(=세계)과 교감, 소통하는 창문이다. 불교에서 "보이고 들리는 대상보다 더 멀리 더 깊이, 무한으로 나아가는 마음"[69]을 '공적영지(空寂靈知)'라고 부르듯, 양지는 개체와 우주 사이에서 감응한다. 그렇다면 양지는 스피노자가 말한 '사물이 본디부터 가지고 있고 스스로를 계속 높이려는 경향'인 코나투스(Conatus)의 측면도, '상호연관되면서도 상대적으로 독립된 단위'인 모듈의 측면도 갖는다.

4. 나오는 말

이 글에서는 '마음 체화의 장으로서 몸'이라는 관점에서, 왕양명의 '신심지학' 이론을 살펴보았다. 이를 통해 양명학의 사상적 내용을 체화라는 측면에서 재조명하게 되었다.

이 글에서 필자는 먼저 중국철학에서 특징적인 몸을 바라보는 두 관점을 설정하였다. 첫째, 몸의 외부에서 내부를 통제하는 방식이다. 두 번째, 몸의 내부에서 외부로 표출하는 방식이다. 전자는 순자와 주자에게서 보이는 경향으로 '문법적 몸'이라 규정하였다. 후자는 맹자와 왕양명에게서 보이는 경향으로 '서사적 몸'이라고 규정하였다.

왕양명은 몸과 마음을 분리하지 않았다. 이렇게 양자를 분리하지 않는 자신의 학문을 그는 '신심지학'이라 불렀다. 이 신심지학은 체화를 의미한다. 몸은 마음을 체화한 장으로서, 외부 세계와 역동적으로 반응하며 존재한다.

그가 말하는 몸은 살과 피를 가지고 걸어 다니며 이야기하는 구체적, 생명체의 내용적 측면을 강조한다. 이것은 안에서 바라보는 몸으로서 시간적, 서사적, 과정적이라 할 수 있다. 따라서 밖에서 바라본 몸, 다시 말해서 사회적, 외형적 형식에 주목한 공간적, 문법적, 실체적인 몸과는 다르다.

아울러 왕양명이 말하는 몸은 '나'라는 개체성 내에서 유지되는 작은 것이지만, 천지만물이라는 '우주'와 하나가 될 수 있는 큰 것이었다. 개별적 몸을 유지하며 그것을 넘어 우주로 나아가게 하는 매개는 '양지'였다. 양지는 나에게 사물을 불러오도록 하고, 또한 나를 사물의 부름에 나아가 교감하게 하는 근거였다. 이렇게 몸이 독립된 단위이면서 외부와 상호연관 되도록 조율하여 '공동존재성'을 유지하도록 하는 것이 양지이다. 왕양명은 우리 몸에 이런 원리가 체화되어 있다고 보았다.

더 읽을 거리

최재목, 『동아시아 양명학의 전개』, 이우진 옮김, (정병규에디션, 2016): 이 책은 동아시아 양명학자들의 사상이 어떻게 펼쳐지고 서로 차이점을 보이는지를 잘 보여준다.

왕수인, 『전습록』(1·2), 정인재·한정길 옮김, (청계, 2001): 이 책은 왕양명의 사상을 알 수 있는 핵심 저술로서 양명학의 내용 전반을 잘 살필 수 있다.

유아사 야스오, 『氣·修行·身體』, 박희준 옮김, (범양사출판사, 1990): 이 책은 동양철학에서 다루는 기, 수행, 신체에 대해서 다양한 과학적인 해명을 하고 있다.

조광제, 『몸의 세계, 세계의 몸 – 메를로 퐁티의 〈지각의 현상학〉에 대한 강해』, (이학사, 2004): 이 책은 메를로퐁티의 〈지각의 현상학〉을 새롭게 해석, 정리한 것으로 좀 더 쉽게 접근할 수 있다.

스티븐 미슨, 『마음의 역사 — 인류의 마음은 어떻게 진화되었는가?』 윤소영 역, (영림카디널, 2001): 이 책은 마음의 진화가 '언제' '왜' 일어났는지를 자세히 밝히고 그러한 과정을 통해 예술, 종교, 과학의 인식적인 토대를 설명해준다.

8.

박길수

주희의 몸 및 체인 이론의 전개와 특징

1. 들어가기

이 글에서는 남송(南宋) 유학자인 주희(朱熹)가 제시한 몸과 체인 이론을 살펴보고자 한다. 그는 선진 이래 유학자들이 제시한 몸과 체인 이론을 집약하여 우주론, 심성론, 그리고 가치론의 차원에서 새롭게 재구성하였다. 이 과정에서 그는 음양(陰陽), 귀신(鬼神), 혼백(魂魄), 오행(五行), 기질(氣質) 등과 같은 기(氣)의 주요 범주들을 사용하여 몸의 생성과 분화 과정을 체계적이고 일관되게 설명하였다.

그의 철학에서 몸은 신체와 정신의 통합체이고 이 두 요소는 단일한 기의 산물이므로 기의 두 양태로 규정된다. 또한 발생학의 측면에서 보면 정신은 신체의 일차적 속성으로부터 창발한다고 보았다. 그러므로 신체와 정신은 기의 공통 요소를 공유하므로 상호 인과가 성립한다. 하지만 신체의 운동과 속성이 시공간의 제약을 받는 것과 달리, 정신은 천지 본연의 기와 직접 감응할 수 있으므로 신체와 차별화된다. 그리고 마음은 이러한 정신적 속성의 결정체이다. 몸의 수동적 양태로서 신체의 감각기관들이 주로 물리적·생리적 속성과 기능을 수행하는 것과 달리, 몸의 능동적인 양태로서 마음은 신체를 그 활동의 기체(基體)로 삼아 몸을 주재하는 동시에 사물의 원리와 법칙을 영묘하게 인식한다.

주희는 이처럼 새로운 몸 이론을 제시한 후에 몸의 본질과 특징을 인식하고 자각할 수 있는 체인 공부 방법을 제시하였다. 체인은 인식할 때 철저한 실천을 통해 심신의 심층부로부터 도리를 파악하는 것을 가리킨다. 그는 체인의 성립 조건으로 주체를 둘러싼 일상의 사물과 사건을 통해 부단히 현전하는 보편적 도리에 대한 파악을 강조하였다. 따라서 체인은 체화된 인지로서 외부 사물에 대한 개별적 지식을 추구한다기보다 행위 주체의 몸에 대한 성찰이나 자각을 강조한다. 따라서 주희가 제시한 체인은 궁극적으로 자기 관계적 인식의 성격을 띤다.

2. 귀신과 혼백

주희는 당시에 성행했던 기론(氣論)에 근거하여 그의 몸 이론을 새롭게 확립하였다.[1] 이 과정에서 그는 기본적으로 북송(北宋)의 유학자인 장재(張載, 1020-1077)의 사상을 창조적으로 수용하였다. 그래서 그는 「서명西銘」에서 말한 "천지에 가득 찬 것이 곧 나의 몸이다."[2]라는 견해를 계승하여 발전시켰다. 이 때문에 그의 기론에는 산발적이지만 물리와 생리의 관점에서 인체를 말한 내용이 적지 않게 등장한다.[3]

한편 그의 철학에서 귀신과 혼백은 서양에서 말하는 귀신(ghost)이나 영혼(soul)을 가리키지 않는다. 그것은 우주의 생성과 존재의 관점에서 기(氣)가 전개하는 서로 다른 운동 방식을 가리킨다. 다시 말해 음(陰)과 양(陽)이 생장(生長)하거나 소식(消息)하는 것을 가리킨다.[4] 이때 귀(鬼)는 음기(陰氣)가 회귀·수렴하는 운동을 가리키고, 반면 신(神)은 양기(陽氣)가 팽창·확산하는 운동을 가리킨다. 또한 귀신은 이러한 생장과 소식의 운동이 신묘하게 연결되어 감응(感應)하는 기능을 가리키기도 한다. 그러므로 주희는 기의 상감(相感)에 대해 다음과 같이 말하였다.

> 귀신은 단지 기이다. 굽히고 펴고 가고 오는 것은 기의 (운동)이다. 천지 사이에 이 기가 아닌 것은 없다. 사람의 기와 천지의 기는 언제나 서로 연결되어 그것들 사이에 끊어짐이 없지만 사람이 그것을 이해하지 못할 뿐이다. 사람의 마음이 움직이자마자 반드시 기에 연결되니 곧 이 굽히고 펴고 가고 오는 것이 서로 느껴서 통한다.[5]

다시 말해서 모든 사물은 일기(一氣)의 다양한 운동과 분화의 산물로서 각기 서로 다른 형체를 갖지만, 기는 신묘한 운동 방식을 통해 모든 사물을 연결하는 동시에 관통한다는 것이다. 따라서 귀신은 시간적 선후를 전제로 한 계기적 운동을 가리킨다기보다 단일한 기의 총체적 운동성을 논리적으로 구분하여 설명한 개념에 불과하다.[6] 다시 말해 모든 사물은 우주의 기가 응집하는 신묘한 운동의 결과로 탄생했다가 기가 흩어지면 그 결과로 소멸하는 것이다.[7]

> 처음에 인간이 태어날 때 먼저 기(氣)가 있다. 형체를 형성할 때 곧 백(魄)이 먼저 발생한다. 주렴계(周濂溪)가 "형체가 형성되면 신(神)이 지각

활동을 시작한다."고 말했으니 형체가 형성된 뒤에야 비로소 정신과 지각 활동이 발생하게 된다.[8]

주희는 사물과 마찬가지로 인간의 몸의 탄생을 단일한 기(氣)의 분화 과정으로 설명하였다. 그의 견해에 따르면, 몸은 기(氣)→신체→백(魄)→정신→지각의 순서로 형성된다. 먼저 백(魄)은 혼(魂)과 대비되는 개념으로 흔히 '혼백(魂魄)'으로도 사용된다. 혼백은 귀신의 활동이 좀 더 분화된 것으로 혼은 양기의 상승과 발산 운동을 가리키고, 백은 음기의 하강과 수렴 운동을 가리킨다.[9] 다만 귀신과 혼백의 차이점은 전자가 생성과 존재의 차원에서 기의 전체적인 운동을 규정한 것이라면, 후자는 앞의 과정에서 발생한 개체 사물의 내적 구조와 특징을 기의 운동과 속성을 설명한 것으로 볼 수 있다.[10]

주희는 몸의 구성 요소 및 특징과 관련하여 기본적으로 혼과 백의 범주를 구분하였다. 먼저 그는 백은 신체의 일차적인 기관 및 기능들을 포괄한다고 보았다.[11] 또한 신체의 뼈, 살, 피뿐만 아니라 생리적 본능과 욕구들은 모두 백에 속하고, 이와 대조적으로 신체와 마음의 결합에서 발생하는 지각과 행위는 혼에 속한다고 보았다.[12] 그런데 주의할 점은 백의 범주가 단순히 물리나 생리 중심의 신체 영역에 국한되지는 않는다는 사실이다. 가령 그는 인간의 사고 능력 가운데 기억과 판단력은 백(魄)에 속하고, 능동적 사고력과 구상력은 혼의 영역에 속한다고 보았다.[13]

이러한 견해들을 종합할 때 주희가 제시한 혼백 개념은 서양의 철학자인 데카르트가 제시한 심신이원론과 다르다. 왜냐하면 혼과 백은 신체와 정신의 속성과 기능을 공유하기 때문이다. 다만 혼이 심신의 통일성을 전제로 한 몸의 요소 가운데 주로 능동적 정신과 행위를 구성하고 주관한다면, 상대적으로 백은 수동적인 신체와 정신적 요소 및 기능을 구성하고 주관한다. 따라서 주희의 몸 이론에서 신체와 정신은 서로 구분되는 두 개의 실체가 아니라, 단일한 우주의 기가 인간의 몸으로 전화되는 과정에서 서로 다른 속성으로 출현한 두 양태에 불과하다.[14] 따라서 혼이 좀 더 높은 정신 활동을 주재한다고 하더라도 그것의 일차적인 존재론적 기반은 정기(精氣)인 백(魄)으로 볼 수 있다.[15]

그러면 인간이 죽으면 혼백은 어떻게 되는가? 이 문제는 사후 심신 관계를 어떻게 이해할지에 관한 매우 중요한 문제로, 특히 물리와 생리에 근거한 신체 기관이 소멸된 뒤에 혼백의 정신 기능은 여전히 존속할 수 있는지에 관한 논의와 직결된다.[16] 결론부터 말하면 신체가 소멸하면 혼백의 정신적 기능도 소멸한다고 보았다.[17]

> 사람이 태어나는 까닭은 정기(精氣)가 응집하기 때문이다. 사람에게는 오직 수많은 기가 있으니 반드시 소진될 때가 있다. 기가 소진되면 혼기는 하늘로 돌아가고, 신체와 백기는 땅으로 돌아가므로 죽는다. 사람이 장차 죽을 때 열기가 상승하는 것이 곧 혼이 상승한다고 말한 것이고, 하체가 점차 차가워지는 것이 곧 백이 가라앉는다고 말한 것이다. 이것이 삶이 있으면 반드시 죽음이 있고, 시작이 있으면 반드시 끝이 있는 까닭이다. 무릇 모이고 흩어지는 것은 기의 작용이다.[18]

여기서도 주희는 몸이 소멸되는 현상도 기의 운동의 관점에서 일관되게 설명하고 있다. 정기의 응집이 삶의 시작인 것처럼, 죽음은 이처럼 응집된 생기가 점차 흩어지는 과정이다. 다시 말해 몸을 구성했던 미세하고 맑은 혼의 양기가 하늘로 흩어지고 거칠고 무거운 백의 음기가 땅으로 흩어지면 죽는다. 그러므로 그는 흔히 세속에서 말하는 신기한 현상이나 귀신에 대해서 다음과 같이 말하였다.

> 문인이 물었다. "세상에서 말하는 물괴신간(物怪神姦)의 이야기는 어떻게 이해해야 합니까?" 선생께서 대답하였다. "세상의 이야기 가운데 대체로 80%는 거짓이고, 약 20%는 그러한 이치가 있다. 이 20% 가운데 비명으로 죽은 경우가 가장 많고, 때로는 익사로 죽기도 하며, 또는 살해되기도 하고, 중병으로 급사하기도 한다. 이러한 경우 그 사람의 기가 아직 다 소멸되지 않기 때문에 그처럼 빙의한다. 또한 갑자기 죽으면 아직 기가 한 번에 소진되지 않는 경우가 있는데, 이것은 그가 태어날 때 품수받은 기가 왕성하기 때문에 그런 것이다. 하지만 오래되면 끝내 소진된다.[19]

다시 말해 귀신이나 초현실적인 현상들은 사람이 비정상적인 죽음을 맞거나, 또는 해당 사물들이 갑작스럽게 소멸되는 과정에서 그것들을 구성했던 혼과 백이 소멸하는 시차 때문에 한시적으로 발생하는 기이한 현상일 뿐이라고 보았다.[20] 따라서 주희는 신체로부터 독립된 불변의 정신적 실체나 사후 세계를 긍정하지 않았다. 물론 사상사적 관점에서 볼 때 주희의 이러한 관점에는 오랫동안 사람들에게 수용되어온 불교의 윤회설과 도교의 불로장생 이론을 극복하려는 노력이 전제되어 있다. 하지만 그의 견해는 무엇보다도 귀신을 인귀(人鬼) 형태로 실체화하려는 세속의 미신적 경향을 합리적으로 극복하려는 철학적 노력이라고 평가할 수 있다.[21]

3. 오행과 기질

오행과 기질은 개체 사물들의 발생 과정과 특징, 그리고 차이점을 설명해주는 범주이다. 주희는 기가 대대(待對) 운동을 통해서 분화되기 시작하면 오행(五行)을 거쳐서 최종적으로 기질(氣質)로 정착된다고 보았다. 그는 이에 대해 다음과 같이 말하였다.

> 음양은 기(氣)이고, 오행은 질(質)이다. 이 질이 있으므로 사물들이 생성될 수 있는 것이다. 오행이 비록 질이라고 하더라도, 그 안에는 또한 오행의 기가 있으므로 이 사물들이 생성될 수 있는 것이다. 하지만 오히려 음양의 두 기가 분화되어 오행을 형성한 것이지 음양 밖에 오행이 있는 것은 아니다.[22]

위의 내용에 따르면, 음양, 오행, 그리고 기질은 모두 단일한 기가 일련의 분화 운동을 전개하는 과정에서 형성되므로 서로 내포하는 동시에 전이되는 속성들을 지닌다. 그런데 음양의 기가 사물의 개체성으로 정착되려면 오행이라는 좀 더 구체적이고 실질적인 질성(質性)으로 발전되어야 한다.[23] 이때 오행은 장차 사물들이 생성되는 데 필요한 다섯 가지 근본적인 요소를 가리킨다.[24] 따라서 주희는 오행의 대대 운동의 결과로 사물들이 탄생하므로 사물들은 모두 오행의 속성인 오성(五性)을 지닌다고 보았다. 또한 이 과정에서 발생하는 오성의 상대적 편차[25]에 따라 사물들은 서로 다른 본성을 갖춘다고 보았다.[26] 그러므로 인성(人性)도 오행의 속성인 오성이 기질에 내재한 결과로 볼 수 있다.[27]

그런데 주희는 '기질'과 '기질의 성향[性]'을 구분하였다. 기질이 마치 체질처럼 몸의 요소 가운데 주로 신체의 물리적·생리적 특징과 경향성을 가리킨다면, 기질의 성향은 이러한 구체적인 기질 안에서 발현되는 개체의 독특한 심성의 특질을 가리킨다.[28] 그러므로 기질은 개체성이 구현될 수 있는 물리 및 생리와 관련된 질료적 기반으로서 자극에 대한 느낌과 기분, 습관적인 반응의 경향성, 그리고 반응 강도와 같은 신체적 특질에 가깝고, 기질의 성향은 이 기질적 요소를 바탕으로 체현되는 다양한 재능, 기질의 경향성, 그리고 성격을 총칭한다고 볼 수 있다.[29] 따라서 기질과 기질의 성향은 결국 몸의 두 양태인 신체와 정신을 구분하여 설명한 것이며 양자를 통합할 경우 개체의 몸이 체현하는 전체적이고 통일적인 정체성을 설명한 것으로 이해할 수 있다.

실제로 주희는 개체의 성격이나 재능의 차이점을 기질의 편차로 설명하였다. 다시 말해 유적 존재로서 인간의 본성은 기본적으로 같지만, 그 본성이 온전히 실현되는 것을 제한하는 기질의 청탁 때문에 서로 다른 개체성이 발현한다는 것이다. 그가 말한 청탁은 본래 두 가지 의미를 내포한다. 먼저 기의 생성과 운동 차원에서 청(淸)은 기의 속성이 매우 투명하고 미세하고 그 운동이 일반적인 인식 방법으로 쉽게 포착하기 어려울 만큼 매우 빠르고 미묘하게 운동하는 상태 및 결정체를 가리키고, 반면 탁(濁)은 매우 조야하고 무거우며 비교적 느리고 둔탁하게 운동하는 상태 및 결정체를 가리킨다.[30] 이 단계에서 청탁은 단지 기의 대대 운동을 묘사한 것이므로 아직 어떤 인간학적 가치도 내포하지 않는다.

하지만 이러한 청탁의 기가 인간의 기질로 정착되는 과정에서 발생하는 청탁의 편차, 곧 바름과 치우침, 밝음과 어둠, 많고 적음, 길고 짧음, 통함과 막힘, 깊음과 얕음, 그리고 순수와 잡박 등은 이후 개체의 자질이나 재능, 또는 인격 등의 차이로 체현되므로 인간학적 가치와 평가의 근

거가 된다.[31]

4. 신체와 정신의 관계 및 차이점

주희의 몸 이론에서 가장 중요한 쟁점 가운데 하나는 정신성의 핵심인 마음을 어떻게 이해할 것인가이다. 그리고 그 중심에는 마음을 이(理)와 기(氣)의 복합적 산물로 볼 것인가 아니면 순수한 기(氣)의 산물로 볼 것인가의 문제가 자리 잡고 있다. 그런데 앞서 살펴본 것처럼 주희는 신체의 기관을 비롯하여 그에 따른 감각, 지각, 사고 등과 같은 정신적 요소들을 모두 기(氣)의 범주로 설명하였다. 이 점에서 그는 기론적 심신일원론을 제창하였다고 볼 수 있다.

실제로 그는 "마음은 기의 정상(精爽)이다."[32]라고 말한다. '정상(精爽)'은 기의 존재 방식과 속성을 설명한 것으로 '정(精)'은 정기(精氣)를 가리키고, '상(爽)'은 기의 밝고 맑은 속성을 가리킨다. 다시 말해 마음은 밝고 맑은 속성을 가진 미세한 기로 구성되었다는 것이다.[33] 그러므로 주희는 진순(陳淳)이 심의 정상이 혼백이냐고 물었을 때도 그렇다고 긍정하였다.[34] 이러한 마음은 본래 허령(虛靈)하므로 그 자체로 비어있는 동시에 신체의 감각 기관을 통해 신묘한 인식 활동을 수행한다.[35] 그러면 신체와 마음의 관계는 어떠한가?

문인이 물었다. "귀신은 곧 정신과 혼백이라고 봐야 합니까?" 선생이 대답하였다. "그렇다. 이 몸을 보라. 선천적으로 웃고 말하며, 수많은 것들을 보고 듣고 아니 어떻게 이럴 수 있겠는가? …이것들은 모두 음양이 서로 감응한 것이니 모두 귀신의 작용이다. 이 점을 잘 이해한다면 우리가 보는 이 몸은 단지 여기에 있는 신체에 불과할 뿐 원래 안팎으로 천지의 음양의 기가 아닌 것이 없다는 것을 알 수 있다.³⁶

주희는 혼백에서 정신이 발생한다는 점을 강조하는 동시에 또한 귀신의 감응(感應) 차원에서 신체와 마음의 차이점을 설명한다. 만일 신체 차원에 한정해서 볼 경우 몸은 시공간에 제약되어 천지의 사물과 단절된다는 것이다. 하지만 몸이 이러한 신체의 한계점을 넘어서 천지의 사물과 교류할 수 있는 까닭은 몸의 정신적 요소와 천지의 사물은 모두 같은 기로 이루어져서 애초부터 감응하기 때문이다.[37] 다시 말해 개체화된 거친 기의 관점에서 보면 마음과 사물은 각각 형체를 기준으로 서로 분리되지만 만물을 구성하는 기의 선천적이고 자발적인 감응 작용에서 보면 여전히 서로 미세한 기로 연결되었으므로 공명(consonance)이 발생한다고 보았다. 물론 이러한 주희의 관점은 문인들 사이에서도 논쟁의 대상이었던 것 같다. 가령 한 문인은 다음과 같이 질문하였다.

문인이 물었다. "사람의 마음은 형이상입니까? 아니면 형이하입니까?" 선생께서 대답하셨다. "폐나 간처럼 오장으로서 말한 심은 오히려 참으로 하나의 사물이다. 하지만 오늘날의 학자들이 말하는 조존(操存)과 사망(舍亡)의 대상으로서 말한 심은 절로 신명하여 헤아리기 어렵다. 그러므로 오장으로서 심은 병이 나면 약을 써서 보충할 수 있지만, 이 심은 창포나 복령을 달여 먹어도 보충할 수 없다. 문인이 물었다. "이와 같다면 심의 이치는 곧 형이상의 존재입니까?" 선생이 대답하였다. "마음은 성에 비하면 미묘하게 자취가 있고, 기에 비하면 절로 또한 영묘하다."[38]

문인은 마음의 위상을 형이상(形而上) 및 형이하(形而下)와 연관시켜 묻는다. 하지만 주희는 이에 대해 즉답을 피하고 다만 신체 기관으로서 심장과 신명(神明)한 의식 활동으로서 마음의 차이점에 대해서만 설명한다. 그는 마음의 영묘한 활동성은 정기의 산물이므로 신체 기관으로서 심장과 구분되지만, 또한 형이상의 성리(性理)도 아니라는 견해를 분명하게 피력한다. 이러한 대화는 주희가 마음의 본질과 특징을 일관되게 기와 그 속성, 그리고 기의 운동과 그 분화 방식으로 설명하였다는 사실을 분명하게 보여준다.

그런데 주희가 이처럼 마음의 본질과 특징을 기의 신명으로 규정하는 까닭은 몸의 인식과 활동을 실질적으로 제어할 수 있는 주체성을 확보하기 위해서이다. 그러므로 그는 "마음은 신명이 깃든 집이니 한 몸을 주재하는 존재이다."[39]라고 말한다. 이러한 관점은 그가 다른 곳에서 마음의 고유한 기능인 허령의 원인을 오행 가운데 화(火)의 속성이 발현된 것으로 설명하는 구절에서도 확인할 수 있다.[40] 그러면 마음은 기로부터 어떻게 출현하는가?

혼(魂)은 기(氣)의 신(神)이고, 백(魄)은 정(精)의 신(神)이다.[41]

주희는 혼백을 기 또는 정기의 '신(神)'으로 규정한다. 그런데 기의 운동과 관련하여 신(神)은 대체로 두 가지 의미가 있다. 먼저 우주의 생성과 존재 차원에서 신은 인간의 감각이나 인식으로 헤아리기 어려운 신묘한 음양의 대대 운동을 가리킨다.[42] 그리고 인간의 차원에서는 혼이나 백에서 홀연히 발생하는 정신 활동을 가리킨다. 그러므로 그는 다른 곳에서 다음과 같이 말하였다.

사람이 태어나는 초기에는 먼저 기가 있고, 이윽고 형태가 완성되면 백이 먼저 있게 된다. (『통서』에서) "형체가 생기면 신(神)이 지각 활동을 시작한다."고 했으니 이윽고 형체가 있은 후에야 정신과 지각이 발생한다.[43]

따라서 적어도 정신 활동의 정화(精華)로서 마음은 혼백의 정기에서 발현된 몸의 정신과 지각 작용을 주재하는 동시에 또한 사물의 이치를 영명하게 인식하는 사고의 주체임을 알 수 있다. 또한 주희는 마음의 출현이 기의 일관된 분화 과정으로 설명하지만 정작 그 과정은 기와 정기, 그리고 혼과 백의 매우 복잡다단한 상호 섭동, 그리고 자기생성과 창발의 과정으로 보았다는 사실을 잘 보여준다.[44]

그런데 이러한 주희의 몸 이론은 최근의 심신 이론이나 인지과학의 성과와도 대체로 일치한다. 가령 그가 기나 정기에서 신체와 정신이 출현하는 과정 및 신체와 정신의 상호 인과를 설명한 것은 현대의 심리철학이나 생명 이론에서 제시한 창발(emergence) 이론과도 매우 흡사하다.[45] 특히 주희가 정기에서 창발하는 것으로 규정한 마음의 주재와 허령은 다마지오가 의식의 본질인 사고와 판단력을 두뇌와 신체의 상호 작용에 따라 신경회로들이 만든 심적 표상(이미지)으로서 설명한 두뇌신경과학의 관점과도 일치한다.[46] 그리고 마음이 신체에서 창발하여 수반하면서 두 양태가 서로 영향을 주지만 마음의 속성과 기능은 신체의 속성과 운동을 넘어선다는 견해는 심신수반 이론이 심리적 속성이 물리적 속성에서 창발하지만 일단 창발된 후에는 전적으로 물리적 속성으로 환원되지 않는다고 본 비환원적 물리주의의 모델에 가깝다.[47]

5. 체화된 인지의 습득으로서 체인 공부

지금까지 주희의 몸 이론에 대해서 살펴보았다. 여기서는 그의 체인에 대해 간략하게 살펴보고자 한다. 앞서 주희는 단일한 기의 대대 운동의 분화 과정으로 몸의 형성 과정을 설명하였다. 이 과정에서 그는 기가 구체적으로 분화하는 과정에서 발생하는 편차와 창발 때문에 인간의 신체와 정신의 속성 및 기능이 서로 다른 방식으로 분화되었다고 보았다. 하지만 신체와 정신은 또한 기를 공통 질료로 삼으므로 상호 작용을 한다고 보았다. 간단히 말해 신체와 정신은 어느 한 영역으로 완전히 환원되지 않지만 동시에 완전히 분리되지도 않는다. 이 때문에 그는 문인과 신체와 마음의 관계를 토론하면서 다음과 같이 말하였다.

> 문인이 물었다. "선생님께서 일찍이 마음은 특정한 덩어리가 아니라고 하셨습니다. 제가 이 말을 생각해보니 몸을 꽉 채운 것이 마음이며, 특히 몸의 중추 기관이라는 말씀 같습니다." 선생께서 대답하셨다. "그렇지 않다. 신체는 마음이 아니니 곧 마음의 신명이 오르내리는 집이다. 사람은 마음에 병이 발생하면 곧 그 집이 편치 않은 법이다. 무릇 오장이 모두 그렇다. 마음이 어찌 활동하지 않겠는가? 반드시 언제나 신체 안에 있어야 한다.[48]

문인이 마음을 몸의 신체적 속성이나 중추 기관과 동일시하는 것에 대해 주희는 신체와 마음의 상호 작용을 지적하면서 신체를 마음의 신명이 활동할 수 있는 물리적·생리적 기반으로 여긴다. 이러한 견해는 특히 그가 「중용장구서(中庸章句序)」에서 제시한 인심(人心)과 도심(道心)의 연원과 특징에 대한 설명에서 좀 더 분명하게 확인할 수 있다. 거기에서 그는 마음의 단일한 허령과 지각이 인심이나 도심으로 전환되는 두 원인을 신체로부터 비롯된 형기(形氣)의 사사로움과 성명(性命)의 바름으로 설명하기 때문이다.[49]

가령 형기의 사사로움이 반영된 지각을 각 신체 기관들의 욕동(欲動)이 반영된 인식으로 간주하고, 반면 성명의 바름에서 비롯된 지각을 도덕적 이성과 판단력이 마음을 주재하는 인식으로 규정하기 때문이다.[50] 이러한 신체와 정신의 상호 인과적 작용에 대한 통찰은 결국 수양론의 관점에서 평소 어떻게 도심을 견지할 것인가라는 문제의식으로 연결될 수밖에 없다. 이것이 그가 평소 문인들에게 체인 공부를 강조한 본의이다. 그는 평소 체인을 중요성을 강조하여 "체인 때문에 병나면 좀 여유를 갖는 것도 좋다."[51]라고 말하였는데, 이것은 그가 얼마나 체인을 강조했는지를 잘 보여준다. 그러면 체인 공부는 무엇인가?

> 단지 눈앞의 사물을 처리하는 것으로만 이해해서는 안 되며 반드시 자신의 몸에 나아가 체인하여 분명하게 이해해야 한다.[52]
> 마음을 보존하는 방법에 대해 물었다. 선생께서 대답하셨다. "마음의 보존은 지면 위에 써 있는 것이 아니라, 우선 자신의 마음이 무엇인지를 체인해야 한다.[53]

체인은 송명 유학의 핵심적인 성학 공부 방법으로 체화된 인지를 자득하는 것을 주요 목적으로 삼으며, 체찰(體察), 체당(體當), 체득(體得), 체화(體化) 등의 다양한 용어로 통용되었다.[54] 주희의 견해에 따르면, 체인은 몸의 행위를 통해서 깊이 체찰하는 것을 가리킨다.[55] 그는 몸의 실천을 통해 도리를 철저하게 인식하는 수준에 도달해야만 비로소 육화된 암묵지(tacit knowledge)를 획득할 수 있다고 보았다.[56]

체인 공부의 대상과 출발점은 내 눈앞에 펼쳐져 있는 일상 속의 사물들이다. 왜냐하면 사물들은 그 자체로 성리(性理) 또는 도리(道理)를 체현하는 담지체들이기 때문이다.[57] 이 점에서 주희는 "학문의 도는 단지 눈 앞에 펼쳐진 일상의 것을 대상으로 삼으니, 애초에 심원하고 현묘한 것은 없다."[58]라고 말하였다. 주의할 점은 그렇다고 사물 자체가 체인 공부의 목적은 아니다. 왜냐하면 그는 "도란 단지 눈 앞에 펼쳐진 분명한 도리일 뿐이다."[59]라고 말하기 때문이다. 다시 말해 체인은 사물을 매개로 언제나 현상하는 보편적이고 객관적인 원리나 법칙을 체화하는 공부일 뿐 대상적 인식의 획득이 궁극적 목적은 아니라는 것이다. 따라서 체인 공부의 출발은 사물에 대한 인식으로부터 출발하지만, 그 최종적인 결과는 절기(切己)에 기초한 보편적 도리의 자각으로 수렴된다.[60]

이처럼 주희가 체인 공부를 강조한 까닭은 두 가지이다. 첫째, 참된 인식과 피상적 인식을 구분하기 위해서이다. 왜냐하면 참된 인식은 몸에 체화된 인식이므로 향후 인위적으로 노력하지 않아도 그와 관련된 적절한 행위로 자연스럽게 표출되지만, 피상적 인식은 실천 행위와 자주 단절되기 때문이다.[61] 이러한 견해는 그가 제시한 체인 공부의 일차적 목적이 지행합일의 실천적 근거를 확보하려는 데 있다는 점을 잘 보여준다. 둘째, 체화된 인지와 사변적 인지를 구분하기 위한 것이다. 가령 그는 신체와 독서의 관계에 대해 다음과 같이 말하였다.

> 사람의 마음이 이 신체에 없다면, 어떻게 성인의 책을 읽을 수 있겠는가! 이 경우 단지 근거 없는 공허한 학설만을 제시할 뿐 원래 성인의 이

론과는 같지 않게 된다.⁶²

　다시 말해 성인의 언행은 모두 그들이 몸소 실천을 통해 깊이 체득한 체화된 인지를 기록한 것이므로 그 취지를 분명하게 인식하고 자각하려면 체인해야 한다는 것이다. 그렇지 않은 경우 그것은 어디까지나 순수한 사변으로서 결국 현실과 유리되어 공허한 앎으로 전락한다는 것이다. 이 때문에 그는 당대의 학설들을 다음과 같이 비판하였다. "요즈음 사람들이 논의하는 도는 단지 이치만을 가리킬 뿐 일은 논의하지 않으며, 단지 마음만을 말할 뿐 신체를 말하지는 않는다. 그래서 그 학설이 매우 고상하지만 막연하고 광활하지만 견지할 수가 없어서 공허하므로 이단의 학설로 흐른다."⁶³ 따라서 그가 제시한 체인은 피상적 인식과 추상적 이론을 체화된 인지의 관점에서 지양하고 극복하려는 노력의 산물임을 알 수 있다.

　이 때문에 그가 가장 중시한 공부 방법 가운데 하나인 독서궁리(讀書窮理)도 오직 이처럼 체화된 인지의 형성에 기여할 때에만 비로소 그 실질적 가치와 의의를 지닌다고 보았다.⁶⁴ 왜냐하면 독서는 과거의 지식을 답습하거나, 또는 새로운 이론 체계를 정립하는데 있다기보다 과거 성현의 언행을 독서 주체의 심신으로 돌이켜서 그 취지를 체찰하고 자각하려는 실천적 노력이기 때문이다.⁶⁵ 이 점에서 체인 공부의 궁극적 의의는 외부 사물에 대한 대상적 지식을 확장하는 데 있는 것이 아니라, 주체와 사물을 관통하여 현전하는 보편적인 도리를 심신에 기초한 성찰을 통해 자각하는 데 있다. 그러므로 주희는 공자가 말한 '학이시습지(學而時習之)'에 대해 다음과 같이 부연하였다.

지금은 우선 '학(學)' 자를 이해하되 무엇을 배워야 하는지를 이해한 뒤에 '습(習)' 자와 '시(時)' 자를 이해해야 한다. 사람에게는 오직 마음이 있으니 천하의 이치가 모두 여기에 응취되어 있다. 이 때문에 자신의 한 몸을 주재할 수 있는 것이다. 만약 마음이 없다면 어디에서 이치를 얻겠는가! 오직 학문을 오래하면 마음과 이치가 하나가 되어서 두루 흘러서 널리 응하되 구석구석 합당하지 않음이 없게 된다.[66]

다시 말해 학습(學習)이란 우주와 마음을 관통하는 모든 이치를 인식하려는 공부이고, 최종적으로 마음과 이치가 하나로 통일되는 경계에 도달하려는 실천적 노력이다. 그리고 그 목적은 주체의 몸이 일상에서 끊임없이 발생하는 사물이나 사태와 자연스럽게 조화를 이루도록 하려는 것이다. 결론적으로 말해 주희의 철학에서 모든 공부는 체인의 과정이며 그 목적은 몸에 기초한 고도로 조직화된 체화된 인지를 성취하는 데 있다.

6. 나가기

이 글에서는 주희의 몸과 체인 이론의 주요 내용과 특징에 대해 살펴보았다. 그의 몸 이론은 기론을 바탕으로 형성되었고 신체와 정신은 몸의 두 양태라는 점도 살펴보았다. 또한 신체와 정신은 모두 기의 분화로부터 창발한 것이고, 신체와 정신의 속성은 기의 요소를 공유하므로 상호 인과성이 존재하지만, 그럼에도 서로 다른 창발 과정 때문에 어느 한 영역으로 완전히 환원되지는 않는다는 점도 살펴보았다. 그리고 이러한 몸 이론에 기초하여 주희의 공부론을 조망하면 그가 제시한 공부론은 결국 체인 이론으로 귀결된다는 점도 간략하게 살펴 보았다.

사실 전체 유학사를 조감할 때 선진(先秦)에서부터 송명(宋明)에 이르는 유학사를 관통하는 핵심 주제는 몸과 체인이다. 가령 선진 유학에서 실천 행위를 말할 때 정신이나 심(心)보다 '신(身)', '신체(身體)', '형(形)', '체(體)', '형체(形體)', '궁(躬)' 등의 용어들이 훨씬 빈번하게 사용되었는데, 이러한 사실은 선진 유학자들이 심신일원론을 암묵적으로 전제한 채 각종 수양론을 제시하였다는 사실을 입증해준다.

송명의 신유학은 이러한 초기 유학의 전통을 새로운 기론에 기초하여 보다 정교하게 발전시키고 체계화시켰다. 특히 송명의 유학자는 공통적으로 마음과 이치의 통일이라는 새로운 성학 이념을 제시하고 그것을 성취할 수 있는 공부 방법으로 신심(身心)의 학(學)을 제창하였다. 다시 말해 주관 의식과 보편적 규범성이 통일되는 성인(聖人)의 경계에 도달하려면 반드시 몸의 성찰과 자각에 기초한 체인 공부를 통해서만 보편적인 진리에 도달할 수 있다는 것이다.[67]

이 점에서 체화된 인지의 관점에서 송명 유학의 몸과 체인 사상을 재조명하는 작업은 매우 중요한 과제로 여겨진다. 물론 이러한 연구 시각과 방법은 결코 새로운 것이 아니며 그간 이미 적지 않은 연구가 이루어졌다.[68] 가령 어떤 연구는 이미 유학의 전통적인 체인 사상을 체화된 인지의 한 형태인 체지(體知)로 규정하였고,[69] 또한 최근의 연구는 유학에서 제시한 체인이 인지의 신체화라는 점에 착안하여 향후 유학의 연구 방향과 목적으로 '인지유학(Cognitive Confucianism)' 성립 가능성을 제시하기도 하였다.[70] 이러한 선행 연구들은 유학에서 일관되게 제시한 몸과 체인 이론들이 현대에 중요하게 대두되는 체화된 인지의 관점에서 현대적으로 재구성될 수 있다는 점을 시사해준다.

더 읽을 거리

임헌규 지음. 2001.『유가의 심성론과 현대 심리철학』. 이 책은 유학의 심성론을 현대 심리철학의 성과와 비교하는 고찰 방식을 통해 유가 심성론의 현대적 의의를 재구성하고 있다.

프란시스코 J. 바렐라 지음, 유권종 옮김. 2009.『윤리적 노하우』. 이 책은 전통 윤리학의 문제를 노왓(Know-What)이 아닌 노하우(Know-How)의 관점에서 해결할 것을 강조하면서 유학의 체인(윤리적 숙련)과 도가와 불교의 비어있음의 체화라는 관점에서 그 대안을 모색하고 있다.

프란시스코 바렐라 외 지음, 석봉래 옮김. 2013.『몸의 인지과학』. 이 책은 인지과학과 체화된 인지의 역사를 개괄적으로 소개하고, 새로운 체화된 인지의 가능성을 동아시아 대승 불교의 공(空) 수행에 접목시키고 있다.

장수 지음. 2016.『몸으로 본 유가 도덕 이론』. 이 책은 유학의 도덕 이론을 현대 영미철학에서 유행하는 체험주의의 관점에서 재해석하고 있다.

에드워드 슬링거랜드 지음, 김동환 옮김. 2020.『고대 중국의 마음과 몸』. 이 책은 고대 중국에서 보이는 몸과 마음에 관한 관념이 강한 심신 일원론이 아니라 약한 심신이원론에 기초하고 있다고 주장한다.

9.   정혜윤

음악, 온몸으로 듣다

1. 들어가며

　우리는 음악을 무엇으로 들을까? 오감(五感)이 무엇인지를 한창 배우는 유치원 아이들에게 이 질문을 던진다면 아이들은 '귀'라고 목청껏 답할 것이다. 반면 답이 뻔해 보이는 이 질문을 성인들에게 던진다면 많은 사람들은 '이런 질문을 도대체 왜 하는 것일까' 질문자의 의도를 의심할 것이다. 이 질문이 '우리가 어떤 감각 기관을 통해 음악을 듣는가'를 묻는 것이 아니라고 생각할 것이기 때문이다. 그렇다면 우리는 음악을 무엇으로 들을까? 간단해 보이는 질문이지만 막상 답하기는 쉽지 않다.
　사실 우리가 음악을 무엇으로 듣느냐는 짧은 질문 뒤에는 많은 물음들이 숨어 있다. 우선 이 질문은 우리가 음악을 들을 때 관여되는 신체의 부분이 어디인지를 묻는다. 두뇌의 대뇌 피질인가? 변연계인가? 아니면 신체 전부인가? 또한 이러한 물음에는 음악을 들을 때 우리가 음악과 관계

맺는 방식에 대한 질문도 함축되어 있다. 음악은 지적인 이해와 판단, 평가의 대상인가? 아니면 정서적 반응의 대상인가? 한편 이러한 물음들에 대한 답은 우리가 음악을 들을 때 우리와 음악 사이에 어떤 작용이 일어나는가에 대한 답을 다시 요청한다. 우리는 음악에 대해 단지 수동적으로 반응만 할 뿐인가? 음악은 자극원이고 우리의 반응은 이에 대한 단순한 결과물인가? 아니면 음악을 들을 때 우리도 무언가를 적극적으로 행하는 것일까? 만약 그렇다면 우리는 도대체 무엇을 행하는 것일까? 그리고 우리 행위의 파트너로서 음악은 어떤 역할을 하는 것일까?

우리는 음악을 무엇으로 들을까? 이러한 고려 끝에 다시 볼 때 한 마디로 답하기가 더욱 어렵게 느껴질 이 질문에 이 장은 '온몸으로 듣는다'고 답할 것이다. 그리고 이렇게 답할 때 위에 제기된 여러 물음들에는 어떻게 답할 수 있을지 살펴볼 것이다.

2018년 프레디 머큐리(Freddie Mercury)와 그가 리드보컬로 활약한 그룹 퀸의 뒷이야기, 그리고 이들의 음악을 그린 영화 '보헤미안 랩소디'가 한국에서 흥행에 크게 성공하면서 영화 속에 재연된 퀸의 '라이브 에이드(Live Aid)' 공연에 대한 관심이 뜨겁게 재점화 되었다.[1] 1985년에 열린 이 공연에서 퀸 최대의 히트곡인 〈보헤미안 랩소디〉가 연주되는 장면에서 우리는 웸블리 스타디움을 가득 메운 엄청난 수의 관객들이 두 팔을 크게 벌리고 선율과 리듬에 온몸을 맡긴 채 흔들며 떼창 하는 것을 볼 수 있다. 이런 장면은 우리가 음악을 온몸으로 듣는다는 것이 너무나 자명한 사실이라고 말해주는 것 같다.

반면 반 클라이번 콩쿠르 최연소 우승자인 임윤찬의 공연 장면은 전혀 다른 이야기를 한다. 2022년 반 클라이번 콩쿠르 결선 무대에 오른 임윤찬의 라흐마니노프(Sergei Rachmaninoff) 〈피아노 협주곡 3번〉 연주 장면을 담은 영상은 600만에 가까운 조회수를 기록하며 현재 뜨거운 관심을 받고 있다.² 그런데 이 영상 속 카메라에 드물게 잡히는 청중의 모습은 '라이브 에이드' 공연 속 청중의 모습과 전혀 다르다. 너무 얌전하다. 신들린 듯 연주하며 화면 가득 율동을 뿜어내는 임윤찬과 대조적으로 청중들은 시선을 무대 위로 고정한 채 미동도 없이 조용히 앉아 있다. 마치 음악을 감상하는 데 머리 아래 부분은 전혀 필요가 없다는 듯 말이다. 임윤찬의 청중은 소리를 판단하고 평가하는 관찰자의 모습을 하고 있다. 임윤찬의 청중 모습만 캡처하여 이를 어느 학술대회 청중의 모습을 찍은 사진이라고 말한다면 누구도 의심하지 않을 정도다. 그렇다면 이 경우 우리가 음악을 온몸으로 듣는다는 말은 유효하지 않은 것만 같다. 적어도 이 경우에는 온몸이 아니라 두뇌로 음악을 듣는다고 말하는 것이 더 그럴듯해 보인다.

    도대체 무엇이 맞는 것일까? 온몸인가 두뇌인가? 아마도 많은 사람들은 두뇌보다 온몸 쪽으로 마음이 기울 것이다. 두뇌로 음악을 듣는다는 것이 어색하게 느껴질 것이기 때문이다. 실제로 서구사상사의 오랜 직관은 두뇌보다 온몸 쪽에 힘을 실어주는 것 같다. 고대에 음악은 두뇌의 지적인 작업이 아닌 영감의 산물로 여겨졌다. 여신 뮤즈가 영감을 훅 불어 넣으면 음악가는 자동적으로 음악을 토해내는데, 음악가는 자신이 음악을 어떻게 만들어내는지 알지 못하고 따라서 설명할 수도 없다는 것이 고대의 생각이었다. 한편 뮤즈가 관장하는 활동으로서 음악은 마음을 정화시키고 병마를 쫓아내는 주술적인 힘을 가진 것으로 여겨졌다. 다윗이 연주하는 하프 소리에 사울의 광적인 증상이 가라앉았다는 성경의 이야기는 음악의 치유적 힘에 대한 고대인들의 믿음을 잘 보여준다.

    플라톤과 아리스토텔레스 시대에 음악은 무엇보다 인간의 품성에 결정적인 영향을 미칠 수 있는 것으로 여겨졌다. 당시 사람들은 인간의 영혼이 여러 가지 요소들로 이루어져 있으며 이러한 요소들이 조화로운 비율을 이룰 때 훌륭한 품성이 나타난다고 믿었다. 그런데 음악은 이러한 요소들의 비율을 흩뜨려 놓음으로써 인간의 영혼을 교란시킬 수도 있고 반대로 이들 간의 비율을 조화롭게 유지시킴으로써 인간의 영혼을 아름답게 고양시킬 수도 있다는 것이 이들의 생각이었다. 플라톤이 〈국가론〉에서 리듬과 선법, 악기들을 이상국가의 젊은이들에게 권장할 만한 것들과 배격해야할 것들로 분류할 때의 기준도 이것이었다. 그런데 오늘날의 관점에서 볼 때 플라톤의 입장은 놀랄 만큼 과격하다. 플라톤은 젊은이들을 흥분시키거나 나약하게 만드는 선법이나 악기를 이상국가로부터 추방해야 한다고 주장한 것이다. 젊은이들을 감상에 빠지게 하는 음악에 대한 플라톤의 이러한 지나친 경계는 음악이 인간의 감정을 뒤흔드는 강력한 힘을 가졌다는 사실에 대한 당대의 의식을 반증한다. 또한 특정 리듬과 선법, 악기를 배격할 것에 대한 플라톤의 주장은 그가 말하는 '영혼'이 판단하고 평가하는 계산적인 두뇌가 결코 아님을 시사한다. 흥분하고 슬픔에 빠지는, 혹은 씩씩하고 용기 있는 영혼이란 다분히 기질적이고 감정적이며 신체적이기 때문이다.

 오랫동안 음악은 신앙심을 고취시키기 위해 예배에서 사용되었고 사교의 현장에서 분위기를 고취시키기 위한 도구로 쓰였다. 힘든 노동의 현장에서는 기운을 북돋는 역할을 했고 춤을 출 때는 흥을 유발하는 유용한 수단이었다. 우리 삶 속에서 음악이 담당해 온 이 모든 일들을 생각할 때 음악이 지적인 판단과 냉정한 인식의 대상이라는 생각은 도무지 말이 되지 않는 것만 같다. 그런데 이런 견해가 매우 진지하게 출현했던 때가 서구사상사에 있었고 더군다나 이런 사고는 오늘날 커다란 영향력을 행사하고 있다. 이런 견해는 19세기 중후반 무렵 크게 주목받은 이래 결코 사그라지지 않은 채 이런 저런 모습으로 명맥을 유지해 왔는데, 특히 20세기 중반 이래 오늘날 음악에 대한 서구의 사고를 강력하게 지배하고 있다. 물론 이것이 음악에 대한 서구의 사고가 이런 방향으로만 흘러왔다는 것을 뜻하는 것은 아니다. 음악에 대한 서구의 사고는 언제나 여러 갈래로 진행되어 왔다. 그런데 음악에 대한 지적인 감상은 특히 현대미학의 담론에서 크게 부각되었다. 우리의 상식이나 직관과 도무지 맞지 않아 보이는 이러한 생각을 오늘날의 미학자들이 지지하는 이유는 무엇일까?

이 장에서는 음악듣기에서 두뇌를 제외한 신체를 추방해 버린 현대미학의 이야기를 먼저 소개할 것이다. 그리고 현대미학의 이러한 주장과 달리 우리는 음악을 결코 두뇌만으로 듣지 않는다는 것을 신경과학의 발견과 심리학, 인지과학의 논의를 통해 보여줄 것이다. 우리는 음악을 온몸으로 듣는다는 것이다. 그런데 이 장에서의 이야기는 여기에서 그치지 않는다. 우리는 음악듣기에 우리의 온몸이 어떤 방식으로 관여하며 이때 우리는 음악과 어떤 관계를 맺는 지도 살펴볼 것이다. 또한 음악을 들을 때 우리의 온몸이 과연 무슨 일을 행하며 이때 음악은 도대체 어떤 역할을 하는지 들여다볼 것이다. 이러한 과정을 통해 우리는 결국 음악을 듣는 온몸을 긍정하게 될 것이다. 온몸에 대한 긍정이야말로 이 장의 최종 목적이라고 할 수 있는데, 왜냐하면 서구사상사에서 음악듣기에 몸이 관여됨이 인정된 경우 몸은 대체로 평가절하 되거나 부정되어 왔기 때문이다. 몸에 미치는 음악의 영향력을 두려워 한 나머지 특정 종류의 음악을 이상국가에서 추방할 것을 역설한 플라톤의 견해가 이를 잘 대변한다.

2. 음악, 온몸으로 듣다

오늘날 음악을 신체적, 감정적 관여의 대상으로 보는 입장과 지적인 이해의 대상으로 보는 입장은 서로 무게를 나누며 공존하고 있다. 음악이 감정의 대상이라는 것이 보통 사람들의 일상적 직관이라면 음악이 인식의 대상이라는 주장은 전문학자들의 특정한 믿음이 반영된 결과인 경우가 대부분이다. 2장에서는 먼저 음악듣기에서 두뇌를 제외한 신체를 배제할 것을 주장한 현대미학의 입장을 소개할 텐데 이로부터 우리는 음악을 감정의 대상으로 바라보는 보통 사람들의 직관이 형편없는 것으로 치부된 경위를 보게 될 것이다. 이어서 우리는 현대미학의 주장을 무기력하게 만드는 오늘날의 신경과학적 발견과 심리학, 인지과학의 논의들에 눈을 돌릴 것이다. 신경과학의 성과는 두뇌만으로 음악을 듣기란 원천적으로 가능하지 않다는 사실을 확인해 준다. 그리고 심리학과 인지과학의 논의들은 음악듣기에서 두뇌를 제외한 몸을 요구하지 않는 것으로 현대미학자들이 주장하는 음악의 소위 구조적인 요소들에 대한 지각과 이해에도 온몸이 적극적으로 개입된다는 사실을 보여준다. 우리의 온몸이 어떤 층위에서 어떤 방식으로 음악듣기에 관여되는지를 살펴보는 가운데 우리는 온몸으로 음악듣기에서 우리가 온몸으로 하는 것은 과연 무엇이며 이때 음악은 어떤 역할을 하는 지 알게 될 것이다.

2.1 음악, 두뇌로 듣다?

음악듣기에서 두뇌 이외의 신체를 배제해버린 현대미학의 입장은 흔히 음악의 정서표현성에 관한 '인지론'이라고 불린다. 인지론자들에 따르면 우리가 음악에 대해 갖고 있는 일상적인 직관, 즉 '슬픈 음악은 우리를 슬프게 하는 음악'이라거나 '기쁜 음악은 우리를 기쁘게 하는 음악'이라는 믿음은 옳지 않다. 그 이유는 간단하다. 다음과 같은 경우들 때문이다. 가령 나를 슬프게 하는 어떤 음악 M을 듣고 나의 친구는 전혀 슬프지 않을 수 있다. 또한 어제는 내가 M을 듣고 슬픔에 젖어들었으나 오늘은 M을 듣고도 전혀 슬픔에 빠지지 않을 수 있다. 이 때 M은 슬픈 음악인가 아닌가? 만약 음악의 정서표현성의 근거를 감상자에게 환기되는 감정에서 찾는다면 이러한 질문에 답할 수 없게 된다는 것이 인지론자들의 설명이다. 인지론자들은 감상자에게 환기된 감정을 음악이 표현하는 정서와 동일시하는 입장을 '환기론'이라 부른다. 인지론자들은 음악의 정서표현성의 토대를 가변적이고 주관적인 감상자의 정서적 반응에서 찾는 환기론에서는 음악의 정서표현성의 객관성이 포기될 수밖에 없다고 주장하며 환기론을 비판한다.

  음악의 정서표현성의 객관성을 확보하기 위해 인지론이 택한 노선은 그야말로 극단적이다. 대표적인 인지론자인 키비(Peter Kivy)는 감상자의 신체적 관여를 포기한다. 음악의 정서표현성이 사람에 따라, 때에 따라 다르게 결정되는 사태를 피하기 위해 키비는 음악의 정서표현성을 감상자의 정서적인 반응에 철저하게 독립적인 것으로 설명한다. 그리고 음악의 정서표현성을 음악이 갖는 지각적인 성질로 규정한다. 음악이 정서표현성을 지각적인 성질로 갖는다는 것이 뜻하는 바는 세인트 버나드 개나 바셋 하운드 개의 표정에 의해 잘 설명될 수 있다[그림 1]. 이 개들은 이 개들이 실제로 슬프건 기쁘건 간에 상관없이 언제나 똑같은 표정을 짓고 있다. 그런데 이들이 항상 짓고 있는 표정은 사람들이 통상 슬픔에 빠져 있을 때 겉으로 드러내 보이는 표정과 닮았다. 이 때문에 우리는 이 개들

그림 1 바셋 하운드[3]

이 '슬픈' 표정을 짓고 있다고 말한다. 우리가 이렇게 말할 때 실제로는 이 개들이 기분 좋은 상태에 놓여 있다 해도 상관없다. 또한 이 개들의 표정이 '슬픈' 표정이라는 사실은 이 개들을 보고 우리가 느끼는 감정과 전혀 무관하다. 바로 이러한 의미에서 이 개들은 '슬픔'이라는 지각적인 성질을 객관적으로 갖는다. 축 늘어진 버드나무 가지의 경우도 마찬가지다. 버드나무 가지의 축 늘어진 모양새는 슬픔에 처한 사람들이 통상 드러내 보이는 자태를 닮았다. 이 때문에 사람들은 버드나무 가지가 '슬프다'고들 말한다. 버드나무 가지를 '슬프다'고 말하면서 우리가 슬픔을 느낄 필요는 없다. 버드나무 가지의 모습과 슬픔에 처한 사람의 모습이 닮았다는 사실을 알아채기만 하면 된다.

인지론자들은 음악도 마찬가지라고 주장한다. 우리가 음악 M이 슬프거나 기쁘다고 말할 수 있는 것은 우리가 음악을 듣고 슬픔이나 기쁨을 느끼기 때문이 아니라 음악의 구조적인 윤곽이 슬픔 혹은 기쁨에 처한 사람이 흔히 겉으로 드러내 보이는 모습과 닮았기 때문이라는 것이다. 가령 헨델(Georg Friedrich Händel)의 〈메시아〉에 나오는 아리아 '기뻐하라, 시온의 딸들아'가 기쁨에 대해 표현적인 것은 이 아리아가 우리에게 기쁨을 불러일으키기 때문이 아니라 이 아리아 선율의 구조적 윤곽이 기쁨에 처한 사람의 고양된 행동 양태를 닮았기 때문이라는 것이 인지론의 설명이다. 그렇다면 음악의 정서표현성을 파악하기 위해 요청되는 것은 음악과 인간의 겉모습 사이의 닮음에 대한 인식이라는 결론에 이르게 된다. 음악의 구조적 특징들을 탐지하여 그것이 어떤 정서에 처한 사람이 전형적으로 드러내 보이는 겉모습과 닮았는지를 찾아내고 판단하고 평가하는 능력 외에 감상자에게 요구되는 것은 어떤 것도 없다. 음악의 정서표현성을 파악하는 데 감상자의 두뇌 아래 신체는 전혀 필요가 없다는 말이다. 키비가 음악감상에 적법하게 관여되는 것으로 인정하는 유일한 정서적 반응은 훌륭한 작곡 솜씨나 연주 기술이 불러일으키는 감동뿐이다. 가령 팔레스트리나(Giovanni Pierluigi da Palestrina)의 〈마르첼루스 교황을 위한 미사〉를 들으면서 '6성부의 다성음악을 어떻게 이렇게 복잡하지 않고 명료하게 들리도록 썼을까' 찬탄하거나 조성진이 연주하는 쇼팽(Frédéric Chopin)의 〈영웅 폴로네이즈〉를 들으면서 '어쩜 이렇게 우아하고 기품 있게 연주할 수 있을까' 상탄하는 경우처럼 말이다. 그런데 자세히 들여다보면 이러한 감동의 경험 역시 지적인 판단과 평가의 결과에 다름 아니다.

다시 '라이브 에이드' 영상과 임윤찬의 연주 무대로 돌아가 보자. 키비가 인정하는 감상자의 모습은 숨죽인 채 미동도 없이 앉아 무대 위를 주시하는 임윤찬의 청중의 모습과 매우 유사해 보인다. 그리고 이때 감상자와 음악은 임윤찬이 연주하는 무대와 객석 사이가 완전히 분리된 것만큼이나 철저히 분리되어 멀리 떨어져 있는 것처럼 보인다. 그러나 신경과학의 최근 발견은 아무런 신체적 관여 없이 두뇌로만 음악을 듣고 판단하고 평가하는 차가운 감상자가 현실에선 불가능하다는 것을 분명히 보여준다. 다음 절에서 우리는 신경과학이 밝혀주는 현실이란 무엇인지 살펴보도록 하겠다.

2.2 음악, 운동신경으로 듣다

　음악과 감상자가 서로 철저히 독립적이라는 인지론의 관점에는 '무관심적 태도'를 견지한 채 일정한 거리를 두고 미적대상을 관조하는 것을 올바른 감상법으로 간주했던 칸트식의 사고가 반영되어 있다. 하지만 최근 신경과학 분야에서 이루어진 혁신적인 발견에 따르면 이러한 감상법은 그야말로 허구에 불과하다. 우리가 어떤 대상을 보거나 소리를 들을 때 많은 경우 우리의 신체 내부에서는 이에 상응하는 운동신경적 활성화가 일어나기 때문이다. 이러한 활성화가 가능한 것은 바로 거울뉴런체계 때문이다.

　거울뉴런이란 마카크 원숭이의 뇌 안에 있는 거울 속성을 지닌 신경들을 가리킨다. 30년 전 이탈리아 파르마 대학의 연구팀은 마카크 원숭이들이 행동을 수행할 때 활성화되는 신경들이 마카크들이 행동을 몸소 수행할 때뿐만이 아니라 다른 마카크들이 동일한 행동을 수행하는 모습을 단지 바라보기만 할 때에도 활성화된다는 사실을 우연히 발견했다. 거울뉴런계는 복측 전운동피질의 F5영역, 그리고 하두정엽과 하전두회의 PF영역 안에 형성되어 있다. F5영역이 운동 영역과 관련되어 있다는 사실은 이미 알려져 있었다. 하지만 F5영역이 행위

　를 수행할 때뿐만이 아니라 행위를 지각할 때에도 활성화된다는 것은 놀라운 사실이었다. 왜냐하면 이것은 행위와 지각이 각각 독립된 상자에서 일어나는 철저히 분리된 작용이라는 전통적인 견해에 반하는 것이기 때문이다. 거울뉴런의 발견은 운동에 대한 처리와 지각에 대한 처리가 똑같은 신경적 토대 위에서 일어난다는 사실을 밝혀 준 획기적인 사건이었다. 그런데 이후 거울뉴런반응이 시각 정보에만 관련하여 일어나는 것이

아니라 청각 정보에 대해서도 일어난다는 사실이 밝혀졌다. 마카크들이 땅콩의 껍질을 까거나 종이를 찢는 등의 손 행위를 몸소 수행하는 경우, 이러한 행위를 수행함 없이 다른 마카크들이 이러한 행위를 수행하는 것을 그저 바라보기만 하는 경우, 그리고 이러한 행위들을 수행하거나 이러한 행위의 수행을 관찰함 없이 이러한 행위가 내는 소리를 듣기만 하는 경우 모두에서 동일한 뉴런들이 활성화된다는 것이다. 운동에 대한 거울뉴런이 행하기와 보기가 신경적 수준에서는 별 차이가 없음을 보여주는 것이라면 '시청각 거울뉴런'이라 불리는 이 뉴런은 행하기와 보기뿐만이 아니라 듣기까지도 신경적 수준에서 서로 연동되어 있음을 보여준다. 인간의 뇌에 거울뉴런이 존재함을 단일 뉴런 수준에서 입증하는 연구는 아직까지 보고된 바 없다. 하지만 인간의 뇌에도 비슷한 체계가 있을 것이라는 가정은 오늘날 많은 지지를 받고 있다.

거울뉴런체계가 음악듣기에서 갖는 함의는 크다. 이 함의가 무엇인지 살펴보기 위해 다시 임윤찬의 연주로 돌아가 보자. 정지된 듯 조용한 객석과 달리 임윤찬이 연주하는 무대 위는 매우 분주하다. 갖가지 움직임들이 끊임없이 일어난다. 먼저 임윤찬이 있다. 손뿐만이 아니다. 팔과 다리, 머리와 몸통, 온몸이 움직인다. 지휘자도 있다. 지휘봉을 든 채 크게 휘두르는 팔에 맞추어 그녀의 온몸이 춤을 춘다. 오케스트라 단원들도 빼놓을 수 없다. 저마다 악기 하나씩 들고 자기 파트를 연주할 때 그들의 온몸이 흔들린다. 임윤찬의 청중들은 이러한 움직임들을 본다. 그런데 운동에 대한 거울뉴런체계가 말해주는 바에 따르면 청중들이 이러한 움직임들을 볼 때 청중들에게는 다소 약화된 수준에서나마 그 움직임에 상응하는 운동신경적 활성화가 일어난다. 가령 임윤찬이 갑자기 고개를 들 때 청중들은 만약 그들이 몸소 고개를 든다면 그들에게 일어날 운동신경적 활성화를 체험한다는 것이다. 공중에 커다란 원을 그리는 지휘자나 조심스럽게 현을 긋는 연주자의 팔동작도 마찬가지다. 움직임 없이 가만히 앉아 있는 청중들의 몸 안에서는 만약 그들이 몸소 그렇게 팔을 움직인다면 그들에게 발생할 운동신경적 활성화가 그야말로 분주하게 일어난다.

그렇다면 이제 우리는 임윤찬의 청중들에게 요청되는 것은 두뇌뿐이라고 더 이상 말할 수 없다. 아무 것도 하지 않은 채 얌전히 앉아 있는 것처럼 보이는 임윤찬의 청중들 신체 내부에서는 운동신경적 활성화가 끊임없이 일어나고 있는 것이다. 19세기를 대표하는 오스트리아의 비평가 한슬릭(Eduard Hanslick)은 사람들이 음악을 듣고 눈물짓는 '감정과다주의적' 청취를 병적인 청취라고 통렬하게 비판했다. 그러면서 한슬릭은 음악의 본질은 '음으로 울리는 움직임의 형식들(tönend bewegte Formen)'이라고 주장했다.[4] 한슬릭의 형식주의는 키비로 대표되는 인지론의 원류인데, 그러나 거울뉴런체계는 '움직임의 형식들'에 대한 지각이 운동신경적 활성화를 일으킴을 밝힘으로써 키비의 인지론이 성립될 수 없음을 보여준다.

시청각거울뉴런체계는 감상자들이 심지어 연주 장면을 보지 않고 소리만을 들을 때에도 운동신경적 활성화를 체험함을 보여준다. 가령 힐러리 한(Hilary Hahn)이 연주하는 시벨리우스(Jean Sibelius)의 〈바이올린 협주곡〉을 음반을 통해 들을 때 감상자에게는 이 연주를 볼 때 못지않은 운동신경적 활성화가 일어난다. 지하철에 가만히 앉아 이어폰을 통해 이 연주를 들으면서 이동하는 승객이 외관상으로는 아무런 신체 활동도 하고 있지 않은 것처럼 보이지만 실상은 크고 작은 운동신경적 활성화를 분주하게 겪고 있다는 것이다. 이 경우 시청각거울뉴런은 감상자가 바이올린 연주에 대한 경험이 많을수록 더 강하게 활성화될 것이다. 물론 바이올린 연주에 대한 사전 지식이나 체험의 유무는 연주장면을 직접 보면서 감상하는 경우에도 운동신경 활성화의 정도에 의미심장한 영향을 미치지만, 소리만 듣는 경우 더 큰 영향력을 행사할 것이다.

　우리가 음악을 온몸으로 듣는다는 견해에 거울뉴런체계의 작용만큼 실증적인 힘을 실어주는 것은 없다. 그런데 거울뉴런체계가 온몸으로 음악 듣기의 모든 기제를 해명해 주는 것은 결코 아니다. 첼리스트의 손이 현 아래쪽으로 점점 이동할 때 우리는 선율선이 점점 올라가는 것을 들으며 이와 동시에 점진적인 신체적 고양감을 느낀다. 이러한 경험은 거울뉴런으로는 설명되지 않는다. 이제 다음 절에서는 이러한 경험이 어떻게 가능한 지를 인지언어학이 제시하는 '개념적 은유'를 통해 살펴보겠다.

2.3 음악, 신체화하기

　쇼팽의 〈연습곡 Op.10, No.8〉의 시작 부분에서 우리는 선율선이 아래로 달음박질쳐 내려가는 것을 듣는다[악보1]. 이러한 듣기는 너무나 즉각적이고 자연스러워서 여기에서 선율선의 하행을 듣지 않기란 불가능하게 느껴질 정도다. 우리는 소리들의 연쇄를 듣고 난 후 이를 선율의 하행으로 해석하는 것이 아니다. 소리들이 울리는 그 순간 이것을 선율의 하행으로서 듣는다. 이것은 축구공을 구(球)로 보지 않고서는 볼 수 없는 것과 마찬가지다. 그런데 매우 놀랍게도 우리가 높거나 낮다고 말하는 음들을 다른 문화권에서는 전혀 다르게 묘사한다. 가령 아마존 지대의 수야(Suyá)족은 높은 음과 낮은 음을 각각 '젊은' 음과 '늙은' 음이라 부른다. 한편 자바(Java)에서는 높은 음을 '작은' 음, 낮은 음을 '큰' 음이라 말한다. 그리스 이론가들은 이를 '날카로운' 음과 '무거운' 음으로 표현했다. 특이하게도 칼룰리(Kaluli)족은 그들이 폭포의 특성을 묘사할 때 사용하는 용어들로 선율의 움직임을 묘사한다. 가령 반복되는 음으로 하행하는 선율선을 그들은 'sa-mogan'이라고 부르는데, 'sa-mogan'은 폭포수가 아래쪽 편평한 물웅덩이로 흘러가는 것을 가리키는 말이다.

악보 1

그렇다면 우리가 소리들의 연쇄를 하행이라고 해석하는 것이 아니라 하행으로서 듣는다는 직관은 틀린 것인가? 우리는 이에 대한 답을 흔히 제2세대 인지과학으로 분류되는 인지언어학의 '영상도식'이라는 개념에서 찾을 수 있다. 영상도식이란 우리가 태어나는 그 순간부터 수없이 반복적으로 겪은 물리적 움직임에 대한 체험을 바탕으로 형성된 신체적 경험의 반복적 패턴이다. 가령 태어나는 그 순간부터 우리는 '경로'에 대한 경험을 수없이 반복적으로 한다. 엄마 젖을 빨기 위해 상체를 일으키면서, 장난감이 있는 저 건너편까지 기어가면서, 침실을 나와 화장실까지 걸어가면서, 연인의 품속으로 달려가면서 우리는 경로에 대한 체험을 한다. 또한 빗줄기가 쏟아지는 것을 보면서, 자동차가 휘익 지나가는 것을 보면서 경로에 따른 움직임을 지각한다. 이처럼 출생 이래 무수히 반복된, 경로에 대한 우리의 체험은 우리 몸에 '경로도식'을 형성한다. 그런데 이렇게 신체화된 경로도식을 우리는 물리적인 움직임뿐만이 아니라 추상적인 개념에 대해 말할 때에도 사용한다. 가령 우리는 방탄소년단이 세계적인 그룹으로 성장한 '경로'에 대해 말하며 뜻이 맞는 학자들끼리 모여 학회를 결성하게 된 '경로'에 대해 말한다.

이처럼 반복적인 물리적 체험을 통해 우리 몸에 자연스럽게 형성된 영상도식은 인지언어학자들이 '개념적 은유'라 부르는 인식적 활동의 토대를 이룬다. 본래 '은유'는 아리스토텔레스에 의해 '무엇인가에 그것이 아닌 다른 것에 속하는 이름을 주는 것'으로 정의된 이래 19세기 말에 이르도록 수사적 장치나 언어적 장식으로서 이해되어 왔다. 그런데 이처럼 언어적 차원의 현상으로 여겨져 왔던 은유 개념은 1980년에 이르러 혁신적인 전환을 맞게 되었다. 그 계기가 된 것은 언어학자 레이코프와 철학자인 존슨이 내놓은 은유에 대한 새로운 정의다. 이들은 은유가 참신하고 시적인 언어적 표현이 아니라 우리가 세계를 이해하는 근본적이고 일상적인 인식적 역량이라는 획기적인 주장을 내놓았다. 그리고 이러한 은유를 '개념적 은유'라 불렀다. 이들에 따르면 은유는 우리에게 낯설거나 추상적인 개념을 이해하기 위해 우리에게 친숙하고 구체적인 대상을 활용하는 인식적 활동이다. 가령 '이론'이라는 추상적인 개념을 우리는 '건물'이라는 익숙한 물리적 대상을 통해 이해할 수 있다. 이론을 건물로 생각한다는 것이다. 사실 이런 생각은 우리의 사고 깊숙이 뿌리내리고 있는 것으로 우리는 흔히 이론의 '틀을 세우고' 이론을 '지탱해줄 기반'을 '구축하며,' 다른 사람의 이론을 '붕괴시킨다'고 자연스럽게 생각하고 말한다.

이제 다시 음높이들로 돌아와 보자. 수야족이 높은 음을 젊은 음으로, 낮은 음을 늙은 음으로 부르는 것은 나이가 들수록 목소리가 점차 낮고

깊어지는 것에 대한 오랜 체험을 근거로 한다. 수야족의 젊은 음을 우리가 높다고 말하는 데에도 체험적인 근거가 있다. 높은 음을 소리 낼 때에는 통상 우리 몸통의 윗부분이 확장되는 가운데 위쪽으로 에너지가 쏠린다. 반면 낮은 음을 소리 낼 때에는 통상 몸통 아랫부분이 울리는 가운데 아래쪽으로 무게 중심이 이동한다. 그렇다면 왜 우리는 높고 낮음으로, 반면 수야족은 젊고 늙음으로 음높이를 서로 다르게 묘사하는 것일까? 문화적 관습의 차이 때문이다. 칼룰리족이 폭포를 묘사하는 용어들로 선율선을 묘사하는 것은 폭포수를 중심으로 하여 이루어지는 그들 문화의 특이성 때문이다. 그들이 일상에서 가장 자주 보는, 그들의 삶에서 가장 중요한 대상을 통해 선율선을 묘사하는 것이 그들에게는 매우 자연스런 일일 것이다. 우리가 높고 낮음의 관계를 통해 음높이 관계들을 묘사하는 것은 아마도 높고 낮음에 대한 무수한 체험을 통해 형성된 영상도식, 즉 수직도식을 바탕으로 하는 개념적 은유에 의한 이해 방식이 우리 문화권에서는 여하한 이유로 가장 자연스럽게 받아들여졌기 때문일 것이다.

사실 음높이 관계로 결정되는 선율선의 윤곽, 그리고 이를 토대로 구축되는 음악의 구조야말로 키비와 같은 인지론자들이 음악적 표현성의 객관성을 담보해 줄 가장 확고부동한 토대로 주장하는 것이다. 키비가 그리는 음악의 구조는 냉정한 관찰과 인식의 대상일 뿐, 감상자의 신체와는 전혀 무관하다. 그러나 음악의 구조에 대한 지각은 우리의 온몸을 이미 전제한다. 구조 형성의 기초가 되는 음들 사이의 관계를 온몸의 관여 없이 지각하기란 불가능하기 때문이다. 이러한 사실은 인지론자들의 주장이 옳지 않음을 드러낸다. 인지론자들이 우리의 몸과 가장 거리가 멀다고 주장한 음악의 구조마저도 우리는 온몸으로 듣는다.

2.4 음악과 하나되기

이 절에서는 온몸으로 음악듣기를 주위 환경과 하나가 되고자 하는 인간의 일반적인 성벽을 통해 살펴보고자 한다. 주변 환경과의 차이는 생물학적인 관점과 사회적인 관점 모두에서 긴장과 충돌의 원천이 될 수 있다. 이 때문에 인간은 주위 환경과 스스로를 일치시키려는 습성을 발전시켜 왔다. 음악지각에서도 마찬가지다. 이 절에서는 감상자가 음악과 하나가 되려는 절차에 대한 두 가지 설명을 살펴보려고 한다. 음악과 하나되기는 언뜻 감상자가 스스로를 음악에 일방적으로 동화시키는 일처럼 생각될 수 있다. 하지만 결코 그렇지 않다.

(1) 음악적 동조

감상자와 음악 사이에서 일어나는 동화현상을 흔히 '음악적 동조(entrainment)'라고 하는데, 음악적 동조는 음악과 온몸으로 하나되기의 대표적인 현상이다. 동조란 서로 독립적이며 자율적인 율동체계들이 유사하거나 동일한 주기를 띠면서 일치되는 절차를 말한다. 서로 다른 추시계에 달린 추의 움직임이 서로 조율되어 일치되는 것처럼 말이다. 동조현상은 물리적 세계뿐만이 아니라 생물계에서도 흔히 발견된다. 새들의 편대비행, 반딧불들의 일치된 깜빡거림, 행렬의 발맞춤, 군중 속 박수소리의 일치, 낮과 밤에 따른 인간 생체 시계의 변화, 앙상블 연주자들 간의 협응 등이 그 예다.

음악적 동조에 관한 연구는 이미 1990년대부터 있었다. 흥미로운 사실은 음악적 동조현상을 연구하면서 당시 심리학자들이 음악듣기에서 감상자의 신체가 담당하는 적극적인 역할에 주목했다는 사실이다. 이들은 박자가 음악이 제공하는 청각적 단서들에 의해 전적으로 결정된다는 전통적인 견해에 반대했다. 그리고 음악적 시간과 박자는 감상자의 신체 내부의 율동적 절차들이 음악 소리가 갖고 있는 단서들에 동조함으로써 비로소 결정된다고 주장했다. 오늘날까지도 박자는 우리의 신체적 관여와는 무관하게 '주어진 것'으로 여겨지는 경향이 있다. 이러한 점에서 박자가 신체와의 만남을 통해 비로소 확정된다는 이들의 주장은 매우 의미심장한 것이다. 우리는 박자가 신체를 통해 확정되는 극단적인 사례를 아래에서 확인하게 될 것이다.

음악적 동조현상의 사례는 생리현상과 지각, 행위에 관련된 것으로부터 사회적인 것에 이르기까지 매우 광범위하다. 감상자의 신경적 진동자의 그물망들이 박절 지각을 위해 신체 내에서 조율되는 것, 음악의 박절 주기에 따라 심박동과 호흡의 주기가 조율되는 것, 음악에 맞추어 몸을 움직이는 것, 그리고 음악에 몸을 실어 움직임으로써 청자의 신체 내적 느낌과 기분이 조율되는 것 모두가 음악적 동조 현상의 결과다. '라이브 에이드' 청중들의 파도 치 듯 일치된 율동 역시 음악적 동조 현상의 흔한 예다.

(2) 흉내내기 가설

주변상황과 하나가 되려는 인간의 습성이 가장 잘 드러나는 것은 모방행위다. 모방행위는 음악과 하나되기의 가장 전형적인 절차이기도 하다. 콕스(Arnie Cox)는 감상자의 신체내적 상태와 느낌이 음악이 전하는 에너지의 역학과 일치되는 과정을 흉내내기라는 인간의 일반적인 성향을 통해 설명한다.[5] 소리에 대한 흉내내기의 가장 분명한 예는 '따라 부르기'일 것이다. 그러나 많은 경우 흉내내기는 겉으로 드러나지 않은 채 '심상'이라는 억제된 양상으로 일어난다. 이 경우 심상은 행위에 대한 상상과 관련된다는 점에서 '흉내운동심상'이라 불리는데, 여기에는 흉내되는 행위에 수반되는 신경적, 신체적 변화가 반드시 관여된다.

흉내운동심상의 대표적인 예는 '마음속으로 따라 부르기'다. 들리는 소리를 마음속으로 따라 부르면서 우리는 음악의 움직임에 편승하고, 그럼으로써 음악의 움직임에 수반되는 에너지의 역학과 하나가 된다. 가령 가파르게 상승하는 선율을 마음속으로 따라 부르면서 맥박이 빨라지고 가슴이 열리면서 온 몸이 위로 상승하는 듯한 느낌, 온몸이 긴장되는 가운데 목구멍이 좁아지는 느낌을 받는 식이다. 마음속으로 따라 부르기는 대개 의도적이거나 의식적이지 않은 방식으로 일어난다. 또한 혀, 입, 목구멍, 그리고 가슴이나 배에서 느껴지는 힘의 행사 비슷한 것에 그치기도 한다. 그러나 '칸타빌레(노래하듯이),' '소토보체(낮은 목소리로)'와 같은, 기악곡의 연주 방법을 지시하는 나타냄 말로 오랫동안 사용되어 온 표현들은 마음속으로 따라 부르기를 통한 음악이해의 뿌리가 매우 깊음을 보여준다. 흉내내기는 하복부의 근육들을 통해서도 이루어진다. 강약의 패턴, 속도, 음길이, 음높이와 강도, 그리고 음색 등 음악을 구성하는 여러 요소들이 드러내는 에너지의 역학을 하복부의 근육들을 통해 내장 깊숙한 곳으로부터 모방한다는 것이다. '우리는 음악을 근육으로 듣는다'고 말하면서 니체가 염두에 둔 것도 어쩌면 이러한 흉내내기일지 모른다. 이처럼 음악은 흉내내기를 통해 우리의 온몸에 내재화된다. 그리고 그럼으로써 '음악이 저러하다는 것은 어떤 것인가' 하는 것을 온몸으로 알게 해준다. 음악을 온몸으로 이해하게 해준다는 것이다.

(3) 소리에서 음악듣기

음악적 동조현상과 흉내내기는 언뜻 음악에 우리의 신체를 일방적으로 맞추는 절차로 생각되기 쉽다. 그러나 음악은 우리의 신체로부터 독립적인, 고정된 완결체가 결코 아니다. 음악은 우리의 온몸이 소리를 듣는 방식을 통해 비로소 제모습을 갖추게 된다. 우리는 그 극단적인 경우를 필립스 실버(Jessica Philips-Silver)와 트레이너(Laurel J. Trainer)의 실험에서 볼 수 있다.

이들은 2박인지 3박인지 불분명한 리듬 구조를 들으면서 한 그룹의 성인들은 그 리듬이 마치 행렬리듬인 것처럼, 그리고 다른 그룹의 성인들은 그 리듬이 마치 왈츠리듬인 것처럼 무릎을 구부려 뛰게 했다. 훈련세션이 끝난 후, 그 리듬 패턴을 식별하는 과제가 주어졌는데, 훈련세션에서 그 리듬이 행렬리듬인 것처럼 무릎을 구부려 뛰었던 성인들은 그 리듬패턴을 2박으로, 왈츠리듬인 것처럼 뛰었던 사람들은 3박으로 보고했다. 이러한 결과는 참가자들이 직접 무릎을 구부려 뛴 경우에만 나타났고, 타인이 뛰는 것을 단지 보기만 한 경우에는 나타나지 않았다. 사람들이 몸을 움직이는 방식에 의해 리듬이 결정됨을 보여주는 이 실험은 음악이 감상자의 신체에 독립적으로 확정된 완결체가 아니라 감상자의 온몸의 관여를 통해 비로소 창출되는 열린 체계라는 생각에 힘을 실어준다. 이 실험을 보여주는 논문의 제목처럼 우리는 "우리 몸이 느끼는 것을 듣는다"는 것이다.[6]

연주회장이나 온라인 플랫폼에서 우리가 듣는 음악들은 〈보헤미안 랩소디〉나 라흐마니노프의 〈피아노 협주곡 제 3번〉처럼 위의 실험에 사용된 자료보다는 대개 그 정체성이 좀 더 분명한 요소들로 구성되어 있다. 하지만 이런 경우들에서라고 해서 음악이 우리의 온몸을 통해서라야만 비로소 제 모습을 갖추게 된다는 사실이 변하는 것은 아니다. 쇼팽의 〈연습곡 Op.10, No.8〉의 시작 부분으로 다시 돌아가 보자. 우리가 여기에서 거침없이 질주하는 선율의 하행을 듣는 것은 우리의 온몸을 통해서다. 이러한 지각은 높은 음과 낮은 음을 소리 내거나 마음속으로 따라 부를 때 우리의 신체 내부에서 일어나는 에너지의 역학, 출생 시부터 수없이 반복적으로 겪은 높낮이와 이동의 경험과 이로부터 체화된 수직도식과 경로도식, 그리고 소리의 연쇄들을 이러한 도식들을 통해 지각하게 하는 개념적 은유를 장려하는 문화가 상호작용한 결과다. 우리의 신체와 무관하게 이미 결정되어 있는 듯이 보이는 음악의 요소마저도 실상은 우리의 온몸을 통해서라야만 분명한 모습을 갖추게 된다는 사실은 〈보헤미안 랩소디〉나 라흐마니노프의 〈피아노 협주곡 제 3번〉이 퀸이나 라흐마니노프의 손에서 완결된 닫힌 체계가 결코 아님을 보여준다. 크루거(Joel Kueger)는 음악을 감상자의 감각운동적 탐색을 위한 가능성들을 품고 있는 유연한 구조라고 규정한다.[7] 크루거의 말처럼 음악은 감상자의 감각운동 패턴들 안에서 비로소 완성되는, 미완성의 열린 체계다.

3. 나오며

우리는 음악을 무엇으로 들을까? 이 질문에 이 장은 '온몸으로 듣는다'고 답했다. 이러한 답은 음악이 영감의 소산이며 인간의 신체와 정서에 지대한 영향을 미친다는 고대의 믿음과 슬픈 음악은 우리를 슬프게 하고 기쁜 음악은 우리를 기쁘게 한다는 환기론의 직관과 맥을 같이 하는 것이었다. 그렇다면 온몸으로 음악듣기의 절차로 이 장에서 소개된 이야기가 기존의 견해에 새롭게 더해주는 것은 무엇일까? 음악을 듣는 온몸에 대한 새로운 평가와 자리매김이다.

음악듣기에서 감상자의 몸이 인정될 때 감상자와 음악은 통상 일방적인 관계에 놓인 것으로 여겨져 왔다. 음악은 감상자의 몸을 자극하고 감상자의 몸은 여기에 단지 수동적으로 반응할 뿐이라는 것이다. 그런데 이러한 인과적 그림에서는 음악의 가치가 항우울제 혹은 안정제가 갖는 가치와 별반 다를 게 없게 된다. 이런 약이 우리 몸에 효력을 갖게 하기 위해 우리 몸에 요구되는 적극적인 역할이 없는 것처럼 음악이 감상자의 몸에 영향을 미치게 하기 위해 감상자가 능동적으로 해야 하는 일이란 없기 때문이다. 음악심리학자 슬로보다(John Sloboda)는 이러한 점에 착안하여 음악과 감상자 사이의 관계를 일방적인 인과적 관계로 설명하는 모델을 '제약(製藥)모델'이라고 부르기도 했다.

그러나 이 장의 이야기는 제약모델이 옳지 않다는 것을 보여준다. 음악을 들을 때 온몸은 그저 가만히 있는 것이 결코 아니기 때문이다. 음악을 들을 때 온몸은 들려오는 소리들을 적극적으로 탐색하고 개척하여 자기 것으로 만든다. 그리고 소리들이 제공하는 가능성들을 감각운동적 역량 안에서 적극적으로 실현하여 음악으로 빚어나간다. 우리는 그 분명하고 극단적인 사례를 필립스 실버와 트레이너의 실험에서 확인했다. 음악듣기에서 온몸이 담당하는 능동적인 역할에 비추어볼 때 플라톤은 특정 음악을 그의 이상국가에서 추방할 필요가 전혀 없었다. 음악을 듣는 온몸은 결코 음악의 일방적인 힘에 당하기만 하지 않기 때문이다. 음악을 듣는 온몸이 부정될 이유도 전혀 없다.

제약모델에서 탈피한 쌍방향의 구도에서 이제 음악은 더 이상 감상자의 신체로부터 독립된 채 감상자로부터 특정한 반응을 불러일으키는 고정된 자극원이 아니다. 음악은 감상자의 감각운동적 탐색을 위한 가능성들을 제공하며 감상자의 감각운동적 역량 안에서 창출되어 나가는 감상자의 파트너다. 감상자와의 역동적인 결속 속에서 오직 감상자의 온몸을 통해서만 존재 가능한 파트너로서 음악은 언제나 온몸으로 들어야만 들리는 존재자다. 그래서 우리는 언제나 온몸으로 음악을 듣는다.

더 읽을 거리

정혜윤, 「음악적 제스츄어 – 영상도식에 의한 해명의 시도」, 『미학』 통권 30호, 2012, pp. 133-167. 이 글은 소리의 연속적인 울림이 의미 있는 하나의 제스츄어로서 지각되는 통상적인 경험이 '영상도식'에 토대를 두고 있다고 제안한다. 여기에서 독자들은 '영상도식'에 대한 좀 더 상세한 설명을 볼 수 있다.

정혜윤, 「음악과 정서, 그리고 몸: 신경미학적 접근」, 『미학』 제 80집, 2014, pp. 303-344. 음악에 대한 경험에서 청자의 '온몸'이 기여하는 바를 신경과학과 인지과학, 그리고 발달심리학 등의 연구성과들을 통해 밝히는 글이다. 여기에서 독자들은 '거울뉴런'과 콕스의 '흉내내기 가설'에 대한 보다 상세한 설명을 찾을 수 있다.

정혜윤, 「음악의 생명성: 발제주의에 의한 해명」, 『서양음악학』 제 22권, 1호, 2019, pp. 11-46. 체화된 인지의 한 지류인 발제주의의 관점에서 음악의 생명성을 분석하는 글이다. 이 글에서 독자들은 음악이 감상자의 온몸의 관여를 통해 창출되어 가는 과정에 대한 다양한 제안들을 접할 수 있다.

정혜윤, 「음악의 정서표현성에 대한 현대분석철학의 논의와 그 한계」, 『철학연구』 132호, 2021, pp. 173-198. 음악의 정서표현성에 대한 현대분석철학의 쟁점과 가정들을 소개하는 이 글에서 독자들은 음악에 대한 경험에서 온몸을 소외시킨 현대미학의 주장을 살펴볼 수 있다.

송무경, 정혜윤, 『음악 비평 해석 분석』, 연세대학교 대학출판문화원, 2020. 이 책은 감상자와 음악 사이의 관계가 형식주의와 실증주의, 해석학, 인지언어학, 그리고 기호학 등 다양한 관점에서 어떤 방식으로 상정되어 왔는지에 대한 친절한 설명을 제공한다.

10.   이상욱

가상-혼합현실 미디어에서의 몸:
제임스 깁슨의 '어포던스'와
체화된 인지를 중심으로

1. '가상현실'은 현실이 될 수 있을까?

> " 오하이오주, 콜럼버스, 2045년. 트레일러 빈민촌
> 나는 2027년에 태어났는데 모두가 자포자기한 힘든 시대였다. 난 어려서 부모님을 잃고 이모 집에 얹혀사는데 현실은 시궁창 같고 모두가 탈출을 꿈꾼다. 2025년 제임스 할리데이가 미래를 창조했고 우리는 갈 곳이 생겼다. 그곳의 이름은 '오아시스'다. 입체 음향과 동작 감지 센서가 달린 러닝머신 위에서 목적지는 필요 없다. '오아시스'는 뭐든지 할 수 있고, 뭐든지 될 수 있는 낙원이다. 키가 커지고, 예뻐지고 성별을 바꾸거나 다른 종족, 만화 캐릭터 모든 게 되지. 식사, 잠, 용변을 빼곤 사람들은 뭐든 오아시스에서 한다. 여기서 지인을 만나고 친구도 만들지."
>
> – 영화 〈레디플레이어원 Ready player one〉에서 주인공 웨이드의 대사

미국 할리우드 영화의 현존하는 대부인 스필버그(Steven A. Spielberg)는 2018년 개봉한 영화 〈레디플레이어원〉에서 가상현실(Virtual Reality)이 우리 삶에 파고든 2045년의 미래를 그려냈다. 영화 속 사람들은 열악한 환경에서 아무리 고통받고 있어도 '오아시스'라는 가상세계 속에서는 모험을 즐기고 꿈을 실현한다. 영화 속에서 주인공이 사는 현실은 매연으로 흐려진 하늘 아래 녹슨 자동차로 가득한 빈민촌으로 그려진다. 그러나 오아시스 안은 화려한 빛으로 가득차고 상상 속의 신기한 사물들로 채워진 매력적인 세상으로 표현된다. 영화 초반부의 대사 같이 무엇이든 할 수 있고, 무엇이든 될 수 있는 곳이다. 영화에서 그리는 환상적인 가상세계가 영화 세계 밖 우리에게 주어질지는 아직 불확실하다. 단순한 상상으로 끝날지도 모른다. 그러나 몇몇 기업들과 언론매체에서는 가상현실 세계가 벌써 구현되고 있는 듯이 이야기한다. 구글(Google), 애플(Apple), 마이크로소프트(Microsoft) 등 다국적 IT 기업들은 다양한 형태로 가상현실 세계를 현실화 시키기 위한 노력을 수년간 지속해왔다. 최근에는 얼마 전까지 가상현실이라고 부르던 미래 모습이 메타버스(metaverse)라는 이름으로 바꾸며 다시금 관심의 대상이 되고 있다. 페이스북(Facebook)은 2021년 자신들의 이름을 메타(Meta)로 변경해 가면서 앞으로 다가올 가상현실 세계를 자신의 것으로 삼겠다는 포부를 밝혔다. 여러 지방 정부, 대학, 연구기관들은 자신들이 메타버스 주인공이 되겠다는 장밋빛 선언을 이어간다. 그들의 이야기만을 들어보면 〈레디플레이어원〉의 세상은 영화 속 이야기한 2025년 이전에 현실화될 것 같다. 더 나아가 이와 관련된 각종 경제 현상, 특히 주식의 급등락은 진짜로 현실의 삶과 가치를 사람들이 잠시 잊게 만들기도 한다.

과연 이런 미래 시대는 올 것인가? 그것이 가상현실이든, 메타버스든

현실의 괴로움을 벗어나 새로운 곳에서 꿈과 같은 삶을 살 수 있을까? 그런 미래의 삶에서 우리는 어떤 삶을 살아갈까? 전쟁, 가난, 기후변화, 외로움, 불안, 우울, 소외 등과 멀어질 수 있을까? 과연 새로운 기술이 인간의 본질을 변화시킬 수 있을까? 과연 그 세계에서 인간은 행복할까? 이어지는 질문에 대한 빠르고 쉬운 답은 기업보고서, 주식면 기사 속에 넘쳐나고 있기에 여기서는 조금 다른 길로, 느리게 답을 찾아가 보고자 한다. 어쩌면 〈레디플레이어원〉에서 같이 경기 코스를 뒤로 역행하면서 답을 찾아가다 보면 이야기와 그림, 사진, 영화 그리고 가상현실로 이어지는 미디어의 발달과정을 과학적이면서도 인류사적으로 해석해 볼 수 있을 것이다. 또한 그 과정에서 앎의 과정과 마음의 구성에 대한 종합적이고 폭넓은 시각을 함께 생각해 볼 수 있을 것이다. 그래서 이 글에서는 우선 가상세계의 가능성을 디지털 기술이나 미래에서 찾지 않고, 현재와 과거의 인간 삶과 몸에서 근거를 찾아보고자 한다. 그렇다. 새로운 기술들이 우리의 삶을 바꾸고 있는 상황에서 과거의 사람들의 흔적을 찾아보거나 사람의 몸, 생물학적 배경을 찾는 것은 뜬금없이 들릴지 모른다. 그러나 더 정확히 미래를 보기 위해서는 너무 급할 필요 없지 않을까?

2. 미디어에 대한 생태학적 접근

언제인지 불분명한 오래된 과거, 식량도 물도 부족한 사막. 일련의 유인원 무리가 살아가고 있다. 그들은 다른 동물들과 얼마 있지 않은 풀과 연못을 놓고 서로 싸움을 벌인다. 심지어 다른 유인원 무리도 그 연못을 빼앗기 위해 무리를 습격했다. 그러나 우연히 집어든 큰 동물 뼈를 휘둘러 그들을 막아낸다. 승리의 포효와 함께 손에 주었던 뼈를 하늘로 날려 보낸다. 갑자기 화면이 바뀌고 뼈는 우주선이 되어 검은 우주를 유영한다.
- 〈2001 스페이스 오디세이(Space Odyssey)〉 영화 오프닝 시퀀스

인간은 참 특이한 동물이다. 분명 다른 동물들과 다른 점이 많다. 나약하고 보잘것없는 몸을 가지고도 지구의 거의 모든 지역을 정복했고, 다른 동물, 식물, 생태계 전체를 지배 혹은 파괴한다. 어디에서 이런 인간의 능력이 왔을까? 어떤 이는 다른 동물에 비하여 무거운 뇌를 이야기하고, 어떤 이들은 기술, 사회, 문명, 문화예술 등을 이야기한다. 이 자리에서 눈여겨볼 사항은 우리의 소통 능력 그리고 그를 위한 미디어 기술들이다. 인간은 언어, 표정 인식, 공감 능력 등을 가지고 있고, 이를 통하여 서로의 정보와 감정을 나눌 수 있다. 이런 소통 능력에 더해 문자, 인쇄술 등의 미디어 기술을 가짐으로 인간들은 동물들이 가지는 삶의 유한성을 넘어 다음 세대 혹은 앞선 세대와도 소통할 수 있었다. 서로 정보를 공유하는 능력만으로도 동물과 다른 고차원적인 인지 활동을 할 수 있는데, 여기에 더하여 기술적 방법론까지 활용하니 막강한 힘을 가질 수 있게 된 것이다. 그러나 이런 미디어 기술들은 우리의 동물적인 몸과는 무관할까? 감각, 정서, 움직임 등이 없이 사고하는 힘만으로 우리는 다른 이들과 소통할 수 있을까? 왜 인간은 언어가 있음에도 시각적인 매체들을 만들고, 영상매체로 사실을 체험하게 하고, 이제는 가상현실 기술까지 만들까?

미디어에서 몸의 역할과 중요성을 돌아보는 것은 미디어를 활용하는 장면에서 몸이 작동하는 방식을 연구하는 데에서 그치지 않는다. 단순히 작동하는 방식을 연구하는 것은 생물학 교과서로도 충분할 것이다. 그러

나 기초적인 지각 행위도 결국 우리 인간 활동 전체에 흐름 속에서 이해해야 하기에 우리는 조금 넓은 시각이 필요하다. 생물학적 연구는 우리의 감각기관의 작동 방식은 잘 설명할지라도 그 지각된 정보들이 어떤 의미가 있는지, 어떻게 우리 삶에 영향을 미치는지의 큰 그림을 설명하지 못하고, 논리적, 철학적 연구는 지각된 정보들이 어떤 과정을 거쳐서 생성된 것인지, 그것이 어떻게 우리의 인지 활동에 영향을 미치는지를 세밀하게 설명하지 못하기 때문이다. 그래서 우리의 지각과 인지에 대한 논의는 필연적으로 융·복합적 연구가 필요하다. 즉 때로는 과학적 연구를 기반으로, 때로는 긴 인간의 역사적, 인문학적 관점을 수용하며 서로 열린 자세로 인간의 인지와 존재를 연구할 필요가 있다. 그런 점에서 융합적 관점을 제시하는 인지학, 특히 체화된 인지 관점이 최근 주목받는다. 이 자리에서는 체화된 인지에 주요한 아이디어를 제공했던 깁슨의 생태학적 지각심리학(ecological perception theory)을 소개하고 이를 가상현실의 몸과 환경에 대하여 이야기하는 근거로 삼고자 한다.

깁슨은 생태학적 지각 이론의 제창자로 당시 심리학 주류의 반대편에서 지각, 인지, 사고, 행동 전반에 대하여 새로운 시각을 제시했다. 그의 아내인 엘리노어 깁슨(Eleanor Gibson)과 함께 시각 벼랑 실험, 쿠키커터 실험 등을 통하여 인간의 지각이 수동적이거나 개념, 해석에 의존하지 않고 적극적이고 능동적인 행위를 통하여 획득되는 종합적인 인지 작용임을 확인시켜 주었다. 그의 연구는 과학철학자 하레(Rom Harré)의 『위대한 20가지 과학 실험』에서 아리스토텔레스, 갈릴레오, 뉴턴, 보일, 파스퇴르 같은 자연과학자들의 유명한 실험과 함께 소개되었을 정도로 심리학을 넘어 인간의 앎에 대한 혁명적 발전으로 여겨진다.[1] 그가 심리학 연구를 시작한 시기에는 인간의 행동을 입력-출력이라는 매우 기계적인 형태로 연구하는 경향이 강했다. 인간의 마음, 인지 행위도 단편적으로 어떤 사건에 따르는 어떤 결과로 이해하려고 했던 것이다. 그러나 그는 이런 행동주의 심리학과 다른 길을 걸었다. 우선 그는 기존 심리학에서 주로 활용하던 지각의 연구방법론들과 가정에 반대하였다. 제한된 상황에서의 지각 실험은 현실적이고 종합적인 지각과는 차이가 있다는 점을 지적하면서 지각의 대상과 주체에 대한 근본적인 질문을 던졌다. 대표적으로 2차세계대전 중 그는 전투기 조종사들의 거리와 속도 감각에 대한 능력 향상에 관한 연구를 주도했는데 이런 실질적인 연구를 통해서 기존의 지각심리학과 다른 관점을 키워나갔다. 그는 우리의 지각과 존재가 단순히 한순간 눈으로 들어온 정보를 이해하고 분석하는데 그치지 않는다고 보고, 더 큰 시각에서 생태적으로 바라보아야 한다고 생각했다. 그런 흐름에서 그는 기존 심리학의 대안으로 진화론에 기반한 생태주의적 지각론을 주장했다.

그의 인간 지각에 대한 생태학적 입장은 동물이 오랜 진화의 시간 속에 환경과 상호 작용하며 유전적으로 발전해왔다는 점을 강조한다. 지금, 이 순간의 개별 개체는 과거 선대가 환경과의 작용으로 획득한 지각의 생물학적 체계를 유전 받았고 이를 통해 현재의 환경과 상호작용하는 것이라고 보았다. 이런 유전적 발전과정에서 동물은 그들의 환경에서 가장 생존과 번식에 유리한 방향으로 점차 진화하였으며, 동물은 능동적인 지각체계를 갖추는 방식으로 현재에 이르렀다는 진화론적 관점을 주장한다. 이 주장에서는 동물이 단순히 현재의 의도를 가지고 행동하는 것도 아니며 환경도 의도를 가진 존재로 행동하지 않는다. 그들은 서로 존재의 항상성을 유지하기 위해, 미리 진화된 방식으로 상호작용하는 것이다. 그러므로 생태적 인지주의자들의 주장으로는 환경과 동물의 지각 작용은 환경 – 동물이라는 하나의 통일장에서 이해되어야 하는 것이다. 즉, 각 개체는 동물과 환경이라는 개념으로 나누어지더라도 지각이라는 행위 자체는 서로 분리되어서 이루어질 수 없다고 이해해야 한다.

또한 주변 환경과의 상호작용을 강조하며 '어포던스'[2]라는 개념을 제시했다. 어포던스는 'afford'에서 발전시킨 단어로, 지각은 환경이 제시하는 불변성을 지닌 어포던스는 각 개체가 획득되는 과정에서 만들어진다고 깁슨은 주장했다. 그는 대상의 표면에서 오는 빛 자극이 어떤 지각의 형태로 변화되어야 우리에게 이해되는 것이 아니라 환경에 내포된 어포던스를 각 동물 개체가 특별한 노력이나 사고 작용, 언어의 지시 작용이 필요 없이 직접 획득할 수 있다고 주장한다. 이는 앞서 소개한 진화적 관점을 발전시킨 것으로 우리가 획득해야 하는 정보가 부정확하거나 비직접적인 방식으로 우리에게 전달되고 이를 해석하는 사고가 필요하지 않다고 본 것이다. 다시 말해 어포던스는 환경에 이미 포함되어 있기 때문에 지각체계는 단지 그에 공명할 뿐이라고 생각한 것이다. 이런 관계에서 지각은 환경이 개체에게 어포던스를 제시하면, 개체는 생태적 몸을 통하여 이와 공명하는 과정에서 능동적으로 이루어진다. 이런 점에서 생태적 몸과 존재 개념은 어포던스의 감추어진 상대개념이라고 할 수 있다. 또 깁슨의 어포던스는 개체의 필요나 선호와는 무관하게 환경에 존재하는 특성임과 동시에 개체의 신체적 조건에 영향을 받는 개념이기도 하다. 그런 점에서 몸은 어포던스와 동등한 위치에서 상호연계 되어 지각이 이루어지게 하는 인지 체계의 주요 요소로 해석할 수 있다. 또한 인간은 비록 인공적으로 만들어진 환경에 쌓여있더라도 피와 뼈와 살로 이루어진 존재라는 점에서, 그리고 진화의 산물이라는 점에서 환경-동물의 체계를 벗어날 수 없다. 물론 환경이나 동물이 전혀 새로운 형태로 발전한다면, 또는 한 쪽이 어떤 이유로 붕괴한다면 이 동일장은 와해가 될 것이고 지각과 행위의 중단 나아가 죽음과 파멸 혹은 다른 환경-동물 체계로의 변이를 일으킬 것이다. 이렇듯 환경과 몸의 생태적 양립 가능성은 지각과 인지의 기본 조건이자 존재의 필수여건이라고 볼 수 있다.[3]

그는 지각에서 행동도 매우 중요한 요소로 보았다. 즉 하나의 환경에 동물의 존재 가능성은 행동으로 증명될 뿐만 아니라 행동이 결여된 지각과 존재는 불가능하다고 생각했다. 행동을 움직임과 변화를 활용하는 지각의 구체적 전략이라고 본 것이다. 쿠키커터를 가만히 손에 쥐는 것보다 능동적으로 움직이면서 만져보아야 더 정확히 지각된다는 실험도 지각에서 행동의 중요성을 강조한 것이다. 나아가 지각의 목적은 자신의 항상성 유지를 위한 행동, 그 자체라고 보았다. 정리하면 지각은 행동가능성이라는 원재료와 동물의 적극적인 협응으로 이루어진다고 보았고, 행동은 지각 자체이자 결과물로 보았다. 깁슨의 생태적 지각이론을 따르는 후속 연구자들(Claire F. Michaels & Claudia Carello)은 어포던스 이론에서 지각을 행위의 언어로 쓰여진 것이라고 주장하고, 정보가 유발되는 행동은 서로 다른 동물들이 서로 다른 효과성을 갖고 있기 때문에 어포던스는 동물-환경 체계에 속한다는 것을 강조한다.[4] 이런 점에서 생태적 지각이론에서 지각은 구현되는 역동 상태로 보아야 하며, 지각의 여부는 행동의 여부로 증명될 수 있다. 나아가 행동은 그 자체로 동물의 존재 이유이자 환경 속에 일부로의 가치를 지니게 해주는 것이라고 볼수 있다. 깁슨의 말대로 "인간은 움직이기 위해 세상을 보고, 보기 위해 움직인다."

깁슨의 어포던스와 생태적 지각이론은 환경과 동물의 지각 현상을 주요한 연구 대상으로 설정했다. 그런 이유로 깁슨은 주의, 학습, 정서와 같은 심리학에서 일반적으로 연구되던 주제에 대한 고려가 부족하거나 현대사회에 일상이 된 인공물과 인공적으로 만들어진 환경에 대한 논의가 결여되어 있다고 오해를 받기도 한다. 그러나 깁슨은 지각과 연계된 주의나 학습의 문제에 대해서도 많은 글을 남겼다. 또 깁슨 본인, 그리고 그의 의견을 받아들인 여러 학자들은 지각의 문제를 확장해 인공물과 인공 환경이라 할 수 있는 다양한 인간 현상에 대해 생태적 해석을 제시한다. 그는 저서 〈지각체계로 본 감각〉에서 다음과 같이 말한다.

> 인류학과 생태학 연구에서, '자연' 환경은 종종 '문화적' 환경과 구별된다. 여기에 기술된 대로, 이들 간의 분명한 구분은 없다. 문화는 자연적인 기회들로부터 진화한다. (중략) 상징은 사물과는 근본적으로 다른 것으로 여겨진다. 그러나 이 점에 대하여 분명히 해두도록 하자. 누구든 사물을 지각한 데는 자극의 양상 또는 정보 전달의 방식들이 분명히 있다. 비록 추상적이어도 말이다. 그가 이해하는 사물이 일반적이든 아주 구체적이든 간에, 그는 자극들에 민감해야 한다. 상징은 소리나 투사된 및 역학적 접촉 또는 그와 유사한 방식으로 실현되지 않는다면 존재하지 않는다. 모든 지식은 민감성에 근거한다.[5]

깁슨은 문화적 환경들도 유전을 기반으로 진화한 인간의 지각체계를 따르고 있다고 보았다. 즉 인공적 환경에서도 인간의 지각 작용은 자연적 환경과 다르지 않게 환경-동물 체계에서 작동한다고 본 것이다. 나아가 문화적으로 만들어지는 인공적 지각 대상도 자연선택 원리를 통하여 생태적으로 적합한 방식으로 발전되어 왔다고 보았고, 이런 면에서 문화적 체계를 인정하며 높게 바라보는 태도도 갖추고 있었다. 그는 상징이나 문자 등에서는 일종의 매개된 지각이 작동한다고 보았으며 이를 이해하기 위해서는 한 개체가 아닌 다른 지각자들의 존재를 인정해야 한다고 설명했다. 그리고 인간종의 승리는 집단과 문화형성에서 기인한다고 주장했다. 그 대표적인 예로 언어를 들었다. 그는 "인간종의 승리를 보여주는 말은, 이런 간접적 인지를 위한 가장 초기의 그리고 아마도 가장 중요한 전달체이다. 그러나 말의 상징들은 그 한계가 있으며, 말에 대한 강력한 대체물은 이미지-만들기의 발견에서 획득되었다."라고 주장했다.[6] 즉 그는 문화적인 인공물들에 대하여 존재를 인정하면서도 이런 인공물들도 생태적으로 적합해야 한다고 본 것이다. 이런 점에서 깁슨이 환경에서 어포던스 이외의 지각 대상과 그 해석 작용을 완전히 부정하지 않았으며, 동물에 의한 인공적 환경 형성도 가능하다고 주장한 것이다. 또 인간이 만든 인공 지각물에서도 문자와 같이 상징체계를 이용하는 경우와 직접적인 광배열을 전달하는 만들어진 이미지의 경우를 구분하며 지각의 논의를 인공적 대상물까지 확장했었다.

깁슨의 생태학적 심리학의 주요 내용을 정리해 보면 다음과 같다.

- 인간의 신체 기관과 두뇌는 유전적으로 세상을 지각하기 적합하도록 발전되어 왔다.
- 인간은 행동함으로 지각하고, 지각하기 위하여 행동한다.
- 인간과 환경은 서로 생태적으로 분리되어 있지 않으며 끊임없이 행동가능성과 몸의 작용으로 소통하고 있다.
- 인공적 대상물의 생성과 소멸에도 생태적이며 진화적 흐름이 적용할 수 있다.

깁슨의 생태학적 지각이론은 인간의 복잡한 인지 행위인 소통 그리고 소통을 위한 기술 행위인 미디어도 종합적으로 이해할 수 있게 해준다. 우리가 살아가기 위해 사냥을 하고, 채집하던 그 몸으로 우리는 현대의 미디어도 접하고 있다. 그 몸이 변하지 않기에 미디어의 개발 역사는 몸의 생태적 작용에 적합한 기술의 발전과정으로 볼 수 있다. 깁슨이 지적한대로 글과 언어로 부족한 시각 정보를 전달하기 위해 사람들은 그림을 사용하기 시작했을 것이다. 첫 시작은 아마도 젖은 진흙이나 동굴 벽에 선으로 그리는 단순한 형태였을 것이다. 그러나 색을 남기기 위해 여러 재료들을 연구하기 시작했고 이것으로 우리의 눈에 사실적인 그림을 남기는 데 큰 도움이 되었을 것이다. 그러나 그림으로 부족한 사실성은 내가 경험한 바를 다른 이들에게 전달하고 싶은 욕망을 더 발전시켰고, 광학과 화학 기술의 도움을 받아 흑백사진, 칼러사진으로 그 꿈을 차근히 실현해나간 것이다. 다음은 움직임과 시간을 남기려는 마음이었고 그 희망은 영화, 방송으로 이어지며 인간의 인지적 능력을 확장 시켰다. 이런 직접적인 시각정보의 전달은 기존의 언어로 부족하던 정서의 전달과 시간과 공간을 결합한 창작이 가능하게 해주었다. 이는 인간에게 매우 실용적일 뿐만 아니라 즐거운 일이었다. 쓰는 말이 달라도 서로를 이해할 수 있게도 해주었으며, 직접 가보지 않아도, 볼 수 있게 되었다. 이런 기반에는 당연히 몸이 중요한 역할을 해왔다. 물론 몸 이외의 다양한 인간의 인지 활동이 결합되었기 때문에 미디어는 더 가치를 발견했지만, 그 배경에는 오랜 기간 진화를 통해 다른 동물들과 차별된 몸 그리고 그 몸을 기반으로 한 미디어 기술이 있었던 것이다. 그리고 이제는 완전한 체험의 공간을 통합하려는 가상현실까지 발전시키고 있다.

3. 가상현실 속 분리된 몸과 공간

> " 난 지쳤어, 트리니티. 전쟁도, 싸우는 것도 지겨워. 추운 것도, 매일 똑같은 죽을 먹는 것도 그렇고 말이야. 모피어스는 우리를 속였어, 우리를 속였다고! 그가 사실을 말했다면 빨간 알약은 안 먹었잖아! 자유? 이게 자유야? 그렇게 사느니 나는 차라리 매트릭스를 선택하겠어. 나는 매트릭스가 이 세상보다 더 진짜 같다고 생각해. 다만... 여기서 플러그를 뽑으면 넌 에이팍이 죽는 것을 지켜봐야 하지."
>
> — 영화 〈매트릭스matrix〉에서 배신자 사이퍼의 대사

영화 〈매트릭스〉에서 모든 세상 사람들은 꿈을 꾸는듯한 모습으로 정신은 가상세계에, 몸은 농장과 같은 사육시설의 배양액 속에 존재한다. 일반인들은 현실과 거짓을 구분할 능력 자체가 없고, 매트릭스 전체를 인식할 수 없기에 깨지 않는 꿈을 꾸며 계속 살아간다. 단 모피어스라는 현인이 제공한 빨간 알약을 먹은 일부 자각한 자들만 가상세계와 현실을 오가며 착취를 위해 존재하는 가상세계를 해체하기 위해 싸우고 있다. 이 영화에서 주목할만한 장면은 가상과 현실의 몸이 충돌하는 경우이다. 영화 속에서 동료들을 배신한 사이퍼가 동료인 에이팍의 매트릭스 접속 플러그를 뽑자 현실 세계의 에이팍과 가상현실의 에이팍 모두 죽는다. 또 다른 장면에서는 매트릭스 안에서 죽은 사람은 현실에서도 죽는 것으로 그려진다. 즉 매트릭스라는 가상세계와 현실의 몸은 상호 지배당하고 있는 것이다. 이런 가정이 타당한가? 영화적 설정이 아니라 현재 흔하게 사용되는 가상현실 HMD(Head Mounted Display : 이하 VR HMD)를 활용한 오락에서도 캐릭터가 죽음으로 현실의 자신은 피해를 입는가? 가상현실

상태에서 몸의 존재는 어떻게 이해되고, 평가받아야 할까?

깁슨의 생태학적 지각이론에 따르면 가상현실 기술들도 인간의 인지적 행위로 적절하게 작동하기 위해서는 우선 인간의 생태적 몸에 적합해야 할 것이다. 비록 지금 가상현실 기술들이 미완의 것이라고 할지라도 그것들이 앞으로 발전해 갈 방향도 우리의 생태적 몸과 마음의 상호작용 나아가 우리를 둘러싼 환경과의 유기적이며 안정적으로 진화해 나갈 필요가 있다. 그런 점에서 지금의 가상현실 기술을 둘러보면 어떨까?

현재 가상현실 기술은 우리의 오감 중 시각과 청각을 대체하기 위하여 VR HMD를, 움직임 정보를 활용하기 위해서는 모션센서와 콘트롤러 기술을 활용하고 있다. 부수적으로는 아직 상용화되지는 않았지만 촉감 정보를 활용하기 위한 다양한 노력이 이루어지고 있다. 그 결과 이런 일련의 기술은 최근 몇 년간 매우 비약적으로 발전했다. 5~6년 전의 가상현실 HMD는 긴 선을 필수적으로 달고 있었으며, 해상도, 시야각, 화면 주사율 등이 우리 시각을 충분히 속이기는 부족했다. 그러나 최근의 HMD들은 무선 연결이 가능하거나 HMD에 내장된 프로세서로 충분히 가상현실을 즐길 수 있도록 발전했으며, 해상도나 시야각 등도 기존의 제품에 비하여 월등히 발전했다. 또 우리 시각을 효과적으로 대체할 제품들도 개발되고 있다. 또한 초기의 큰 문제로 지적된 VR 어지럼증도 더 좋은 컴퓨터 그래픽 프로세서를 사용하고 연출적인 방법을 조정해서 줄이는데 성공했다. 콘텐츠를 배포하는 플랫폼도 정비되어 더 쉽게 다양한 콘텐츠를 활용할 수 있다. 제작 기술 역시 발전하여 언리얼(Unreal), 유니티(Unity) 같은 게임 개발 도구 활용이 보편화되고, 고해상도 360도 카메라가 보급되면서 더욱 고품질, 저비용 생산이 가능하게 되었다. 그럼에도 불구하고 가상현실의 보급은 그리 쉽게 이루어지지 않고 있다. 심지어 VR 시스템 구축 가격도 10분의 1 수준으로 떨어졌는데도 영화 속에서 그려지듯 남녀노소 누구나 즐기지 않는다. VR HMD를 구입하는 일은 게임을 즐기는 소수에게 국한되어 있으며, 초등학교에 보급된 교육용 VR 콘텐츠는 교육부의 권고로 잠시 사용 중지되었다. 일부에서는 국내에서 불법인 피부색이 가득한 성인용 영상을 구해서 돌려보기는 하지만 초기의 상상도와 같이 사무실과 산업 공간에서 적극적으로 활용되지 못하고 있다. 이런 실패의 원인을 가상현실과 관련된 기술적 문제에서 그 이유를 찾으면 안 된다. 그 이유는 더 근본적인 인지 차원 특히 생태적 차원의 문제에서 찾아야 할 것이다.

앞서 이야기 한 바와 같이 최근의 가상현실 기술의 발전은 상당히 고도화되었고, 여러모로 비약적으로 발전되었다. 그러나 가장 기본이 되는 기술적 구조는 변화가 없다. 즉 시각을 가상현실 HMD로 납치하고, 청각을 귀에 붙이는 스피커로 훔쳐 간다. 과연 이런 기술이 진화론을 기반으로 한 몸에 적합할까? 이런 장치가 생태적으로 원활하게 작동할까? 우리의 시각은 사람마다 개인 차이는 있지만 아주 가까운 거리보다는 50cm 이상의 멀리 떨어진 공간에 더 적합하게 진화되어 있다. 또한 두 눈의 7~9cm 정도의 거리 차이로 인해 발생하는 시차를 이용하여 입체적으로 거리를 느낄 수 있다. 이런 특성이 인간이 살아가는 환경과의 상호작용에 적합했기 때문이다. 그러나 일반적으로 많이 사용하는 VR HMD는 이런 시각에 변형을 유발한다. 일반적으로 VR HMD는 우리 머리에 설치되어야 하기 때문에 크기와 무게를 최대한 줄일 수밖에 없다. 그 결과 내장된 디스플레이는 크기가 작아져야 하고, 눈과 가깝게 위치하는 형태로 만들어져야 한다. 이런 가까운 거리에 놓인 사물에 인간은 초점을 맞출 수가 없다. 그래서 VR HMD에는 가까운 디스플레이에 눈의 초점을 맞추는 돋보기가 필수적으로 들어간다. 또한 두 눈에 다른 영상을 보여주기 위해서는 디스플레이의 좌우 폭도 제한되고 두 눈의 시차도 일상생활의 시각과 다른 형태로 눈에 펼쳐진다. 이런 돋보기를 활용하는 HMD 형태는 일반적인 사람들의 눈에 심한 왜곡과 피로를 발생시킨다. 이는 수정되어야 할 기술적 문제 차원의 것이 아니다. VR HMD가 몸의 감각과 반응을 매우 강하게 뒤틀어 놓고 결과적으로 생태적 지각을 방해하는 것이다. 즉 인간이 오랜 기간 유전적으로 받아들인 지각을 지나치게 왜곡시키고, 자연스럽고 기초적이어야 하는 생물학적 몸 자체를 변형시키는 것이다. 그러나 가상현실 HMD가 가지는 한계는 여기서 그치지 않는다.

깁슨이 강조한 지각의 배경은 우리의 몸과 환경이 서로 소통하는 동물-환경 장에서 이루어진다고 설명했다. 그러나 VR HMD를 쓰는 상황에서 우리의 몸과 환경은 같은 공간에 있는가? 일반적인 VR HMD는 디스플레이 이외의 시각을 완전히 차단하는 방식으로 작동한다. 즉 완전한 가상현실을 위하여 현실의 시각을 차단하고 작은 디스플레이에만 집중시킨다. 소리 역시 주변의 일상적인 소리를 소음으로 간주하고 가상현실의 소리만 귀에 제공한다. 한번 VR HMD를 썼지만, 만약 작동을 하지 않고 있는 상태를 가정해 보자. 우리는 마치 검은 안대를 쓴 것과 같이 주변 현실 환경과 단절된다. 귀에 주변 소음을 막는 귀마개를 끼고 말이다. 그런 상태라면 우리의 몸은 주변 현실 환경의 변화를 알아차리기 매우 힘들다. 잠시 안정을 위하여 이런 상황을 이용할 수는 있겠지만 이 상태로 오랜 시간을 보내기는 불안하다. 심지어 우리는 잠을 자면서도 주변 소리에 불빛에 깰 수 있다. 의식이 없더라도 열려 있는 청각이 생존에 필요했기 때문이다. 그러나 가상현실 HMD를 쓰면 이런 청각도 닫혀 버린다. 우리는 주변의 정보들을 접할 수 없다면 이런 기초 생존마저 위협받을 수 있다. 이는 완전한 가상현실을 위하여 우리의 기본적인 현실의 몸은 부정당하고, 환경에서부터 분리되는 경험이라고 할 수 있다. 또 VR HMD가 작동하고 새로운 시각과 청각을 제시하는 상황에서 우리는 어느 환경과 접하는 것인가? 우리의 몸은 현실 환경에 있더라도 지각의 대상은 새롭게 만들어진 시공간에 펼쳐진다. 즉 우리의 몸이 현실의 몸과 가상의 몸으로 나누어져 따로 존재하게 된다. 현실의 몸은 숨을 쉬고, 땅을 밟으며 현실 공간에 존재하지만, 가상의 몸은 현실과 분리된체 존재한다. 이 분리된 몸은 각각 다른 환경에서 각자 다른 어포던스와 접촉한다. 문제는 이 두 분리된 공간과 몸이 충돌하는 경우이다. 예를 들어 종종 HMD를 쓴 사람들의 모습은 주변 사람에게 우스운 모습으로 비추어지는데 마치 혼자 헛것을 보고 허우적대는 모습으로 보이기 때문이다. 심지어 가상현실을 체험하는 사람이 손을 뻗어 무언가를 집으려고 하는 동작은 현실의 다른 사람이나 사물과 충돌할 수도 있다. 그리고 VR HMD를 쓰고 있는 사람에게 비가 오거나 불이 난다고 생각해보자. 현실의 몸과 지각 공간이 분리된다면 지각을 넘어 우리의 생존도 침해받을 수 있는 것이다. 이런 동물-환경 동일장의 파괴는 현재 VR 콘텐츠의 지속 사용 시간이 짧고, 널리 보급되지 않는 현상으로 이어진다. 우리는 2시간짜리 영화를 보는데 크게 지장이 없지만 VR HMD를 사용하고는 많은 이들이 10분 이상 몰입하기 쉽지 않다. 어지럼증, 폐쇄감, 피로감, 산만함 등으로 사용 시간이 길어질 수 없는 것이다. 이렇듯 현재의 VR HMD를 활용한 가상현실 기술은 생태적으로, 인지적으로 한계를 지니고 있다고 할 수 있다.

여기서 잠깐 영화적 상상을 더 해보자. 만약 매트릭스의 한 장면과 같이 우리의 신체를 거치지 않고 직접 뇌와 연결되는 장치로 가상현실을 즐기고 느낄 수 있을 것인가? 실제로 일론 머스크(Elon Musk)가 투자한 뉴

럴링크(Neurallink) 사는 로봇이 직접 시술하는 시술로 뇌에 전극을 심고, 그 전극을 통하여 몸의 움직임 없이 컴퓨터를 조작하는 시도를 하고 있으며, 시각을 잃은 사람에게 전극을 통하여 영상 이미지를 전달하는 기술도 개발되어 있다. 마치 매트릭스의 가상세계와 현실의 몸의 접속이 실현되는 것과 유사하다. 그러나 그런 가상의 몸 역시 우리의 생명의 기반인 몸 전체를 옮겨가지는 못한다. 우리 몸은 두뇌로만 구성되는 것이 아니기 때문이다. 우리는 피와 뼈, 살로 이루어진 존재로 모든 신체기관이 유기적으로 결합하여 존재한다. 인지적 활동 역시 몸을 기반으로 한 감각과 지각을 바탕으로 생성되고 작동된다. 그런 점에서 몸을 제외하고는 우리 존재는 현재와 같은 의미로 존재할 수 없다. 또 기술의 발달로 몸의 일부에 도움을 받는 것을 넘어 몸을 완전히 대체할 수 있다 하여도, 그것이 집단적이고 유전적으로 인간 전체에게 공유되지 못한다면 그것을 인간 존재의 일부로 볼 수 없다. 그리고 완전한 몸의 대체가 이루어진다고 하여도 그런 존재가 현재의 가상세계를 추구하는 지금의 존재일지는 다시금 확인해 보아야 할 것이다. 그런 점에서 생태학적 몸을 거치지 않는 완전한 가상세계로의 몰입과 존재는 한계를 지닌 시도라고 할 수 있다. 〈매트릭스〉 영화 속에서도 현실의 몸이 존재해야만 가상 속 존재도 가능하며, 생태적인 몸의 형태가 가상현실도 그대로 그려지는 것도 같은 이유이다. 그러나 가상공간과 현실 공간의 죽음이 서로 연결되어 있다는 〈매트릭스〉의 설정은 여러모로 비약적이다. 가상의 몸은 현실의 몸에 영향을 미칠 연계가 없기 때문이다. 생태적 몸을 배제한 가상이라는 설정에서 어떻게 죽음만 몸에 영향을 줄 수 있는가? 그러므로 〈매트릭스〉에서 가상공간의 죽음은 단순히 가상으로부터의 탈몰입만 되는 수준이었어야 한다.

이렇듯 우리의 몸의 생태적 작용과 환경과의 관계를 고려해 본다면 관련 업계와 언론에서 그리는 완벽하고 환상적인 가상세계는 불가능할 것이다. 그리고 지금 개발된 기술보다 더 나은 발전들이 이루어지더라도 완전한 가상세계의 활용은 제한적일 것이다. 나아가 가상현실이라는 용어가 메타버스로 탈바꿈을 하든, 다른 최신의 미디어 기술의 도움을 받든 우리의 생태적 몸과 그를 기반으로 한 어포던스, 동물-환경 관계를 해체한다면 그 미디어 기술은 자연 도태될 것이다. 그러나 이 순간 우리는 다시 질문을 던져야 한다. 그렇다면 가상을 우리의 인지 체계에 적합하게 사용하는 방법은 없을까? 가상세계는 우리 삶에 전혀 불필요한 존재인가? 이 문제의 답을 찾기 위해서는 여기서 우리는 그동안 인류가 어떻게 여기, 지금, 나의 몸이 위치하지 않는 시간과 공간을 어떻게 활용해 왔는지를 과거의 모습을 살펴보아야 한다. 인류가 어떻게 가상과 허구를 받아들이고 누려 왔는지를 다시 살펴본다면 다시금 새로운 가능성도 발견될 수 있을 것이다.

4. 가상과 혼합의 연결고리로의 몸

장자는 지금으로부터 2300년쯤 전 중국의 철학자이다. 장자는 낮잠을 자다 꾼 꿈에서 나비가 되어 훨훨 하늘을 날았다. 스스로 즐거워서 마음대로 팔랑팔랑 춤을 추었다. 그 꿈속에서 자신이 장자인지는 완전히 잊었다. 그러나 깨고 나니 다시 장자 본인이 되어 있었다. 내가 현실의 장자인지, 꿈속의 나비인지 알 수 없었다. 형태상으로는 구별이 있을지라도 주체로의 장자는 변화가 없었다고 느꼈다.

— 장자(莊子)의 호접지몽(胡蝶之夢)

인류는 오래전부터 지금, 여기가 아닌 다른 공간, 다른 시간을 경험하기를 희망했다. 내가 직접 접하지 않더라도 가상의 경험을 통하여 생존에 필요하거나 이득이 되는 지식과 정보를 얻고 다른 이들과 나누고 싶어 했었다. 그런 이유로 가장 흔하게 사용된 방법이 이야기였다. 위에 제시된 호접지몽에서도 장자가 얻은 철학적 깨달음을 자신이 주인공이 된 꿈 이야기로 전달해주고 있다. 이야기 형식은 비록 내가 직접 접한 상황이나 사건은 아니지만 내가 경험한 것과 같은 공감과 체험을 불러오기 때문에 가장 효과적인 정보 전달 방식 중 하나이다. 또 이야기 형식은 여러 문화권, 서로 관련이 없는 문명 속에서도 발견되고 심지어 이야기의 캐릭터, 구조를 분석하면 매우 유사한 경우가 많다.[7] 또 아리스토텔레스는 이야기는 인간 본성에 내재된 것이라고 보기도 한다.[8] 그리고 최근에는 신경과학자들이 발견한 우리 두뇌 속의 거울 뉴런을 통해 이야기 형식의 비밀을 밝히려는 시도들도 있다. 또한 영문학자인 보이드(Brian Boyd)는 〈이야기의 기원 : 왜 인간은 스토리텔링에 집착하는가 (On the origin of Stories : Evolution, Cognition and Fiction)〉를 통해 이런 이야기 방식이 인류 발전의 근원이라고까지 주장한다. 그래서인지 근대에 들어서도 이야기 형식은 새로운 매체가 개발될 때마다 가장 적극적으로 활용되는 형식이기도 했다. 라디오가 나왔을 때 사람들은 라디오 드라마를 즐겼고, 영상기술이 나왔을 때 사람들은 이야기를 기반으로 한 다루는 극영화를 즐겼다. 이런 흐름은 인터넷이라는 새로운 소통방식이 익숙해진 이후로도 계속 이어진다. 컴퓨터 온라인 게임개발사는 기획 단계에서부터 전문 이야기 작가들을 적극적으로 활용하며, 웹소설 장르 같은 경우 자발적 창작도 활발하게 이루어지고 있다. 인공적으로 만들어진 문화적 산물도 깁슨의 말과 같이 자연선택의 법칙을 거쳤다면, 가상과 허구를 기반으로 하는 이야기 형식이 지금까지 살아남은 것은 그 자체로 우리의 생태적 인지구조에 적합하기 때문일 것이다. 이야기 형식만이 아니다. 가상을 직접 체험하게 해주는 연극, 공연, 제의와 같은 문화예술 행위들이 오랫동안 문화권을 넘나들며 존재했다는 것도 무의미한 우연의 결과는 아니었을 것이다. 그렇다. 우리는 벌써 가상과 허구를 우리 나름의 생태적 방식으로 즐기고 있었던 것이다. 즉 최첨단의 기술이 아니어도 우리는 가상현실 세계를 우리의 몸과 동물-환경의 공존을 방해하지 않으며 즐기는 방법을 체득하고 있었던 것이다. 이천 년 전의 생각을 글로 이해하고 우리 머릿속에서 글쓴이의 생각을 다시 떠올리는 것, 언어나 문화가 다른 나라의 영화를 보면서도 눈물 흘린 일, 오래된 게임기에서 아주 단순한 캐릭터지만 미션에 실패했을 때 아쉬워 소리 지르는 일 등 우리는 벌써 매우 즐겁고 유익하게 가상세계를 우리의 인지환경으로 받아들였다. 그렇다면 앞으로의 미디어 발전도 우리의 몸을 부정하지 않으며, 가상과 현실이 공존하는 형태라면 생존의 가치가 발생할 것이라고 예상할 수 있다.

그런 점에서 미래의 미디어로 함께 주목해볼 미디어는 혼합현실 미디어이다. 이 시도는 혼합(Mixed), 증강(Augmented), 확장(Extended) 등의 다양한 용어로 지칭된다. 어떤 작용에 더 집중하는가, 상호작용의 여부 등으로 이들을 구분할 수는 있지만, 일반적으로 현실과 가상의 공존이라는 큰 틀에서의 차이는 적다. 기존의 가상현실이 완전한 가상의 구현을 노력했다면 혼합현실, 증강현실. 확장현실에서의 시공간은 현실과 밀접한 관계를 지닌다. 혼합 공간의 시간은 현실의 흐름을 따르고, 배경은 현실 공간을 그대로 사용한다. 대표적인 사례로 마이크로소프트(Microsoft)의 홀로랜즈 2(Hololens 2)를 활용하는 모습을 들 수 있다.

이 기기의 디스플레이는 투명한 형태로 사용자의 일상적인 시각 위에 가상의 정보를 더해서 보여주는 형태이다. 현실 공간 위에 다양한 가상의 정보와 객체가 공존하는 경험을 체험하게 해준다. 또 손의 동작을 인식하여 가상의 정보, 객체는 현실의 인식주체인 나와 상호작용할 수 있다. AR에 선구적 장비였던 Google의 Glass, 2023년 출시가 예상되는 Apple의 안경 형태의 웨어러블 장비 등도 이와 유사한 형태를 취하고 있다. 이런 투명한 유리 형태의 디스플레이는 앞서 논의한 VR HMD의 폐쇄적인 한계 벗어나게 해준다. VR HMD와 같은 뒤틀린 몸을 요구하지도 않으며, 안대를 쓴 상황도 아니다. 현실 시공간에 일부 가상의 사물 혹은 정보가 더해지는 것이 현재 예상되는 혼합현실의 일반적인 형태이다. 이는 우리의 신체를 덜 왜곡하고 자연스러운 현실 환경과의 상호작용이 가능한 형태이며 기존의 인간들이 활용하던 여러 미디어의 형태와 유사하다. 예를 들어 우리가 영화관에서 큰 화면과 좋은 음향시스템에 완전히 몰입되어 있다고 해도 우리는 극장의 불편한 냄새나 쿵쿵대는 뒷사람의 발길질은 지금 이곳이 영화관이라는 사실을 잊지 않도록 해준다. 우리의 생태적 몸과 지각 상태에 일부의 가상 정보가 추가된 형태인 것이다. 혼합현실을 위한 MR 글라스 역시 현실 공간에 일부의 가상 정보가 더해지는 것이다. 이런 점은 인지의 주요한 주체인 몸이 자연스럽게 작동하게 해주고, 결과적으로 전체 인지 작용이 원활하게 이루어지도록 해준다. 가상현실에 비하여 제공되는 가상 정보의 양은 적을지라도 종합적으로는 가상의 정보를 더 쉽게 인지할 수 있게 해주는 것이다. 이 상태에서는 가상현실과 현실 양쪽의 어포던스와 우리의 몸과 자연스럽게 접촉하고 지각된다. 몸을 현실의 몸과 가상의 몸으로 분리하지 않고도 양쪽이 적절한 균형 혹은 선택이 가능한 형태로 공존하는 것이다. 우리는 현실의 어포던스와 가상의 어포던스와도 접촉할 수 있으며, 현실 세계 속에서 행동할 수도, 가상세계 속에서도 행동할 수 있다. 이 과정에서 선택적이면서도 직접적인 이중적 지각 공간이 형성된다. 나아가 가상물과 현실물이 상호작용 가능하게 된다면 가상과 현실의 어포던스가 결합하여 새로운 지각도 가능하다. 즉 가상과 현실에 각각의 지각만 이루어지는 것이 아니라 가상과 현실이 결합한 새로운 제3의 어포던스, 제3의 지각도 발생하는 것이다. 이때 가상과 현실의 어포던스는 그것을 접하고 선택하는 체험자의 몸을 바탕으로 한다. 그러므로 체험자의 몸은 가상과 현실을 연결하는 통로이자 결합의 장으로 볼 수 있다. 예를 들어 비가 오는 야외 자동차 전시장에서 소비자가 자동차에 대한 정보를 얻는다고 가정해 보자. 전시장에 자동차가 놓여 있더라도 가상현실 HMD를 쓴다면 현실의 자동차는 볼 수 없고, 내리는 비도 지각할 수 없다. 그러나 혼합현실 미디어 체험 상황이라면 비 내리는 전시장의 실제 자동차도, 가상으로 존재하는 자동차의 모습이나 정보도 지각할 수 있다. 나아가 우리가 지각하고 있는 현실의 자동차가 비오는 도로에서 어떻게 효과적으로 작동하는지를, 현실 자동차 위에 투사해서 효과적으로 정보를 얻게 할 수도 있을 것이다. 이때 가상과 현실의 정보가 우리의 생태적 어포던스 여부에 따라 선택되며, 우리의 신체 감각 기관을 통해 받아들여지기에 우리의 몸은 가상과 현실의 통로이자 새로운 지각의 장이라고 볼 수 있게 된다.

5. 가상과 현실의 공존을 위하여

여기까지의 이야기를 정리해보면 우리는 진화의 과정으로 물려받은 생태적 몸을 기반으로 미디어를 활용해왔고, 지금까지 활용되는 여러 문화적 산물과 마찬가지로 미디어도 생태적 관점에서 선택, 발전되어 왔었다. 또 우리들은 가상이라는 시공간을 오랫동안 이야기, 연극, 제의, 예술의 방식으로 활용해 왔다. 그런 점에서 가상현실은 어쩌면 벌써 우리에게 온 것일지도 모른다. 그에 비하여 완전한 가상세계를 주장하는 최근의 HMD 기반 가상현실 기술은 행동가능성과 몸의 분리 문제, 환경-동물장의 파괴 등으로 한계를 지닌다고 볼 수 있다. 이런 방식으로는 가상현실이 우리에게 제대로 구현될 수 없다. 대신 아직은 기술적으로 부족함이 있지만 가상과 현실이 공존하는 증강현실 방식을 주목할 필요가 있다. 혼합현실 기술은 환경-동물의 관계를 파괴하지 않고, 다층적 행동가능성을 제공하고 나아가 가상의 행동가능성과 현실의 행동가능성끼리 결합이 생물학적 몸을 기반으로 이루어질 수 있기에 더 인지적 활용 가능성이 높다. 그러므로 미래에서 우리의 생태적 인지에 적합하면서도 가상과 현실이 공존하는 미디어는 증강현실 방식으로 구현될 것이다.

가상현실에 대한 논의는 최근 메타버스로 그대로 복제되어 동어반복되고 있다. 수년 전에 이야기하던 가상현실의 미래에 대한 묘사에서 주어를 '메타버스'로 바꾸기만 해도 어색함을 느끼기 어려울 정도로 유사하다. 이 과열된 메타버스 논의도 생태적으로 돌아보면 한계와 가능성을 명확히 할 수 있을 것이다. 메타버스의 여러 정의 중 가장 많이 이용되는 비영리 기술연구단체 ASF(Acceleration Studies Foundation)의 정의에 의하면 가상현실은 증강현실, 라이프로깅(Lifelogging), 거울 세계(Mirror Worlds)과 함께 4가지 메타버스 유형 중 하나일 뿐이다. 그럼에도 불구하고 메타버스에 대한 묘사나 전망이 주로 가상현실에만 집중되고 있는 점은 그것이 가장 현실과 동떨어진 환상적 미래를 그리기 때문일 것이다. 〈레디플레이어원〉의 환상적 미래는 사람들의 눈과 흥미를 빼앗아가기 더 쉽다. 그러나 우리는 몸을 기반으로 현실을 살아가는 존재이다. 아무리 가상의 매력적인 시공간이 있다고 해도 그것은 우리의 몸과 환경을 벗어나 존재할 수 있게 하지는 못한다. 그러므로 우리는 빛나고, 매혹적인 가상과 우리의 몸과 현실 환경이 함께하는 융합적 공간에 대한 이야기와 상상을 키워가야 한다. 그런 점에서 메타버스 역시 우리에게 벌써 와 있거나 또는 어떤 형태로는 완전히 오지 못할 존재일지도 모른다. 그런 판단에 생태학적 인지, 체화된 인지 관점은 중요한 이정표가 될 것이다.

더 읽을 거리

J. J. Gibson. 2016. 『지각체계로 본 감각』, 박형생, 오성주, 박창호 역, 아카넷, 2016. 국내에 정식으로 최초 번역된 Gibson의 책으로 전문가의 번역과 해설로 다소 생소할 수 있는 생태학적 지각이론을 비교적 쉽고 정확하게 소개하고 있다.

Joseph D. Anderson, *The Reality of Illusion: An Ecological Approach to Cognitive Film Theory*, SIU Press, 1998. Gibson의 생태학적 지각이론을 영화에 적용하여 구체적으로 설명한 책으로, 어떻게 미디어가 생태적으로 적합한 형태로 발전했는지를 세밀하게 밝혀내고 있다.

Brian Boyd, 『이야기의 기원 : 왜 인간은 스토리텔링에 집착하는가』, 남경태 역, 휴머니스트, 2013. 이야기에 대한 과학적이면서도 문화적인 융합적 해석을 시도한 책이다. 또한 이야기가 인간의 문화와 사회 형성에 어떤 영향을 미쳤는지까지 논의를 확장 시킨다.

미주

1. 체화된 마음과 몸의 위상

1   A. Clark and D. Chalmers(1998), pp. 12-16.
2   Ibid., p. 13.
3   행화인지 이론은 자기생성적 행화주의 외에 감각운동적 행화주의(sensorimotor enactivism)와 급진적 행화주의(radical enactivism)가 있다.
4   이 점에서 동일론에 기반은 둔 후토(Hutto)의 급진적 행화주의는 예외에 속한다.
5   R. Rupert(2004), p. 393.
6   F. Adams and K. Aizawa(2008), pp. 10-11.
7   R. Menary(2010), pp. 3-4.
8   J. McClland, D. E. Rumelhart, and the PDP Research Group(1986), pp. 44-48.

2. 몸의 탈마음적 기원: 어떻게 플라톤은 철학에서 몸을 지웠는가?

1   Plat(1961), 607b5-6.
2   니체의 『차라투스트라는 이렇게 말했다』에서 1부의 4장 「몸을 경멸하는 자들에 대하여」를 참고.
3   현대의 뇌과학에 의하면 자신이 유령처럼 몸이 없거나 존재하지 않는다고 느끼는 정신병 환자들이 있다. 이러한 증상을 '코타드 증상'이라고 한다.
4   Plato(1961), 415.
5   이 글에서 내가 주장하는 내용과는 정반대로 우리는 플라톤의 텍스트를 문학 텍스트로 읽을 수도 있다. 무엇보다도 플라톤의 텍스트에는 호메로스의 작품처럼 등장인물들이 대거 등장하기 때문이다. 플롯도 있고 배경묘사도 있고 사건도 있다. 달리 말해서 플라톤은 자신의 주장을 자신의 입이 아니라 소크라테스와 같은 등장인물을 빌어서 독자에게 제시한다. 그의 주요한 철학적 주장을 허구로서 접근하는 것이 터무니없지는 않은 것이다. 더구나 그의 텍스트 전체에는 유희적이거나 역설적인 대목들이 산재하고 있다. 이에 대해서는 G.Press(2007), 46-151쪽을 참고할 수 있다.
6   월터 옹(2018) 2장의 호메로스의 문제와 Jan Bermmer(2010), pp. 11-29를 참조하기 바람.
7   "구두문화는 과거에 대한 대량의 투자"를 특징으로 한다. 대부분의 창조설화에서 역사는 퇴행적이다. 금에서, 은, 동, 쇠 등으로 퇴보하는 패턴을 취하는 것이다. 윌리엄 랭어(2001), 24, 59쪽.
8   우리는 이 대목에서 플라톤의 탈신체화된 철학이 동시대인들에게도 낯선 것이었다는 점을 지적할 수가 있다. 가령 페리클래스페로몬네소스 전쟁에서 전사한 동료를

추모하는 유명한 연설에는 다음과 같이 말했다. "우리는 단순함 속에 아름다움을 가꾸고(cultivate) 강직한 성품을 잃지 않으면서 철학한다(do philosophy)." 여기에서 "아름답게 가꾸다"는 philokelein, '철학한다'는 philosophein이다. P. Hadot(2004) 16-17에서 재인용. 그리고 당시 희랍인들이 애송하던 시모니데스와 에피카르무스의 권주가도 참조할 수가 있다. "만족스러운 건강을 누리는 것이 최고이다. 다음으로 훌륭한 외모를 갖추는 것이며, 세 번째는 정직하게 부자가 되는 것이다." 자크 주아나(2004), 512쪽에서 재인용. 그리고 플라톤의 신체관에 대해서 다음 책을 참고할 수 있다. C. Zoller, P(2018); D. Zucca and R. Medda, eds.(2019); F. Pelosi(2019).
9   Plato(1961), 597.
10 Ibid. 598d.
11 Ibid., 602b.
12 개념으로서 침대와 물질적 가구로서 침대의 차이에 대해서 H. Arendt(1971),100쪽, I. Kant, (2007) .B180-181을 참조하기 바람.
13 Plato(1961) 66c.
14 플라톤(2020), 115c-e. 그런데 기원전 5세기 경에는 사후 세계와 영혼 불멸을 믿는 사람들이 그전보다 훨씬 적었다고 한다. D. Claus(1981), P. 68을 참조하기 바람.
15 당시의 교육에 대해서는 W. Jaeger(1985), I. cdougall and, J.C. Yardley, et al. (2008), K. J. Freeman and G. Laurén(2013) 참조.
16 브루노 스넬(2004), pp. 18~23.
17 베르나르 베르베르(2008).

3. 몸 이미지를 다시 이미지하기

1   H. Head(1920, 1926); H. Head and G. Holmes(1911/1912).
2   (예) G. Berlucchi and S. Aglioti(2010); N. P. Holmes and C. Spence(2006).
3   S. Gallagher(1986, 2005) 참조.
4   (역주) 해리는 뇌손상과 행동 간 대응 관계를 의하는데, 이중해리는 두 가지 뇌손상이 각각 대응하는 행동에만 영향을 미치고 다른 행동에는 영향을 미치지 않은 것을 의미한다.
5   D. Denny-Brown(1952); J. A. Ogden(1996); K. H. Pribram(1999).
6   J. Cole(1995, 2007); S. Gallagher and J. Cole(1996)
7   F. de Vignemont(2010); S. Gallagher(1986); J. Paillard(1999) 참조.
8   S. Gadsby(2017).
9   C. Farrer and C. D. Frith(2001); C. Farrer, N. Franck, N. Georgieff, C. D. Frith, J. Decety, and M. Jeannerod(2003)

10　G. K. Øberg, B. Norman, and S. Gallagher(2015)
11　F. Röhricht, S. Gallagher, U. Geuter, and D. D. Hutto(2014)
12　S. Gadsby(2017); S. J. Wignall, N. A. Thomas, and M. E. Nicholls(2017); E. Natvik, K. S. Groven, M. Råheim, E. Gjengedal, anmd S. Gallagher(2019); M. Razmus(2017); M. Razmus, B. Daniluk, and P. Markiewicz(2017); P. Beckerle, O. Christ, T. Schürmann, J. Vogt, O. von Stryk, and S. Rinderknecht(2017).
13　Emmanuel de Saint-Aubert(2013), p. 46.
14　S. Gallagher(2005).
15　V. Pitron and F. de Vignemont(2017).
16　J. Halak(2021, 이 책)는 골드스타인의 게슈탈트 개념에 호소한다. 그는 몸 도식이 지각된 것의 '형태·배경 구조의 항상 함축된 세 번째 항'이라는 메를로퐁티의 주장(2012, p. 103)을 인용한다. 하라크는 몸 도식이 '항상 지각된 것의 배경에 머무른다'라고 제안하지만(2016, p. 34), 이 책에서는 몸 도식이 대부분의 부분을 배경에 머물지만, 그것은 철학적 반성이나 병리적 경험에서 일어날 수 있는 '이런 배경에서 벗어난 일탈'로서의 형태로 지각될 수 있다고 제안한다.
17　(예) S. Gallagher(2005), p. 30.
18　(예) S. Bordo(1993), G. Weiss(2015), I. M. Young(1980)
19　(예) T. F. Cash and T. A. Brown(1989), H. Kim, J. Ahn, and D. Lee(2016), S. K. Murnen(2011)
20　(예) C. M. Capodilupo and S. Kim(2014), F. Fanon(2008)
21　B. G. Montero(2016), p. 38.
22　B. G. Montero(2015), p. 90.
23　R. Shusterman(2008), P. 55.
24　S. Gallagher(2005), p. 73.
25　D. Legrand and S. Ravn(2009), J. Toner, B. G. Montero, and A. Moran(2016) 참조.
26　W. Christensen, J. Sutton, and D. J. McIlwain(2013).
27　S. Gallagher(2018), S. Gallagher and J. Gallagher(2019), A. Salice, S. Høffding, and S. Gallagher(2019)
28　W. Christensen, J. Sutton, and D. J. McIlwain(2013).
29　B. G. Montero(2016)
30　D. Legrand(2007)
31　S. Høffding(2019)
32　S. Høffding(2019)
33　I. Aranyosi(2018), §6.
34　I. Aranyosi(2018), p. 408n13.

35 D. Legrand(2010), p. 194.
36 P. Schilder(1923), E. de Saint Aubert(2013) 참조.
37 S. Gallagher(2021).
38 "Reimaging the Body Image", in Body Schema and Body Image, Y. Ataria, S. Tanaka, and S. Gallagher eds., Oxford University Press 2021. pp. 85-98.

4. 몸 중심의 체험적 자연주의 의학 - 몸에 대한 몸을 위한 몸의 앎과 삶과 함-

1 장태순(2021)
2 홍윤철(2020)
3 김양현(2021)
4 김준수, 최명애, 박범순(2020)
5 김성수, 박광기, 오종문(2021)
6 채수미(2020)
7 C. Boors(1977)
8 J. C. Venter.(2001)
9 온라인가나다, 국립국어원, https://www.korean.go.kr/front/onlineQna/onlineQnaView.do?mn_id=216&qna_seq=80582
10 G. L. Engelrge(1977)
11 에반 톰슨(2016), p. 258.
12 Wikipedia, https://en.wikipedia.org/wiki/Experience (2022.08.07.)
13 에반 톰슨(2016), p. 228.
14 신동원, 김남일, 여인석(1999).
15 고미숙(2011), p. 113.
16 배병삼(2019), p. 58.
17 김민재(2022)
18 김동식(2005), p. 231.
19 요아힘 바우어(2010), Sober, E., and Wilson, D. S.(1988). 최정규(2009)
20 https://www.etymonline.com/search?q=experience (2022.08.12.)
21 노대원(2015)
22 마하일 바흐친(1988), p. 261., 원용진·이준형·박서연·임초이(2015)에서 재인용
23 에반 톰슨(2016), p. 27.
24 조지 레이코프, 마크 존슨(2002)
25 피터 글럭맨, 앨런 비들, 마크 핸슨(2014), 최종덕(2016)
26 Daaleman, T., and Elder, G. H.(2007)
27 리타 샤론(2021)

5. 체화된 인지와 도덕적 판단 – 덕윤리 관점에서의 비판적 고찰–

1 M. W. Alibali, R. Boncoddo, and A. B. Hostetter(2014), pp. 150-159.
2 감정에 대한 이런 주장에 대해서는 J. Prinz(2004), pp. 44-58 참고.
3 T. Wheatley and J. Haidt(2005), p. 780.
4 Strejcek와 Zhong은 몸과 마음의 이원론과 감정과 이성의 이원론을 연결시켜 설명한다. B. Strejcek and C. Zhong(2014), pp. 220-229.
5 '피니어스 게이지 모형'이라는 명칭은 아래에서 논의될 환자 A를 가리킬 때 사용되었다. 다마지오는 이 모형의 특성을 확립시키고자 한다. 안토니오 다마지오 지음, 『데카르트의 오류』, 김린 옮김, 남양주: 눈출판그룹, 2017, p. 106.
6 안토니오 다마지오(2017), p. 106
7 이 사례들에 대한 자세한 설명은 안토니오 다마지오(2017), 1부 참고.
8 Ibid., p. 39.
9 Ibid., p. 105.
10 Ibid., p. 99.
11 Ibid., p. 99.
12 Ibid., p. 105.
13 역겨움이 도덕적 판단에 영향을 미친다는 것을 보여주는 다른 실험들이 있다. 역겨움의 느낌이 더 신랄한 도덕적 판단을 하게 한다는 것을 보여주는 실험이 있다. 이 실험에 따르면, 사람들은 방귀 냄새를 맡아서 역겨움을 느낄 때 더 가혹한 도덕적 판단을 내렸다. S. Schnall, J. Haidt, G. L. Clore and A. H. Jordan(2008), pp. 1096-1109. 화를 낼 때 사람에 대한 범죄에 대해 더 엄격한 도덕적 판단을 내린다는 것을 보여주는 실험도 있다. J. S. Lerner, J. H. Goldberg and P. E. Tetlock (1998), pp. 563-574..
14 T. Wheatley and J. Haidt(2005), p. 780.
15 Ibid., p. 782.
16 깨끗함에 대한 신체적 지각이 도덕적 판단과 행동의 결정 요소가 될 수 있다는 것을 보여주는 실험들도 있다. 손 위생제 옆에 서 있는 것만으로도 더 엄격한 판단을 하게 한다는 것이 드러나기도 하였다. E. G. Helzer, and D. A. Pizarro(2011), pp. 517-522.
17 Gu, Jun, Chen-Bo Zhong, and Elizabeth Page-Gould(2013), pp. 307-312.
18 Ibid., p. 310.
19 존재와 당위의 관계에 관한 흄의 주장에 관하여 다양한 해석들이 있다. 어떤 해석들은 경험적 연구를 바탕으로 도덕적 판단의 당위를 이끌어내는 것을 흄이 반드시 배제하는 것은 아니라고 한다. A. C. MacIntyre(1969), p. 46 참조. 윤영돈(2017), pp. 179-199 참조.
20 이 점은 티베리우스에 의해서도 언급되었다. V. Tiberius(2014), p.7.

21 마크 존슨(2017), p. 147.
22 로스키스(Adina Roskies)는 이런 주장에 반대해서 사이코패스와 같은 감정적 결함을 가지고 있는 어떤 사람들은 도덕적 판단을 내린다고 주장한다. A. Roskies(2003), p. 57.
23 감정이 이성이 가진 부족함을 채운다고 주장하는 학자도 있다. 드 수자(Ronald De Sousa)의 주장을 예로 들 수 있다. 셀 수 없이 많은 정보와 지식이 주어지는 가운데 인간이 적절한 믿음을 형성하거나 올바른 결정을 내리는 것은 쉬운 일이 아니다. 이런 문제에 대하여 감정이 하는 역할이 있다. 감정은 무수히 많은 정보로부터 주어지는 선택들 중 가능한 선택들로 제한한다. R. De Sousa(1990), p. 195
24 마크 존슨(2017), 4장과 5장 참조.
25 Ibid., p. 180.
26 Ibid., p. 181.
27 Ibid.
28 자기충실성에 대한 자세한 설명은 본고의 범위를 벗어난다. 자세한 설명과 논의는 한곽희(2018), 109-134 참고.
29 본 글은 '한곽희, 「몸 의존적인 도덕적 판단에 대한 비판적 고찰-덕윤리의 관점에서-」, 『철학논총』, 제108집, 새한철학회, 2022, 265-287쪽'을 본 도서의 취지와 목적에 대응하는 내용으로 수정하였음.

6. 법률적 인간의 몸

1 론 풀러, 『법의 도덕성』, 박은정 옮김(서울: 서울대학교출판문화원, 2015), 114면.
2 미셸 푸코, 『감시와 처벌: 감옥의 탄생』, 오생근 옮김(파주: 나남, 2016), 23면.
3 장-피에르 보, 『도둑맞은 손』, 김현경 옮김(서울: 이음, 2019), 19-20면.
4 참고로 내무부, "히피성 장발단속 계획 보고"(문서번호 2032-5470, 1976. 5. 20.)는 근거 법령을 '경범죄 처벌법 제1조 제49호'로 밝히고, 단속 기간을 '6. 16부터 근절될 때까지'로 명시하고 있다.
5 국가기록원, "장발단속", 『기록으로 만나는 대한민국』(https://theme.archives.go.kr/next/koreaOfRecord/Long-term.do, 최종접속일 2022. 8. 1.).
6 성전환증(transsexualism)을 지칭하던 '성정체성장애(sexual identity disorder)'라는 용어는, 정신병적인 낙인 효과가 있다는 비판 때문에 2013년 DSM-5에서 '성불편증(gender dysphoria)'으로 변경되었고, 2022년 1월 1일 발효된 ICD-11에서는 '성별불일치(gender incongruence)'로 변경되었다.
7 2009스117 결정 중 대법관 양창수와 이인복의 반대의견.
8 대전지방법원 2021. 10. 7. 선고 2020구합104810 판결의 사실관계.
9 국가인권위원회, 『인권길라잡이: 교정편』(서울: 국가인권위원회, 2002), 26면.

10 강태경 외 7인, 『형사사법기관의 인권보장역량 종합평가 연구(Ⅱ): 행형기관의 인권보장역량 평가』(서울: 한국형사·법무정책연구원, 2019), 32면.
11 아래 설명은 알랭 쉬피오, 『법률적 인간의 출현』, 박제성·배영란 옮김(파주: 글항아리, 2015), 43-76면 참조.
12 아래 설명은 쉬피오, 위의 책, 78-93면 참조.
13 보, 앞의 책, 78면.
14 보, 위의 책, 96면.
15 보, 위의 책, 96면.
16 보, 위의 책, 184-192면.
17 보, 위의 책, 263-267면.
18 아래 설명은 보, 위의 책, 282-284, 298면 참조.
19 아래 설명은 보, 위의 책, 324-328면 참조.
20 인지법학에 관한 설명은, 강태경, "법적 추론에 대한 비판적 분석으로서의 인지적 분석: 성전환자의 공부상 성별정정 사건을 중심으로", 『서울대학교 법학』 55(4)(2014), 193~240면에서 발췌.
21 Steven L. Winter, *A Clearing in the Forest: Law, Life, and Mind* (Chicago: Univ. of Chicago Press, 2001).
22 George Lakoff, *Women, Fire, and Dangerous Things: What Categories Reveal about the Mind* (Chicago : University of Chicago Press, 1987).
23 George Lakoffe & Mark Johnson, *Philosophy in the Flesh: the Embodied Mind & its Challenge to Western Thought* (New York: Basic Books, 1999).
24 Joseph E. Grady, "Metaphor," in *The Oxford Handbook of Cognitive Linguistics*, edited by Dirk Geeraerts and Hubert Cuyckens (Oxford; New York: Oxford Univ. Press, 2007), p. 190.
25 아래 설명은, Grady, 위의 논문, pp. 192-193을 따름.
26 조지 레이코프·마크 존슨, 『몸의 철학: 신체화된 마음의 서구 사상에 대한 도전』, 임지룡·윤희수·노양진·나익주 역(서울: 박이정, 2002), 105면.
27 조지 레이코프·마크 존슨, 위의 책, 287면.
28 이하 '목적이 있는 삶은 여행'이라는 개념적 은유에 관한 설명은 강태경, 위의 논문, 221-225면.
29 Paul Ricoeur, *Time and Narrative*, Kathleen McLaughlin and David Pellauer (trans.)(Chicago: University of Chicago Press, 1984), p. 65.
30 Winter, 앞의 책, p. 108.
31 강태경, 앞의 논문, 72면.
32 Winter, 앞의 책, pp. 108-109.
33 Felix Cohen, "Transcendental Nonsense and the Functional Approach",

Columbia Law Review 35 (1935), p. 812.
34 Winter, 앞의 책, p. 14.
35 대표적인 예로는, Paul H. Thibodeau and Lera Boroditsky, "Metaphors We Think with: The Role of Metaphor in Reasoning", *PLos One* 6, No. 2. (2011), e16782.
36 레이코프·존슨, 앞의 책, 40면.
37 그릇 은유에 관해서는 셸리 케이건, 『DEATH 죽음이란 무엇인가』, 박세연 옮김(서울: 엘도라도, 2012) 참고.
38 Nicole Kelley, "Deformity and disability in Greece and Rome" in *This Abled Body: Rethinking in Biblical Studies*, J. Schipper, J. S. Melcher, and H. Avalos (ed) (Atlanta: Society of Biblical Literature, 2007), pp. 38-39.

7. 마음 체화의 장으로서 '몸' – 왕양명의 '신심지학'을 중심으로 –

"이 논문은, 2021년 대한민국 교육부와 한국연구재단의 지원을 받아 수행된 연구(NRF-221C000725)로, 『양명학』제66호(한국양명학회, 2022.9)에 실렸던 것을 수정·보완한 것임."

1 陳來, 『양명철학』, 전병욱 옮김, (예문서원, 2003), 21쪽 참조.
2 Peter K. Bol, 『역사 속의 성리학』, 김영민 옮김, (예문서원, 2011), 131-2쪽 참조.
3 『왕양명전집』(이하 『양명집』)권25, 「祭元山席尙書文」과 『양명집』 권33, 「연보」34세조 참조.
   참고로 최근 중국에서 왕양명의 '身心哲學'이라는 용어를 쓴 경우가 있으나[[李洪衛, 『王陽明 身心哲學硏究』, (上海三聯書店, 2021)] 체화와는 상관이 없는 내용이다
4 민족의학연구원, 『전통철학과 의학에서 본 몸과 마음』, (도서출판문사철, 2017), 17쪽.
5 『荀子』「性惡篇」: 人之性惡, 其善者僞也.
6 『黃帝內經』(『素問』과 『靈樞』)를 말한다.
7 梶田昭, 『醫學の歷史』, (講談社, 2003), 124-5쪽 참조.
8 『荀子』「解蔽篇」: 心者形之君也, 而神明之主也.
9 그레고리 베이트슨, 『마음의 생태학』, 박대식 역, (책세상, 2013), 43-44쪽, 726쪽 참조.
10 『孟子』「告子·上」: 性之本善可知矣. 若夫爲不善, 非才之罪也.
11 아리스토텔레스, 『니코마코스 윤리학』, 최명관 옮김, (서광사, 1984), 31쪽(1094a).
12 장중경(張仲景)이 지음. 장중경은 『상한론(傷寒論)』 외에도 『금궤요약(金匱要略)』 등을 남겼다.
13 梶田昭, 『醫學の歷史』, (講談社, 2003), 124-5쪽 참조.

14 『전습록』권상.
15 『中江藤樹全集』「持敬圖說」. 이에 대해서는 최재목,『내 마음이 등불이다: 왕양명의 삶과 사상』, (이학사, 2003), 159-160쪽을 참조.
16 「연보」37세조 참조.
17 월터 옹의『구술문화와 문자문화』[월터 J 옹,『구술문화와 문자문화』, (문예출판사, 1995)]와 관련한 주자학과 양명학에 대한 논의는 최재목,「동아시아 양명학 연구의 새 지평에 대한 모색」,『유학연구』38집, (충남대 유학연구소, 2017.2), 247쪽 및 259쪽을 참조.
18 월터 J 옹,『구술문화와 문자문화』, (문예출판사, 1995), 61-92쪽을 참조하여 정리하였음.
19 『양명집』권6, 文錄3,「與馬子莘」
20 이에 대해서는 최재목,『내 마음이 등불이다: 왕양명의 삶과 사상』, (이학사, 2003)과 둥핑,『칼과 책』, 이준식 옮김, (글항아리, 2019)을 참조.
21 이영의,『신경과학철학』, (아카넷, 2021), 169쪽의 표 참조.
22 이영의,『신경과학철학』, (아카넷, 2021), 165쪽의 표 참조.
23 향후 이 대목은 세련화시켜 가면서 규명해볼 필요가 있다.
24 『전습록』권상.
25 『양명집』권26,「大學問」: 物, 事也.
26 주자는 양명처럼 '물은 사이다'[물=사]라고 하거나 '물을 사에 포섭'[물⊂사]시키는 데에는 이르지 못했다. '물은 사와 유사'[물≒사]하나 '사는 물에 포섭'[물⊃사]되어 있었다고 본다. 양명의 경우는 주체적 행위 속에 일체의 외부 사물을 포섭시킨다.
27 강신익,「체화된 인지와 몸의 분류」,『몸과 인지』, 전남대학교철학과 BK21플러스 횡단형철학전문인력양성사업단 편, (전남대학교출판부, 2015), 180쪽 참조.
28 「전습록」권중,「答聶文蔚(1)」: 良知在人心
29 『孟子』「盡心·上」: 孟子曰, 人之所不學而能者, 其良能也, 所不慮而知者, 其良知也.
30 최재목,「왕양명 良知論에서 靈明의 의미」,『陽明學』31호, (한국양명학회, 2012.4) 참조.
31 「전습록」권하: 天植靈根.
32 『전습록』권중,「答歐陽崇一」: 蓋良知在人心, 亘萬古, 塞宇宙, 而無不同, 不慮而知, 恒易以知險, 不學而能, 恒簡而知阻,
33 「연보 17세조」
34 「전습록」권상.
35 G.레이코프 · M.존슨,『몸의 철학 : 신체화된 마음의 서구사상에 대한 도전』, 임지룡 · 윤희수 · 노양진 · 나익주 옮김, (박이정, 2002), 10-11쪽의 '옮긴이의 말'을 참고.
36 EBS 〈동과 서〉 제작팀 · 김명진,『EBS 다큐멘터리 동과 서』, (예담, 2008), 146쪽 참조.

37 「莊子」「德充符」
38 민족의학연구원, 『전통철학과 의학에서 본 몸과 마음』, (도서출판문사철, 2017), 31쪽 참조.
39 이 부분은 「전습록」하권에 실려 있는 이른바 '암중화(巖中花)'이야기로 유명하다.
40 장 마르크 드루엥, 『철학자들의 식물도감』, 김성희 옮김, (알마, 2011), 374쪽 참조.
41 이것(몸, 마음)을 합체하여 그냥 '몸'이라 표현하는 경우도 있다.
42 「전습록」권하: 在身心上實用其力.
43 「전습록」권하: 其格物之功, 只在身心上做.
44 『양명집』권25, 「祭元山席尚書文」: 學者溺於辭章記誦, 不復知有身心之學.
45 『양명집』권33, 「연보」34세조: 學者溺於辭章記誦, 不復知有身心之學, 先生首倡言之, 使人先立必爲聖人之志.
46 프란시스코 바렐라 외, 『몸의 인지과학』, 석봉래 옮김, (김영사, 2013), 71쪽.
47 『양명집』권26, 「大學問」: 何謂身, 心之形體, 運用之謂也, 何謂心, 身之靈明, 主宰之謂也.
48 「전습록」권중: 先生曰, 耳目口鼻四肢, 身也, 非心安能視聽言動. 心欲視聽言動, 無耳目口鼻四肢亦不能, 故無心則無身, 無身則無心. 但指其充塞處言之謂之身, 指其主宰處言之謂之心, 指心之發動處謂之意, 指意之靈明處謂之知, 指意之涉着處謂之物: 只是一件.
49 한자어인 '신체'(身體)에 대해서 말해두는 것이 좋겠다. 먼저 '신'(身)은 살아 움직이는 장기를 가진 몸, 다시 말해서 몸의 '내용'(=생명적 유기성, 안으로부터의 몸)에 중점을 둔 표현이다. 원래 신(身)은, 사람(여성)의 뱃속에 태아가 들어있는 임신 중의 모습으로, 장기(臟器)를 가지고 살아 움직이는 몸[生身]을 말한다. 다음으로, '체'(體)는 몸을 그릇(=용기)에 은유한 것으로, 몸의 '형식'(공간적 격식, 밖으로부터의 몸)에 중점을 둔 표현이다. '골'(骨)에 붙은 오른쪽 획인 방(旁)인 '례'(豊) 자는 제사 지낼 때 쓰는 굽 높은 그릇의 제기(祭器)를 의미한다. 아울러 '례' 자는 '가득(풍성히) 담는다'는 풍(豊) 자로도 쓰인다. 참고로 체구(體軀)라고 할 경우의 '구'(軀) 자도 신(身)의 방(旁)이 '구'(區)로 되어 있다. 이 구 자도 그릇(=甌, 사발)으로 추정된다. 아울러 정신[神]을 담는 그릇이라는 의미에서는 '형'(形) 자가 짝 개념으로 쓰여 '형체'(形體)라는 말도 생겨났다.[이 내용은 加納喜光, 『風水と身體』, (大修館書店, 2001), 121-122쪽을 참조하여 기술하였음.]

그렇다면 신심지학의 '신'은 살과 피를 가지고 걸어 다니며 이야기하는 몸의 구체적, 생명적 유기체의 '내용'을 강조했다고 할 수 있다. 그래서 이것을 '안에서 본 몸'으로 '시간적, 서사적, 과정적'이라고 말하고 싶다. 아울러 '체인, 체득'이나 '만물일체'의 '체'는 신체 혹은 신체발부(身體髮膚)를 줄인 말로서 몸의 사회적, 외형적 '형식'을 강조했다고 볼 수 있다. 그래서 이것을 '밖에서 본 몸'으로 몸의 '공간적, 문법적, 실체적'이라고 말하고 싶다.

몸	신(身)	내용(시간적, 생명적, 서사적, 과정적) : 안에서 본 몸
	체(體)	형식(공간적, 사회적, 문법적, 실체적) : 밖에서 본 몸

표 4 몸—신체의 분류

50 『전습록』권중.
51 『전습록』권상 : 或問, 晦庵先生曰, 人之所以爲學者, 心與理而已. 此語如何, 曰, 心卽性, 性卽理, 下一與字, 恐未免爲二, 此在學者善觀之.
52 不免將心與物岐而二之.[曾才漢, 『陽明先生遺言錄』, 정지욱 번역・해설, (소나무, 2009), 128
53 良知卽天道, 謂之亦, 則猶二之矣.[曾才漢, 『陽明先生遺言錄』, 정지욱 번역・해설, (소나무, 2009), 90쪽.]
54 왕양명과 꿈에 대한 관심은 최재목, 「동아시아 양명학자들에게 있어 꿈과 철학적 깨달음의 문제」, 『양명학』29호, (한국양명학회, 2011.8)을 참조.
55 『전습록』권하: 人心與天地一體, 故上下與天地同流, …知晝知夜矣, 日間良知, 是順應無滯的, 夜間良知, 卽是收斂凝一的, 有夢卽先兆.
56 에반 톰슨, 『각성, 꿈, 그리고 존재』, 이성동・이은영 역, (씨아이알, 2017), xliv.
57 『전습록』권하: 晦宴息, 此亦造化常理, 夜來天地混沌, 形色俱泯, 人亦耳目無所睹聞, 衆竅俱翕, 此卽良知收斂凝一時, 天地旣開, 庶物露生, 人亦耳目有所睹聞, 衆竅俱闢, 此卽良知妙用發生時, 可見, 人心與天地一體, 故上下, 與天地同流.
58 피터 톰킨스・크리스토퍼 버드, 『식물의 정신세계』, 황금용・황정민 옮김, (정신세계사, 1993), 156-7쪽.
59 『전습록』권중, 「答聶文蔚」: 夫人者, 天地之心, 天地萬物本吾一體者也, 生民之困苦荼毒, 孰非疾痛之切於吾身者乎, 不知吾身之疾痛, 無是非之心者也, 是非之心, 不慮而知, 不學而能, 所謂良知也.
60 저럴드 에덜먼, 『뇌는 하늘보다 넓다』, 김한영 옮김, (해나무, 2014) 참조.
61 샹탈 자케, 『몸—하나이고 여럿인 세계에 관하여—』, (그린비, 2021) 참조.
62 몸문화연구소, 『몸의 철학』, (필로소픽, 2021) 참조.
63 문석윤, 『동양적 마음의 탄생』, (글항아리, 2013), 44쪽, 46-47쪽 참조.
64 『陽明全書』26, 「大學問」: 陽明子曰, 大人者, 以天地萬物爲一體者也, 其視天下猶一家, 中國猶一人焉, 若夫間形骸而分爾我者, 小人矣, 大人之能以天地萬物爲一體也.
65 황수영, 『질베르 시몽동』, (커뮤니케이션북스, 2018), 43쪽.
66 『陽明全書』26, 「大學問」: 親民者… ・ 君臣也, 夫婦也, 朋友也, 以至於山川鬼神鳥獸草木也.
67 『전습록』권하.
68 『전습록』권하.
69 한자경, 『마음은 이미 마음을 알고 있다 : 空寂靈知』, (김영사, 2018), 68쪽.

8. 주희의 몸 및 체인 이론의 전개와 특징

1   이 글에서 사용하는 몸은 정신과 신체, 또는 마음과 신체의 일원적 통일성을 전제로 한 개념이다. 논의의 전개상 정신이나 마음의 속성 및 양태와 대비되는 몸 개념을 사용할 때에는 별도로 '신체' 개념을 사용할 것이다.
2   『張載集』「西銘」.
3   김영식(2005), 347-348쪽.
4   『朱子語類』3:6.
5   『朱子語類』3:7.
6   『朱子語類』3:5.
7   『朱子語類』3:17.
8   『朱子語類』3:27.
9   『朱子語類』3:6.
10 『朱子語類』3:19.
11 『朱子語類』3:25.
12 『朱子語類』3:19.
13 『朱子語類』3:34.
14 참고로 이 글에서 말한 양태는 스피노자((B. Spinoza)가 제시한 개념을 차용한 것이다. 그는 신의 실체가 무한한 속성을 가지며 그 가운데 사유와 연장이 다양한 형태로 나타난 것이 변양(modification)으로서 양태(mode)로 규정한다. 그리고 속성은 이러한 실체와 양태를 매개하는 기능들을 가리킨다. 인간의 관점에서 볼 때 사유와 연장은 인간의 정신과 신체로 구현된다. 이에 관한 상세한 논의는 다음의 논문을 참조할 것. 박삼열(2004), 251-256쪽. 그런데 두 양태들의 관계를 이해하는 방식은 대체로 두 가지인데, '심신평행론(parallelism)'과 '이중측면설(double aspect theory)'이다. 그런데 이 두 서로 다른 이해 방식은 후자(이중측면설)에 근거하여 양립이 가능하고 그 초점은 3가지 주장((1) 정신과 신체는 두 개의 다른 방식에서 표현된 하나이고 같은 것이다, (2) 오직 하나의 원인들의 질서와 연결만이 존재한다, (3) 정신의 질서는 물체(신체)의 질서와 같다)을 천명하는데 있다. 박삼열(2007), 58-59쪽.) 따라서 필자는 이러한 주장에 근거하여 스피노자가 제시한 실체로서 신과 그것의 두 양태로서 심신의 관점을 이 글에서 논의하는 기와 그것의 두 양태로서 정신과 신체의 관계에 적용할 것이다. 또한 정신과 신체의 관계에 대한 주희의 관점을 기본적으로 이중측면설의 관점에서 일관되게 해명할 것이다.
15 『朱子語類』3:26. 앞의 책, 3:24.
16 한편 문인인 황사의는 주희가 말한 귀신의 유형을 세 가지로 분류하였는데, 하늘의 측면에서 말하는 귀신, 사람의 측면에서 말한 귀신, 그리고 제사의 귀신이다. 그리고 이 세 가지는 각기 '자연 현상', '혼백', 그리고 '조상 제사'의 대상으로서 귀신에 해당한다. 미우라 구니오(2003), 81쪽.

17 『朱子語類』3:44. 앞의 책, 3:45.
18 『朱子語類』3:19.
19 『朱子語類』63:132.
20 주희는 불교의 윤회 및 윤회의 주체로서 영혼을 부정하는 동시에 도가의 불생불사의 견해도 비판하였다. 또한 그는 한편으로는 장재의 기론(氣論)을 극찬하고 계승하면서도 정작 장재(張載)가 기의 운동 및 속성과 관련하여 제시한 '형궤반원(形潰反元)'의 회귀 이론도 철저하게 부정하였다. 박성규(2005), 191-192쪽.
21 미우라 구니오(2003), 82-83쪽.
22 『朱子語類』1:48.
23 『朱子語類』1:48.
24 『朱子語類』94:16. 앞의 책, 94:75.
25 주희는 기의 편차를 '기후(節候)'나 '기수(氣數)'로 규정하고, 그것을 기의 중화(中和)와 편행(偏行)에서 발생하는 인간의 재능과 귀천, 그리고 요수 등의 현상을 설명하는 데 적용하였다. 『朱子語類』1:45.
26 『朱子語類』4:4.
27 『朱子語類』3:23.
28 진래는 기질이 물질적 개념으로서 고정된 형체의 체질을 가리키고, 반면 기질의 성은 천지의 성이 기질의 제약을 받아 형성된 인성을 가리킨다고 보았다. 陳來(2002), 231-232쪽.
29 이승환(2007), 142-143쪽.
30 『朱子語類』65:3.
31 오하마 아키라(大濱皓) 지음, 이형성 옮김, 『범주로 보는 주자학』, 예문서원, 1997, 113-118쪽. 한편 김기는 기질의 편차는 두 단계로 구분되는데, 일차적 편차의 기준은 정통(正通)과 편색(偏塞)으로 인간과 기타 사물이 발생할 때 종적 차이를 설명해주고, 2차적 편차의 기준은 청탁(清濁)과 혼명(昏明)으로 인간들 사이의 차이를 설명해준다고 보았다. 김기(2013), 186-189쪽.
32 『朱子語類』, 5:28.
33 주지하는 것처럼, 심의 발생을 이기(理氣)의 산물로 볼 것인가 아니면 기의 산물로 볼 것인가는 철학사에서 오랫동안 계속 논의되어온 주요 쟁점 가운데 하나로 주자학의 이기론과 심성론의 본질을 파악하는 매우 중요한 문제 가운데 하나이다. 하지만 이 글에서는 이 문제를 직접 다루지 않고 차후의 과제로 남겨놓는다. 그 이유는 대체로 두 가지이다. 첫째, 가장 분명한 사실 가운데 하나는 주희는 심과 그 본체로서 성리(性理)를 명확하게 구분하여 동일시하지 않았다는 점이다. 둘째, 심의 발생적 요소와 구성 요소에 대한 명확한 구분이다. 발생학의 관점에서 심의 요소를 설명하는 것은 질료와 속성의 측면에서 심의 구성 요소를 설명하는 것이고, 구성론의 관점에서 심의 요소를 설명하는 것은 심의 본질과 특징을 설명한 것이다. 물론 주희의 철학에

서 이 두 가지 관점이 분명하게 구분되지 않으며 서로 섞여 있다. 하지만 주희가 이(理)와 기(氣)가 서로 결합할 때 이(理)가 기(氣)에 깃들거나 탑재된다는 방식으로 설명한 본의는 위의 두 요소를 명확하게 구분하려는 데 있다. 다시 말해 마음은 일차적으로 기의 요소와 속성을 근본 재료로 삼아 출현하지만 이와 동시에 그 과정에서 형이상의 이(理)가 거기에 깃들거나 탑재되어 심은 최종적으로 이기로 구성된다는 것이다. 사실 이 문제는 주희의 심성론이 내포한 이기론의 논리를 정밀하게 고찰하는 별도의 논의가 필요하므로 이 글에서 구체적인 논의는 생략하고, 필자는 몸 이론에 기초하여 심의 발생적 요소와 위상을 고찰할 생각이므로 기론의 관점에서 해명하고자 한다.

34 『朱子語類』 68:17.
35 『朱子語類』 5:39. 앞의 책, 5:23.
36 『朱子語類』 3:21.
37 김미영은 마음을 오장과 같은 신체의 마음과 신체를 초월한 순수한 지각의 마음으로 구분하고 지각으로서 마음은 물질성과 정신성을 연결하는 기능을 갖고 있다고 본다. 김미영(2002), 12쪽.
38 『朱子語類』 5:41.
39 『朱子語類』 98:43.
40 『朱子語類』 5:40.
41 『朱子語類』 3:25.
42 『周易』「繫辭傳」.
43 『朱子語類』 3:27.
44 이 점은 주자가 백(魄)과 신(神)의 관계를 설명하는 다음의 대화에서도 확인할 수 있다. "문인이 혼백에 대해 물었다. 선생께서 대답하였다. "백은 한 점 정기이니, 이 정기가 서로 감응할 때 이 신(神)이 발생하고, 혼(魂)이 발양되어 나온다.……이 때문에 사람의 시각아 밝고, 청각이 밝으며, 마음의 기억이 좋은 것이다. 이 백이 있으면 곧 이 신이 있게 되니 외부에서 유입된 것이 아니다. 백은 정기이고 혼은 기이다. 백은 고요함을 위주로 하고, 혼은 움직임을 위주로 한다."(『朱子語類』 3:24.) 여기서 외부로부터 유입되지 않는다는 견해는 결국 기에서 혼백, 그리고 다시 정신성이 발현하는 방식이 일종의 자기 생성에 기초한 창발임을 암시한다.
45 참고로 '창발'은 심리철학의 용어를 차용하였다. 심리철학에서 창발은 세 가지 전제 조건, 곧 '존재론적 물리주의', '속성의 창발', '창발 속성의 환원불가능성'을 필함한다. 김재권 지음, 하종호·김선희 옮김, 『심리철학』, 철학과 현실사, 1997, 383-386쪽. 이승환은 "신체가 이미 생겨나면 정신이 발하여 지각이 있게 된다.[形旣生矣, 神發知矣]"는 내용이 심리 철학적 견해를 내포하며 그 핵심은 정신적 속성/기능이 신체에서 새로운 속성으로 발현하는 동시에 수반된다는 것을 표명한 것이라고 지적하였다. 이승환(2005), 464-466쪽.

46 길훈섭(2017), 156-157쪽.
47 물리주의와 심신수반론에 관한 상세한 논의는 하종호, 앞의 책, 374-383쪽을 참조. 참고로 임헌규는 주희의 이기(理氣)와 이일분수(理一分殊)에 대한 논의에 근거하여 주희의 심신 이론의 내용과 특징을 '기체일원론'이자 '본성다원론', 또는 다측면-일원론(many-aspect monism)으로 규정하였다. 임헌규(2009), 414쪽.
48 『朱子語類』5:42.
49 『中庸』「中庸章句序」.
50 『朱子語類』78:189.
51 『朱子語類』8:136.
52 『朱子語類』8:92.
53 『朱子語類』12:39.
54 박길수(2021), 17쪽.
55 『朱子語類』95:155.
56 『朱子語類』8:109. 참고로 주희의 철학에서 암묵지는 '묵이식지(默而識之)'을 줄인 묵식(默識)으로 표현된다. 그것은 훌륭한 언행을 얻으면 단순한 언어적 이해를 넘어서 심신으로 직접 견지하는 것을 가리킨다. 『朱子語類』34:6. 앞의 책, 34:7. 앞의 책, 34:8.
57 『朱子語類』21:55.
58 『朱子語類』118:48.
59 『朱子語類』26:79.
60 『朱子語類』8:105.
61 『朱子語類』18:2. 앞의 책, 15:2. 참고로 주희의 철학에서 참된 인식과 일반적 인식은 각기 '진지(眞知)'와 '상지(常知)'로 규정되고, 인식의 깊고 낮음에 따라서는 '심지(深知)'와 '천지(淺知)로 표현된다. 陳來(2002), 375-383쪽.
62 『朱子語類』11:7.
63 『朱子語類』120:74.
64 『朱子語類』10:3. 앞의 책, 11:37.
65 『朱子語類』11:38.
66 『朱子語類』20:4.
67 송(宋)에서 명(明)에 이르는 주자학의 심학화 경향은 유학의 신심지학이 심화되는 과정으로 요약할 수 있고 이것이 훗날 양명학의 심학(心學)이 탄생하는 직접적인 사상적 계기가 된다. 이에 관한 상세한 논의는 다음의 논문을 참조. 박길수(2013), 25-67쪽.
68 에드워드 슬링거랜드(2015), 310쪽.
69 杜維明, 『體知儒學』, 体杭州:浙江大學出版社, 2012, 197-198쪽.
70 이향준(2016), 175쪽.

9. 음악, 온몸으로 듣다

1　https://www.youtube.com/watch?v=5u2pqFnHL4U (2022. 08. 08.)
2　https://www.youtube.com/watch?v=DPJL488cfRw (2022. 08. 08.)
3　https://en.wikipedia.org/wiki/Basset_Hound
4　E. Hanslick(2004), p. 78.
5　A. Cox(2016).
6　J. Philips-Silver and L. J. Trainer(2007) pp. 533-546.
7　J. W. Krueger(2009), p.114.

10. 가상-혼합현실 미디어에서의 몸: 제임스 깁슨의 '어포던스'와 체화된 인지를 중심으로

1　J. J. Gibson(2016), p. 535.
2　'affordance'의 번역에 대하여는 국내에서 '행동가능성', '제공성', '행위가능성' 등으로 다양하게 사용되고 있다. '제공성'은 사전적 번역으로 영어'afford'가 내포한 "여유가 된다."는 의미가 부족한 용어이다. '행동가능성'은 국내에 깁슨의 원저를 정식으로 번역한 박형생, 오성주, 박창호의 번역으로 행동의 중요성과 지각의 능동성을 강조한 번역이다. 그러나 현재 학계에서는 통일된 번역이나 논의가 진행 중이기에 이 글에서는 원어에 가까운 '어포던스'로 표기한다.
3　C. F. Michaels and C. Carello(2015), p. 72.
4　Ibid., p. 71.
5　J. J. Gibson(2016), p. 65.
6　Ibid., p. 377.
7　여러 민족의 민담을 연구한 블라디미르 프롭(Vladimir Propp)에 의하면 오랫동안 인류에게 내려온 이야기들은 구조적으로 유사한 형태를 갖추고 있다. 신데렐라와 콩쥐팥쥐의 이야기가 유사한 이야기 구조를 갖추는 것이 대표적인 예이다. 그의 연구는 이후 구조주의 이론의 바탕이 되었다.
8　고대 그리스에서 서사시의 형태로 진행되던 연극의 구성에 대하여 밝힌 『시학 poetic』에서 아리스토텔레스는 이야기의 근원을 인간의 모방본능에서 기인한다고 보았다. 모방은 태초부터 인간 본성에 내재한 것이며, 인간은 이러한 모방을 통해 쾌감을 느낀다고 주장했다. 이런 주장은 서양에서 이야기 구성에 대한 주요한 해석으로 받아들여졌다.

참고문헌

1. 체화된 마음과 몸의 위상

강신익. 2014. 「체화된 인지와 몸의 분류」, 『의철학연구』 18, pp. 3-32.
김종갑. 2008. 「공간과 예술, 몸: 탈신체화와 재신체화」, 『새한영어영문학』 50(1), pp. 43-61.
노양진. 2021. 『기호적 인간 : 기호적 경험의 체험주의적 해명』, 파주: 서광사.
노양진·김동환·이영의·이향준·강태경·강신익·박병기·정혜윤·이상욱. 2015. 『몸과 인지』, 광주: 전남대학교출판부.
몸문화연구소. 2021. 『몸의 철학: 영혼의 감옥에서 존재의 역능, 사이보그의 물질성까지』, 서울: 필로소픽.
배문정. 2015. 「체화된 인지와 반표상주의」, 『과학철학』 18(3), pp. 57-87.
신상규. 2012. 「확장된 마음과 자아의 경계」, 『철학논집』 31, pp. 55-89.
심광현. 2014. 「오토포이에시스, 어포던스, 미메시스: 환경과 인간의 인지적 상호작용의 복잡성 해명을 위한 밑그림」, 『인지과학』 25(4), pp. 343-394.
이영의. 2015. 「체화인지의 개념도: 두뇌의 경계를 넘어서」, 『Trans-Humanities』 8, pp. 101-139.
이영의. 2022. 『신경과학철학: 뇌중심주의에서 체화주의로』, 파주: 아카넷.
이정모. 2010. 「'체화인지(Embodied Cognition)' 접근과 학문간 융합- 인지과학 새 패러다임과 철학의 연결이 주는 시사-」, 『철학사상』 38, pp. 28-66.
정우진. 2021. 『몸의 연대기: 동아시아 몸의 역사와 철학』, 파주: 소나무.
정혜윤. 2021. 「마음의 음악적 확장」, 『미학』 87(2), pp. 71-111.
Adams, F. and Aizawa, K. 2008. *The Bounds of Cognition*. Oxford: Wiley-Blackwell.
Clark, A. and Chalmers, D. 1998. "The Extended Mind", *Analysis*, 58, pp. 7-19.
Fuchs, T. 2018. *Ecology of the Brain. The Phenomenology and Biology of the Embodied Mind*. Oxford: Oxford University Press.
Gallagher, S. and Zahavi, D. *The Phenomenological Mind*. 2nd edition, London: Routledge, 2012.
Husserl. E. 1952. *Ideen zur einer reinen Phänomenologie und phänomenologischen Philosophie* II, *Husserliana* IX. Den Haag: Martinus Nijhoff.
Merleau-Ponty, M. 1945/1962. *Phenomenology of Perception*. London: Routledge and Kegan Paul.
Noë, A. 2004. *Action in Perception*. Cambridge, MA: MIT Press.
Rowlands, M. 2009. "Enactivism and the Extended Mind". *Topoi*, 28 (1), pp. 53-62.

Rupert, R. 2004. "Challenges to the Hypothesis of Extended Cognition", *Journal of Philosophy*, 101, pp. 389-428.
Searle, J. 1980. "Minds, Brains, and Programs". *Behavioral and Brain Sciences*, 3(3), pp. 417-457.
Shapiro, L., *The Mind Incarnate*, Cambridge, MA: MIT Press, 2004.
Varela, Francisco J, Thompson, and Rosch, Eleanor. 1991. *The Embodied Mind: Cognitive Science and Human Experience*. Cambridge. MA: MIT Press.
Hutto, D. and Myin, B. 2017. Evolving Enactivism Cambridge, MA: MIT Press.
Menary, R. ed. 2010. *The Extended Mind*, Cambridge, MA: MIT Press.
Mcclelland, J. Rumelhart, D,E., and the PDP Research Group 1986. Parallel Distributed Processing, vol.2. Cambridge, MA: MIT Press.

2. 몸의 탈마음적 기원: 어떻게 플라톤은 철학에서 몸을 지웠는가?

베르나르 베르베르, 2008. 나무, 이세욱 옮김. 열린책들.
윌리엄 랭어. 2001.『호메로스에서 돈키호테까지』, 박상익 옮김, 푸른역사.
월터 옹. 2018.『구술문화와 문자문화』, 임명진 옮김, 문예출판사, 2018.
자크 주아나, 2004.『히포크라테스』, 서홍관 옮김. 아침이슬.
플라톤, 2020. 전헌상 옮김,『파이돈』, 아카넷.
Arendt, H. 1971. *The Life of the Mind*, New York: A Harvest Book.
Bermmer, J. 2010. "The Rise of the Unitary Soul and Its Opposition to the Body: From Homer to Socrates", *Philosophische Anthropologie in der Antike*, 5(5), pp. 11-29.
Claus, D. 1981. *Toward the Soul*, New Haven, CT: Yale University Press.
Freeman, K. J. and Laurén, G. 2013. *Schools of Hellas: An Essay on the Practice and Theory of Ancient Greek Education from 600 to 300 B.C*. New York: Sophron.
Hadot, P. 2004. *What is Ancient Philosophy*, M. Chase tr. Cambridge, MA: Belknap Press.
Jaeger, 1985. W. *Early Christianity and Greek Paideia*, Cambridge, MA: Harvard University Press.
Joyal. M., Yardley, J. C., and McDougall, I. 2008. *Greek and Roman Education: A Sourcebook.*. New York: Routledge.
Kant, I. 2007. *Critique of Pure Reason*. M. Weigelt tr., New York: Penguin Classics.
Pelosi, F. 2019. *Plato on Music, Soul and Body*. Cambridge: Cambridge University

Press.
Plato. 1961. *The Collected Dialogues of Plato*, C. Hamilton, ed.. Princeton, NJ: Princeton University Press.
Press, G. 2007. *Plato: A Guide for the Perplexed*, New York: Continuum.
Zoller, C. 2018. *Plato and the Body: Reconsidering Socratic Asceticism*. Albany, NY: State University of New York Press.
Zucca, D. and Medda, R. eds. *Soul/Body Problem in Plato and Aristotle*. New York: Academia Verlag.

3. 몸 이미지를 다시 이미지하기

Aranyosi, I. 2018. Body, Skill, and Look: Is Bodybuilding a Sport? *Phenomenology and the Cognitive Sciences*, 17(2), 401- 410.
Beckerle, P., Christ, O., Schürmann, T., Vogt, J., von Stryk, O., & Rinderknecht, S. 2017. A human- machine- centered design method for (powered) lower limb prosthetics. *Robotics and Autonomous Systems*, 95, 1-12.
Berlucchi, G. & Aglioti, S. 2010. The body in the brain revisited. *Experimental Brain Research*, 200, 25-35.
Bordo, S. 1993. *Unbearable Weight: Feminism, Western Culture, and the Body*. Berkeley, CA: University of California Press.
Capodilupo, C. M. & Kim, S. 2014. Gender and race matter: the importance of considering intersections in Black women's body image. *Journal of Counseling Psychology*, 61(1), 37.
Cash, T. F. & Brown, T. A. 1989. Gender and body images: stereotypes and realities. *Sex Roles*, 21(5- 6), 361-373.
Christensen, W., Sutton, J., & McIlwain, D. J. 2016. Cognition in skilled action: meshed control and the varieties of skill experience. *Mind & Language*, 31(1), 37- 66.
Christensen, W., Sutton, J., & McIlwain, D. J. 2013. Cognitive control in skilled action. Online draft. https:// waynechristensen.wordpress.com/ 2013/ 08/ 15/ cognitive- control- in- skilled- action/. pp. 1- 72.
Cole, J. 1995. *Pride and a Daily Marathon*. Cambridge, MA: MIT Press.
Cole, J. 2007. The phenomenology of agency and intention in the face of paralysis and insentience. *Phenomenology and the Cognitive Sciences*, 6(3), 309-325.

de Vignemont, F. 2010. Body schema and body image-pros and cons. *Neuropsychologia*, *48*(3), 669- 680.

Denny-Brown, D., Meyer, J. S., & Horenstein, S. 195). The significance of perceptual rivalry resulting from parietal lesion. *Brain*, *75*, 433- 471.

Dijkerman, H. C. & de Haan, E. H. 2007. Somatosensory processes subserving perception and acW-tion. *Behavioral and Brain Science*, *2*, 189- 201; discussion 201- 239.

Dolto, F. 1984. *L'image Inconsciente du Corps*. Paris: Seuil.

Fanon, F. 2008. *Black Skin, White Masks*. (R. Philcox, Trans.). New York, NY: Grove Press.

Farrer, C., Franck, N., Georgieff, N., Frith, C. D., Decety, J., & Jeannerod, M. 2003. Modulating the experience of agency: a positron emission tomography study. *NeuroImage*, 18, 324-333

Farrer, C. & Frith, C. D. 2001. Experiencing oneself vs. another person as being the cause of an acW-tion: the neural correlates of the experience of agency. *NeuroImage*, *15*, 596-603.

Fisher, S. 1972. Body image. In D. Sills (ed.), *International Encyclopedia of the Social Sciences* (Vol. 2). New York, NY: Collier- Macmillan; reprinted in T. Polhemus (ed.), *The Body Reader: Social Aspects of the Human Body* pp. 115-121. New York, NY: Pantheon Books, 1978.

Gadsby, S. 2017. Distorted body representations in anorexia nervosa. *Consciousness and Cognition*, *51*, 17-33.

Gallagher, S. 1986) Body image and body schema: a conceptual clarification. *Journal of Mind and Behavior*, *7*(4), 541-554.

Gallagher, S. 2005. *How the Body Shapes the Mind*. Oxford: Clarendon Press.

Gallagher, S. 2012. The body in social context: some qualifications on the 'warmth and intimacy' of bodily self- consciousness. *Grazer Philosophische Studien*, *84*, 91-121

Gallagher, S. 2017. *Enactivist Interventions*. Oxford: Oxford University Press.

Gallagher, S. 2018. Mindfulness and mindlessness in performance. *Italian Journal of Cognitive Sciences*, *5*(1), 5-18.

Gallagher, S. 2021. *Performance/Art*. Milan: Mimesis International Edizioni.

Gallagher, S. & Cole, J. 1995. Body schema and body image in a deafferented subject. *Journal of Mind and Behavior*, *16*(4), 369-390.

Gallagher, S. & Gallagher, J. 2019. Acting oneself as another: an actor's empathy for her character. *Topoi*, *39*, 779-790.

Gallagher, S., Hutto, D., Slaby, J., & Cole, J. 2013. The brain as part of an

enactive system. *Behavioral and Brain Sciences*, *36*(4), 421-422.
Gallagher, S. & Zahavi, D. 2012. *The Phenomenological Mind*. London: Routledge.
Gibson, J. J. 1979. *The Ecological Approach to Visual Perception*. Boston, MA: Houghton- Mifflin.
Goldstein, K. & Scheerer, M. 1964. *Abstract and Concrete Behavior. An Experimental Study with Special Tests*. Evanston, IL: Northwestern University Press. Reprint of *Psychological Monographs*, *53*(2), 1941.
Halák, J. 2016. Merleau- Ponty on embodied subjectivity from the perspective of subject- object cirW-cularity. *Acta Universtitatis Carolinae Kinanthropologica*, *52*(2), 26- 40.
Head, H. 1920. *Studies in Neurology* (Vol. 2). Oxford: Oxford University Press.
Head, H. 1926. *Aphasia and Kindred Disorders of Speech* (Vol. 1). Cambridge: Cambridge University Press.
Head, H. & Holmes, G. 1911-1912. Sensory disturbances from cerebral lesions. *Brain*, *34*, 102- 254.
Høffding, S. 2019. *A Phenomenology of Musical Absorption*. Berlin: Springer.
Holmes, N. P. & Spence, C. 2006. Beyond the body schema: visual, prosthetic, and technological contributions to bodily perception and awareness. In G. Knoblich, I. M. Thornton, M. Grosjean, & M. Shiffrar (eds.), *Human Body Perception from the Inside Out* pp. 15-64. New York, NY: Oxford University Press.
Kim, H., Ahn, J., & Lee, D. 2016. Thin female characters in children's television commercials: a conW-tent analysis of gender stereotype. *American Communication Journal*, *18*(2), 27-44.
Lacan, J. 2001. *Ecrits: A Selection*. London: Routledge.
Legrand, D. 2007. Pre-reflective self-consciousness: on being bodily in the world. *Janus Head*, *9*, 493-519.
Legrand, D. 2010. Myself with no body? Body, bodily- consciousness, and self-consciousness. In S. Gallagher & D. Schmicking (eds.), *Handbook of Phenomenology and Cognitive Science*, pp. 181- 200. Dordrecht: Springer.
Legrand, D. & Ravn, S. 2009. Perceiving subjectivity in bodily movement: the case of dancers. *Phenomenology and the Cognitive Sciences*, *8*(3), 389- 408.
Merleau-Ponty, M. 2012. *Phenomenology of Perception*. London: Routledge.
Milner, A. D. & Goodale, M. A. 1995. *The Visual Brain in Action*. Oxford: Oxford University Press.
Montero, B. 2010. Does bodily awareness interfere with highly skilled movement?

Inquiry, 53(2), 105-122.
Montero, B. G. 2015. Thinking in the zone: the expert mind in action. The Southern Journal of Philosophy, 53(S1), 126-140.
Montero, B. G. 2016. Thought in Action: Expertise and the Conscious Mind. Oxford: Oxford University Press.
Murnen, S. K. 2011. Gender and body images. In T. F. Cash & L. Smolak (eds.), Body Image: A Handbook of Science, Practice, and Prevention (pp. 173-179). New York, NY: Guilford Press.
Natvik, E., Groven, K. S., Råheim, M., Gjengedal, E., & Gallagher, S. 2019. Space perception, moveW-ment and insight: attuning to the space of everyday life after major weight loss. Physiotherapy Theory and Practice, 35(2), 101-108. doi.org/ 10.1080/ 09593985.2018.1441934
Øberg, G. K, Norman, B., & Gallagher, S. 2015. Embodied clinical reasoning in neurological physW-ical therapy. Physical Therapy: Theory and Practice, 31(4), 244-252.
Ogden, J. A. 1996. Fractured Minds: A Case- Study Approach to Clinical Neuropsychology. Oxford: Oxford University Press.
Paillard, J. 1999. Body schema and body image: a double dissociation in deafferented patients. In G. N. Gantchev, S. Mori, & J. Massion (eds.), Motor Control, Today and Tomorrow (pp. 197-214). Sofia: Academic Publishing House.
Pitron, V. & de Vignemont, F. 2017. Beyond differences between the body schema and the body image: insights from body hallucinations. Consciousness and Cognition, 53, 115-121.
Pribram, K. H. 1999. Brain and the composition of conscious experience. Journal of Consciousness Studies, 6(5), 19-42.
Razmus, M. 2017. Body representation in patients after vascular brain injuries. Cognitive Processing, 18(4), 359-373.
Razmus, M., Daniluk, B., & Markiewicz, P. 2017. Phantom limb phenomenon as an example of body image distortion. Current Problems of Psychiatry, 18(2), 153-159.
Röhricht, F., Gallagher, S., Geuter, U., & Hutto, D. D. 2014. Embodied cognition and body psychoW-therapy: the construction of new therapeutic environments. Sensoria: A Journal of Mind, Brain & Culture, 10, 11-20.
Saint-Aubert, E. de 2013. Etre et Chair: Du Corps au Désir: L'habilitation Ontologique de la Chair. Paris: Vrin.
Salice, A., Høffding, S., & Gallagher, S. 2019. Putting plural self- awareness

into practice: the pheW-nomenology of expert musicianship. *Topoi*, *38*(1), 197-209.

Schilder, P. 1923. *Das Körperschema*. Berlin, Springer.

Schilder, P. 1935. *The Image and Appearance of the Human Body*. London: Kegan, Paul, Trench, Trubner and Co.; New York, NY: International University Press, (1950).

Shusterman, R. 2008. *Body Consciousness: A Philosophy of Mindfulness and Somaesthetics*. Cambridge: Cambridge University Press.

Soliman, T. M. & Glenberg, A. M. 2014. The embodiment of culture. In: L. Shapiro (ed.), *The Routledge Handbook of Embodied Cognition* (pp. 207-220). London: Routledge.

Toner, J., Montero, B. G., & Moran, A. 2016. Reflective and prereflective bodily awareness in skilled action. *Psychology of Consciousness: Theory, Research, and Practice*, *3*(4), 303-315.

Weiss, G. 2015. The normal, the natural, and the normative: a Merleau- Pontian legacy to feminist theory, critical race theory, and disability studies. *Continental Philosophy Review*, *48*, 77-93.

Wignall, S. J., Thomas, N. A., & Nicholls, M. E. 2017. Fat or fiction? Effects of body size, eating paW-thology, and sex upon the body schema of an undergraduate population. *Body Image*, *23*, 135-145.

Young, I. M. 1980. Throwing like a girl: a phenomenology of feminine body comportment motility and spatiality. *Human Studies*, *3*(1), 137-156.

4. 몸 중심의 체험적 자연주의 의학 – 몸에 대한 몸을 위한 몸의 앎과 삶과 함–

고미숙. 2011. 『동의보감: 몸과 우주 그리고 삶의 비전을 찾아서』, 그린비출판사.

김동식. 2005. 『듀이-경험과 자연』, 울산대학교 출판부.

김민재. 2022. 「종심소욕불유구(從心所欲不踰矩)'에 대한 현대적 해석 – F. J. Varela와 D. Narvaez를 중심으로」, 『인문사회과학연구』, 23(2).

김성수, 박광기, 오종문 2021. 「코로나19와 미래 질병 대응을 위한 보건안보 전략」, 『정치정보연구』. 24(2), pp. 31-63

김양현. 2021. 「포스트코로나 시대, 인류의 생존, 자연과의 공존, 그리고 대전환의 문제」, 『동서인문』. (17): pp. 463-490

김준수, 최명애, 박범순 2020. 「팬데믹과 인류세 자연」, 『공간과 사회』, 74(1), pp. 51-84.

노대원. 2015. 「문학적 크로노토프와 신체화: 바흐찐 소설 이론과 2세대 인지과학의 만남」, 『한국문학이론과비평』, 19(2)..
리타 샤론 등 2021., 김준혁 옮김, 『서사의학이란 무엇인가: 현대의학이 나아가야 할 공감과 연대의 이야기』, 동아시아.
마하일 바흐친. 2015. 전승희 옮김, 『장편소설과 민중언어』, 창작과비평사, 1988, 261쪽., 원용진·이준형·박서연·임초이, 「메디컬 드라마의 크로노토프」, 『대중서사연구』, 25(2).
배병삼. 2019. 『맹자, 마음의 정치학 1』, 사계절.
신동원, 김남일, 여인석. 1999. 『한 권으로 읽는 동의보감』, 들녘.
에반 톰슨. 2016. 박인성 옮김, 『생명 속의 마음』, 도서출판b.
온라인가나다, 국립국어원, https://www.korean.go.kr/front/onlineQna/onlineQnaView.do?mn_id=216&qna_seq=80582
요아힘 바우어. 2010. 이미옥 옮김, 『협력하는 유전자』, 생각의 나무.
장태순. 2021. 「팬데믹과 타자의 개념: 바디우와 지젝의 타자 이해를 중심으로」『탈경계인문학』, 14(2), pp. 7-27.
조지 레이코프, 마크 존슨. 2002. 임지룡·윤희수·노양진·나익주 옮김, 『몸의 철학: 신체화된 마음의 서구 사상에 대한 도전』, 박이정출판사.
채수미. 2022. 「코로나바이러스감염증-19와 미래 질병 대응을 위한 과제」, 『보건·복지 Issue&Focus』. pp. 2009-2022
최정규. 2009. 『이타적 인간의 출현』, 뿌리와이파리.
최종덕. 2016. 「진화의학의 역사와 의학교육에의 도입 가능성」, 『의철학연구』, 22, pp. 73-115.
피터 글럭맨, 앨런 비들, 마크 핸슨. 2014., 김인수 외 옮김, 『진화의학의 이해』, 허원북스.,
홍윤철. 2020. 「기후변화와 코로나」, 『철학과 현실』. pp. 77-91.
Boors, C., 1977. "Health as a Theoretical Concept", *Philosophy of Science*. 44(4), pp. 542-573
Daaleman, T., and Elder, G. H., 2007. "Family Medicine and the Life Course Paradigm", *JABFM*, 20(1).
Engel, George L. 1977. "The need for a new medical model: a challenge for biomedicine". *Science*, 196 (4286), pp. 129-36
Sober, E., and Wilson, D. S., 1988. *Unto Others: The Evolution and Psychology of Unselfish Behavior*, Harvard Univerwity Press.
Venter, J. C., 2001. "Revealed: the secret of human behaviour", *The Observer*, p. 1.
Wikipedia, https://en.wikipedia.org/wiki/Experience (2022.08.07.)

5. 체화된 인지와 도덕적 판단 – 덕윤리 관점에서의 비판적 고찰–

윤영돈, 「흄의 윤리사상에서 존재와 당위의 문제」, 『윤리교육연구』, 43, 2017.
한곽희, 「행복한 삶을 위한 자기충실성」, 『철학』, 136, 2018.
마크 존슨 지음, 노양진 옮김, 『인간의 도덕』, 서광사, 2017.
안토니오 다마지오 지음, 김린 옮김, 『데카르트의 오류』, 남양주: 눈출판그룹, 2017.
Alibali, Martha W., Boncoddo, Rebecca, and Hostetter, Autumn B., "Gesture in reasoning–An embodied perspective", in Lawrence Shapiro (ed.), *The Routledge Handbook of Embodied Cognition*, New York: Routledge, 2014.
De Sousa, R., *The Rationality of Emotion*, Cambridge: MIT Press, 1990.
Gu, Jun, Zhong, Chen–Bo and Page–Gould, Elizabeth, "Listen to Your Heart: When False Somatic Feedback Shapes Moral Behavior," *Journal of Experimental Psychology: General*, vol. 142, no. 2, 2013.
Helzer, E. G., and Pizarro, D. A., "Dirty liberals! Reminders of physical cleanliness influence moral and political attitudes." *Psychological Science*, 22, 2011.
Lerner, J. S., Goldberg, J. H. and Tetlock, P. E., "Sober Second Thought: The Effects of Accountability, Anger, and Authoritarianism on Attributions of Responsibility." *Personality and Social Psychology Bulletin* Vol. 24 No. 6, 1998.
MacIntyre, A. C., "Hume on 'is' and 'ought'", in W. D. Hudson (ed.), *The Is-Ought Question*, London: Macmillan, 1969.
Prinz, Jesse, "Embodied Emotions", in R. Solomon (eds.), *Thinking about feeling*, New York: Oxford, 2004.
Roskies, A., "Are Ethical Judgments Intrinsically Motivational? Lessons from 'Acquired Sociopathy'." *Philosophical Psychology* Vol. 16 No.1, 2003.
Schnall, S., Haidt, J., Clore, G. L. and Jordan, A. H., "Disgust as Embodied Moral Judgment", *Personality and Social Psychology Bulletin* Vol. 34 No. 8, 2008.
Shapiro, Lawrence (ed.), *The Routledge Handbook of Embodied Cognition*, New York: Routledge, 2014.
Solomon, Robert (ed.), *Thinking about feeling*, New York: Oxford, 2004.
Strejcek, B. and Zhong, C., 2014, "Morality in the body," in Lawrence Shapiro (ed.), *The Routledge Handbook of Embodied Cognition*, New York: Routledge, 2014.
Tiberius, Valerie, *Moral Psychology: A Contemporary Introduction*, New York: Routledge, 2014.

Wheatley, T. and Haidt, J., "Hypnotically induced disgust makes moral judgments more severe", *Psychology Science*, Vol. 16, 2005.

6. 법률적 인간의 몸

강태경. 2014. 「법적 추론에 대한 비판적 분석으로서의 인지적 분석: 성전환자의 공부상 성별정정 사건을 중심으로」, 『서울대학교 법학』 55(4), pp. 193-240.
강태경 외 7인. 2019. 『형사사법기관의 인권보장역량 종합평가 연구(Ⅱ): 행형기관의 인권보장역량 평가』. 서울: 한국형사·법무정책연구원.
국가인권위원회. 2002. 『인권길라잡이: 교정편』. 서울: 국가인권위원회.
내무부. 1976. 「히피성 장발단속 계획 보고」, 문서번호 2032-5470.
보, 장 피에르. 2019. 『도둑맞은 손』, 김현경 옮김. 서울: 이음.
쉬피오, 알랭. 2015. 『법률적 인간의 출현』, 박제성·배영란 옮김. 파주: 글항아리.
케이건, 셸리. 2012. 『DEATH 죽음이란 무엇인가』, 박세연 옮김. 서울: 엘도라도.
푸코, 미셸. 2016. 『감시와 처벌: 감옥의 탄생』, 오생근 옮김. 파주: 나남.
풀러, 론. 2015. 『법의 도덕성』, 박은정 옮김. 서울: 서울대학교출판문화원.
Cohen, F. 1935. "Transcendental Nonsense and the Functional Approach", *Columbia Law Review*. 35, pp. 809-849.
Grady, J. E. 2007. "Metaphor." In *The Oxford Handbook of Cognitive Linguistics*, Edited by Dirk Geeraerts and Hubert Cuyckens, pp. 188-213. Oxford; New York: Oxford Univ. Press.
Kelley, N. 2007. "Deformity and disability in Greece and Rome" In *This Abled Body: Rethinking in Biblical Studies*, Edited by J. Schipper, J. S. Melcher, and H. Avalos, pp. 31-45. Atlanta: Society of Biblical Literature.
Lakoff, G. 1987. *Women, Fire, and Dangerous Things: What Categories Reveal about the Mind*. Chicago : University of Chicago Press. (역서) 레이코프, G. 1994. 『인지의미론: 언어에서 본 인간의 마음』, 이기우 옮김. 서울: 한국문화사.
Lakoff, G. and Johnson, M. 1999. *Philosophy in the Flesh: the Embodied Mind & its Challenge to Western Thought*. New York: Basic Books. (역서) 레이코프, M., 존슨, M. 2002. 『몸의 철학: 신체화된 마음의 서구 사상에 대한 도전』, 임지룡, 윤희수, 노양진, 나익주 옮김. 서울: 박이정.
Ricoeur, P. 1984. *Time and Narrative*. Kathleen McLaughlin and David Pellauer (trans.). Chicago: University of Chicago Press.
Thibodeau, P. H. and Boroditsky, L. 2011. "Metaphors We Think with: The Role of Metaphor in Reasoning." *PLos One* 6(2), e16782.
Winter, S. L. 2001. *A Clearing in the Forest: Law, Life, and Mind*. Chicago: Univ.

of Chicago Press.

7. 마음 체화의 장으로서 '몸' – 왕양명의 '신심지학'을 중심으로 –

『莊子』/『孟子』/『荀子』
『王陽明全集』
加納喜光,『風水と身體』, (大修館書店, 2001)
그레고리 베이트슨,『마음의 생태학』, 박대식 역, (책세상, 2013)
G.레이코프 · M.존슨,『몸의 철학 : 신체화된 마음의 서구사상에 대한 도전』, 임지룡 · 윤희수 · 노양진 · 나익주 옮김, (박이정, 2002)
몸문화연구소,『몸의 철학』, (필로소픽, 2021)
문석윤,『동양적 마음의 탄생』, (글항아리, 2013)
梶田昭,『醫學の歷史』, (講談社, 2003)
민족의학연구원,『전통철학과 의학에서 본 몸과 마음』, (도서출판문사철, 2017)
샹탈 자케,『몸-하나이고 여럿인 세계에 관하여-』, (그린비, 2021)
아리스토텔레스,『니코마코스 윤리학』, 최명관 옮김, (서광사, 1984)
에드워드 슬링거랜드,『과학과 인문학 – 몸과 문화의 통합』, 김동환 · 최영호 옮김, (지호, 2015)
피터 톰킨스 · 크리스토퍼 버드,『식물의 정신세계』, 황금용 · 황정민 옮김, (정신세계사, 1993),
에반 톰슨,『각성, 꿈, 그리고 존재: 뇌과학, 명상, 철학에서의 자아와 의식』, 이성동 · 이은영 역, (씨아이알, 2019)
EBS 〈동과 서〉 제작팀 · 김명진,『EBS 다큐멘터리 동과 서』, (예담, 2008)
월터 J 옹,『구술문화와 문자문화』, (문예출판사, 1995)
이영의,『신경과학철학』, (아카넷, 2021)
李洪衛,『王陽明 身心哲學研究』, (上海三聯書店, 2021)
장 마르크 드루엥,『철학자들의 식물도감』, 김성희 옮김, (알마, 2011)
저럴드 에덜먼,『뇌는 하늘보다 넓다』, 김한영 옮김, (해나무, 2014)
전남대학교철학과 BK21플러스 횡단형철학전문인력양성사업단 편,『몸과 인지』, (전남대학교출판부, 2015)
曾才漢,『陽明先生遺言錄』, 정지욱 번역 · 해설, (소나무, 2009)
陳來,『양명철학』, 전병욱 옮김, (예문서원, 2003)
최재목,『내 마음이 등불이다: 왕양명의 삶과 사상』, (이학사, 2003)
Peter K. Bol,『역사 속의 성리학』, 김영민 옮김, (예문서원, 2011)
프란시스코 J 바렐라,『윤리적 노하우』, 유권종 · 박충식 옮김, (갈무리, 2009)
프란시스코 바렐라 외,『몸의 인지과학』, 석봉래 옮김, (김영사, 2013)

한자경, 『마음은 이미 마음을 알고 있다 : 空寂靈知』, (김영사, 2018)
황수영, 『질베르 시몽동』, (커뮤니케이션북스, 2018)

8. 주희의 몸 및 체인 이론의 전개와 특징

『周易』
『禮記』
『中庸』
『張載集』
『朱子語類』
김기. 2013. 『음양오행설과 주자학』, 도서출판문사철.
김영식. 2005. 『주희의 자연철학』, 예문서원.
김재권. 1997. 하종호·김선희 옮김, 『심리철학』, 철학과 현실사.
미우라 구니오(三浦國雄). 2003. 이승연 옮김, 『주자와 기, 그리고 몸』, 예문서원.
에드워드 슬링거랜드. 2015. 김동환·최영호 역, 『과학과 인문학』, 지호.
박삼열. 2004. 「스피노자의 '실체와 양태' 개념」, 『인문학연구』, 7.
박삼열. 2007. 「스피노자와 이중측면론」, 『동서철학연구』, 43.
박성규. 2005. 『주자철학의 귀신론』, 한국학술정보,
오하마 아키라(大濱皓). 1997. 이형성 옮김, 『범주로 보는 주자학』, 예문서원.
陳來. 2002. 이종란 외 옮김, 『주희의 철학』, 예문서원.
길훈섭. 2017. 「성리학의 심적 도덕 체계에 대한 두뇌 신경과학적 접근」, 『유교사상문화연구』, 70.
김미영. 2002. 「人心道心說'을 통해 본 성리학의 몸담론」, 『철학』, 73.
박길수. 2013. 「명초 정주학파(程朱學派)의 심학과 경향과 사상적 의의」, 『동양철학』, 39.
박길수. 2021. 「왕양명 심상 체인 이론의 특징과 의의」, 『양명학』, 61.
이승환. 2005. 「성리학의 수양론에 나타난 심-신 관계 연구」, 『中國學報』, 52.
이승환. 2007. 「주자 수양론에서 성(性)과 성향」, 『東洋哲學』, 28.
임헌규. 2009. 「성리학적 심신관계론」, 『退溪學과 韓國文化』, 45호.
이향준. 2016. 「인지유학:오늘도 가능한 유학의 미래」, 『유교사상문화연구』, 64집.
杜維明. 2012. 『体知儒學』, 杭州:浙江大學出版社.

9. 음악, 온몸으로 듣다

Cox, A. 2016. *Music and Embodied Cognition: Listening, Moving, Feeling, and*

Thinking, Indiana: Indiana University Press.
Hanslick, E., 1854. *Vom Musikalisch-Schönen: Ein Beitrag zur Revision der Ästhetik der Tonkunst*, Breitkopf & Hartel; Auflage: 21. A. 1980. 이미경 역, 『음악적 아름다움에 대하여』, 책세상, 2004.
Kivy, P., 1989. eter, *Sound and Sentiment: An Essay on the Musical Emotions, Including the Complete Text of the Corded Shell, The Arts and Their Philosophies*, Philadelphia: Temple University Press.
Krueger, J. W.,2009. "Enacting Musical Experience," *Journal of Consciousness Studies*, 16(2-3), pp. 98-123.
Philips-Silver, J. and Trainer, L. J. 2007. "Hearing What Body Feels: Auditory Encoding of Rhythmic Movement," *Cognition*, 105, pp. 533-546.

10. 가상-혼합현실 미디어에서의 몸: 제임스 깁슨의 '어포던스'와 체화된 인지를 중심으로

심광현. 2014. 「오토포이에시스, 어포던스, 미메시스:환경과 인간의 인지적 상호작용의 복잡성 해명을 위한 밑그림」, 『인지과학』, 25(4), pp. 343-394.
이상욱. 2020. 「소통하는 기계, 확장되는 인간: 체화된 인지 관점으로 본 미디어의 현재와 미래」, 『디지털영상학술지』 17(1), pp. 51-73, 2020.
이영의. 2015. 「체화된 인지의 개념 지도 : 두뇌의 경계를 넘어서」, 『Trans-Humanities』, 8. pp. 101-139.
이정모. 2010.「'체화인지(Embodied Cognition)' 접근과 학문간 융합 – 인지과학 새 패러다임과 철학의 연결이 주는 시사 」, 『철학사상』, 38, pp. 28-66.
Gibson, J. J. 2016. 『지각체계로 본 감각』, 박형생, 오성주, 박창호 역, 아카넷.
Michaels, C. F. and Carello, C. 2015. 『직접지각 : 생태학적 접근』, 신건호 역, 신정.
Anderson, J. D. 1998. *The Reality of Illusion: An Ecological Approach to Cognitive Film Theory*, SIU Press.
Anderson, J. D., and Anderson, B. F. eds. 2005. *Moving Image Theory : Ecological Considerations*. Southern Illinois University Press.
Boyd, B. 2013. 『이야기의 기원 : 왜 인간은 스토리텔링에 집착하는가』, 남경태 역, 휴머니스트.

색인

ㄱ

감응(感應) 200
개념적 은유 156, 225
거울뉴런 220, 221, 222, 223
게슈탈트 구조 82
경(敬) 172, 173
공동구성 모형 77
과학적 자연주의 109
교정 147, 151
구스타프 페히너 184
귀신 185, 192, 194, 196, 199, 200
귀추적 추론 117
기계적 환원 98
기론적 심신일원론 199
기질 191, 197, 198, 214

ㄴ

내경(內經) 171
내러티브 157, 158, 163
내장인지 이론 24, 34, 35, 36, 37, 41
뇌 안의 몸 반론 78
니코마코스윤리학 176

ㄷ

다마지오 126, 127, 130, 202
대상으로서의 몸 33, 81, 89, 90
데카르트 21, 27, 33, 59, 108, 194
도덕적 숙고 137
독립 모형 77
동등성 원리 26, 36
동의보감(東醫寶鑑) 107

ㄹ

로렐 트레이너 230
리학 170

ㅁ

마크 존슨 132, 156, 176, 225
만물일체 170, 185
만민법 152
맹자 108, 110, 171, 173, 176, 177, 187
메를로퐁티 76, 81, 83, 106
메시 아키텍처 91
몸 도식 38, 73, 76, 80
몸 이미지 73, 77, 86, 92
몸 지각 78, 85, 87
몸 크로노토프 112, 113
무관심적 태도 220
물리주의 22, 32, 202

ㅂ

바흐친 112
방사형 범주 156
법률적 인간 146, 152
비환원적 물리주의 202

ㅅ

사이보그 39, 40
삶의 몸 113
상호 인과 202
생물—심리—사회 모델 104
생태주의 28, 240
서사의학 119
성불편증 161

성전환자 ··································· 149
수양론 ····················· 171, 173, 204, 208
순자 ························· 171, 172, 173, 187
스크립트 ··································· 156
스피노자 ····························· 108, 186
신경중심주의 ···························· 22
신경증적 구심로차단 ··············· 76
신명(神明) ································ 201
신심지학 ··································· 170
신심지학 ··································· 208
신(神) ························· 107, 193, 201, 202
심신수반 ··································· 202
심신이원론 ······························· 159
심신일원론 ······························· 208
심적 표상 ································· 202
심즉리(心卽理) ···················· 108, 170
심학 ··································· 169, 170

ㅇ

아니 콕스 ································· 228
아리스토텔레스 ······················· 173
아인슈타인 ······························· 112
암묵지 ······································ 205
양능(良能) ································ 177
양명학 ······· 108, 169, 170, 171, 173, 175,
183, 187
양지(良知) ································ 173
어포던스 ····· 32, 235, 241, 242, 244, 250,
252, 255
에두아르트 한슬릭 ·················· 222
에반 톰슨 ································· 183
영상도식 ··································· 224
오행 ·· 197
왕양명 ······································ 169

원천-경로-목표 ······················· 157
융합 모형 ··································· 77
음악적 동조 ····························· 227
의존·구성의 문제 ······················ 35
의철학 ·· 96
이미지 도식 ····························· 156
이중 해리 ··································· 76
이황 ·· 175
인간 유전체 프로젝트 ·············· 97
인지과학   22, 23, 29, 100, 108, 114, 115,
132, 156, 202, 215, 216, 224
인지법학 ··································· 146
인지유학 ··································· 208
인지의미론 ······························· 146
인지주의 ···································· 22

ㅈ

자기생성 ············· 27, 113, 114, 175, 202
자기충실성 ······················· 123, 140
자세 모형 ··································· 74
자연주의 의학 ························· 118
정기(精氣) ························· 195, 199
정동(affect) ······························ 115
정상성의 원칙 ························· 151
정인보 ······································ 185
제약(製藥)모델 ························ 232
조너선 하이트 ················· 123, 127
조엘 크루거 ····························· 231
조지 레이코프 ················· 156, 225
종의 설계도 ······························· 97
주관적 몸 ··································· 33
주희   170, 191, 192, 193, 194, 195, 196,
197, 198, 199, 200, 201, 202, 203,
204, 205, 206, 207

중국어방 논변 ⋯⋯⋯⋯⋯⋯⋯⋯⋯⋯⋯ 23
지행합일(知行合一) ⋯⋯⋯⋯ 108, 170, 205

ㅊ

창발 ⋯ 23, 28, 32, 41, 113, 116, 175, 191, 202, 203, 207
체득(體得) ⋯⋯⋯⋯⋯⋯⋯⋯⋯⋯⋯⋯ 204
체인 ⋯⋯⋯⋯⋯⋯⋯⋯⋯⋯⋯⋯⋯ 191, 203
체험적 자연주의 ⋯⋯⋯⋯⋯⋯⋯ 95, 111
체험주의 ⋯⋯⋯⋯ 115, 116, 119, 156, 178
체화된 동역학주의 ⋯⋯⋯⋯⋯⋯⋯⋯ 114
체화된 인지 ⋯⋯⋯⋯⋯⋯ 108, 156, 206
체화인지 이론 ⋯⋯⋯⋯⋯⋯⋯⋯⋯⋯ 23
체화주의 ⋯ 21, 22, 23, 24, 25, 28, 29, 30, 31, 32, 33, 34, 36, 37, 41
체화(體化) ⋯⋯⋯⋯⋯⋯⋯⋯⋯ 187, 204
치양지 ⋯⋯⋯⋯⋯⋯⋯⋯⋯⋯⋯⋯⋯ 170

ㅋ

칸트 ⋯⋯⋯⋯⋯⋯⋯⋯⋯⋯⋯⋯⋯⋯ 112
코나투스 ⋯⋯⋯⋯⋯⋯⋯⋯⋯⋯⋯⋯ 186
코로나-19 ⋯⋯⋯⋯⋯⋯⋯⋯⋯⋯ 95, 96
크로노토프 ⋯⋯⋯⋯⋯⋯⋯⋯⋯⋯⋯ 112

ㅌ

탈리아 위틀리 ⋯⋯⋯⋯⋯⋯⋯ 123, 127
태형 ⋯⋯⋯⋯⋯⋯⋯⋯⋯⋯⋯⋯⋯⋯ 147

ㅍ

프로네시스 ⋯⋯⋯⋯⋯⋯⋯⋯⋯⋯⋯ 176
플렉스너 보고서 ⋯⋯⋯⋯⋯⋯⋯⋯⋯ 99
피니어스 게이지 ⋯⋯⋯⋯⋯⋯⋯⋯ 124

ㅎ

행화인지 이론 ⋯⋯⋯⋯ 23, 24, 27, 28, 37
행화적 접근법 ⋯⋯⋯⋯⋯⋯⋯⋯⋯ 114
허령(虛靈) ⋯⋯⋯⋯⋯⋯⋯⋯⋯⋯⋯ 199
현상학적 반론 ⋯⋯⋯⋯⋯⋯⋯⋯⋯⋯ 80
형식주의 ⋯⋯⋯⋯⋯⋯⋯⋯⋯⋯⋯⋯ 222
혼백 ⋯ 191, 192, 194, 195, 199, 200, 201, 202
확장인지 이론 ⋯⋯⋯ 23, 24, 25, 34, 35, 36, 37, 41
환경 ⋯⋯⋯⋯⋯⋯ 27, 28, 34, 35, 36, 64, 68, 75, 77, 79, 85, 88, 89, 91, 96, 97, 98, 99, 100, 104, 110, 112, 114, 118, 136, 155, 158, 183, 185, 186, 227, 236, 239, 240, 241, 242, 243, 244, 247, 248, 249, 250, 252, 254, 255, 257, 258
환기론 ⋯⋯⋯⋯⋯⋯⋯⋯⋯⋯⋯⋯⋯ 217
환상지 ⋯⋯⋯⋯⋯⋯⋯⋯⋯⋯⋯⋯ 38, 39
황제내경(黃帝內經) ⋯⋯⋯⋯⋯⋯⋯ 107
흉내내기 가설 ⋯⋯⋯⋯⋯⋯⋯⋯⋯ 228